光尘
LUXOPUS

野性养育

从男孩到男子汉的养成之路

[美] 斯蒂芬·詹姆斯
Stephen James

[美] 戴维·托马斯
David Thomas

著

李庄琦　译

国际文化出版公司

· 北京 ·

图书在版编目（CIP）数据

野性养育：从男孩到男子汉的养成之路 ／（美）斯蒂芬·詹姆斯，（美）戴维·托马斯著；李庄琦译. --北京：国际文化出版公司，2022.5（2022.6 重印）
ISBN 978-7-5125-1389-1

Ⅰ.①野… Ⅱ.①斯… ②戴… ③李… Ⅲ.①家庭教育 Ⅳ.① G78

中国版本图书馆 CIP 数据核字（2022）第 023548 号

北京市版权局著作权合同登记号 图字 01-2022-0661 号

野性养育：从男孩到男子汉的养成之路

作　　者	[美] 斯蒂芬·詹姆斯	
	[美] 戴维·托马斯	
译　　者	李庄琦	
责任编辑	侯娟雅	
出版发行	国际文化出版公司	
经　　销	国文润华文化传媒（北京）有限责任公司	
印　　刷	文畅阁印刷有限公司	
开　　本	880 毫米 ×1230 毫米	32 开
	11 印张	242 千字
版　　次	2022 年 5 月第 1 版	
	2022 年 6 月第 2 次印刷	
书　　号	ISBN 978-7-5125-1389-1	
定　　价	59.00 元	

国际文化出版公司
北京朝阳区东土城路乙 9 号　　　　　邮编：100013
总编室：（010）64271551　　　　　传真：（010）64271578
销售热线：（010）64271187
传真：（010）64271187-800
E-mail：icpc@95777.sina.net

献给每个让我们加入并陪伴他们
踏上艰险的成长旅途的男孩和男人

序 "野兽！"

> 晚上，迈克斯穿上他的野狼装……妈妈呵斥道："你这个野兽！"

> ——莫里斯·桑达克（Maurice Sendak）
> 《野兽国》（*Where the Wild Things Are*）

一个朋友曾向我们讲述了关于他家所养的一只名叫"午夜"的狗的故事。"午夜"来自当地动物庇护所，是一只品种无法确定的混种狗。根据目测，它带有部分黑色拉布拉多犬、部分英格兰牧羊犬和部分柯利牧羊犬的血统。由此，你大概能想象出"午夜"的模样——一只毛发茂密的黑色大狗。

在朋友讲述的故事里，他和哥哥被安排了一个将栅栏重新刷白的任务，这些栅栏环绕在相当大的前院周围。在当时 11 岁的他和他 13 岁的哥哥看来，这累人的任务犹如残酷异常的"惩罚"，明明他们什么错都没犯。

那天，他们的父母在离家上班时希望兄弟俩能在晚餐前将栅栏粉刷好。晌午时分，炎炎烈日下只完成一半任务的兄弟俩已经感觉无聊至极。沮丧感使他们开始抱怨手头的任务，并讨论起任务完成后他们将如何度过剩下的暑假。此时，"午夜"正自顾自地蜷缩在门廊下，那是它唯一能找到的荫凉处。

马上就要正午了，我们的朋友有了一个自以为有趣的点子，他告诉哥哥："跟你说个好玩的……"

装备好油漆刷子和一罐白色油漆，兄弟俩对"午夜"发动了奇袭。它还没反应过来发生了什么，就中了"埋伏"，看起来就像是"臭美公子"①的大哥。"一只巨型臭鼬狗狗！"我们的朋友回忆道。正当兄弟俩欣赏着他们的杰作时，他们的父亲在午休时回来了，想看看他们的进度如何。然而，展现在父亲眼前的是只粉刷了一半的围栏和一只带有白色条纹的、在庭院内惊恐地蹿跳的黑狗，以及在草地上笑得打滚的儿子们。我们的朋友回想后果时这样描述道："我们为此付出了巨大的代价。"

在获奖童书《野兽国》中，作者莫里斯·桑达克也讲述了一个类似的故事。故事的主人公是一个调皮的、富有想象力的小男孩，名叫迈克斯。他在一个风雨交加的夜晚，穿上野狼装在家里搞"恶作剧"。在短短的时间里，他用毛毯搭了个帐篷，对他的泰迪熊玩偶处以绞刑，举着叉子追着狗跑，还扬言要吃掉他的妈妈。作为惩罚，迈克斯没吃上晚饭，被要求直接上床睡觉。但这仅仅是故事的开始，接下来迈克斯在房间里为自己创造了一个世界，他在其中可以去探索遥远的国度，和奇特的怪兽碰面，并成为一个国王。在故事的结尾，他返回自己依恋的家，那里有热气腾腾的晚饭在等着他。

---

① Pepé Le Pew，毛色黑白相间的法国臭鼬的卡通形象。——译者注

桑达克笔下的这个经典儿童故事描绘了一幅男孩世界的美妙画卷，它告诉读者男孩是什么样的、要做什么，以及他们有什么样的需求。每个男孩在成长为男人之前都要经历一段漫长而复杂的旅程。在这个旅程中，他们会经历身体、情感和精神上的变化。这些不仅体现在外在，而且内在的变化也同样丰富，甚至多于外在的改变。这段旅程不仅有风险、代价昂贵，而且充满变数。

风险莫测的旅程

古希腊哲学家柏拉图写道："在所有动物中，男孩是最难驯服的，因为他们尚无法调控其身上理性的源泉。"

大家都赞同这个说法吗？

一般来说，男孩比女孩更难养育。对父母而言，男孩是更难啃的硬骨头：他们更难被教育、更难建立亲近关系、更难被指导和训练。睿智的英国作家、记者 G.K. 切斯特顿（G.K. Chesterton）这样形容道："男孩阶段是最复杂和难以理解的时期。哪怕一个人已经经历过，他还是无法理解那到底是什么。一个男人永远无法完全了解一个男孩，哪怕他自己就曾是个男孩。"

虽然我们可能无法彻头彻尾地了解男孩这种生物，也并未以驯服他们为目标，但我们仍可以做得更好，来陪伴他们踏上成为男人的风险莫测之旅。

这就是我们写这本书的原因。本书阐释了男孩的世界以及成年人在其生命中扮演的角色。如果你是父母、教育者、咨询师或导师，本书将为你提供一个重要视角，帮你了解如何指引你爱护的男孩踏上成为男人的旅程。如果你真的心系一个男孩以及他的未来，那么你以及任何与他生命有关的人都必须认真对待这份使命。

本书是基于以下几个简单但重要的基础观念而写的：

- 每个孩子都是天赐的礼物，男孩也不例外；
- 男孩身上被造物主赋予了狂野不羁、活泼淘气、想象力丰富的特点；
- 培养男孩的方式将直接影响他会成为什么样的男人；
- 如果男孩要成为一个具有其个人特点的体面男人，那么就需要接受和培养女孩不同的方法；
- 虽然男孩身上有很多稀奇古怪的地方，但也有更多的有趣之处。

男孩的"配料"颇丰，包括生理、基因、文化、情绪、精神信仰、剪刀、蜗牛，以及小狗的尾巴等。男孩是十分复杂的，比通常我们给予他们的称奇不已的评价本身更为复杂。虽然很难对男孩阶段的各个方面进行巨细无遗的检视，但在本书中，我们将尽可能多地提供信息，以为作为男孩父母、教师或导师的你提供更多可靠的指导。我们已尽量将对男孩的理解完整地展现出来，为你提供信息并让你做好准备——带着智慧、爱心和自信，参与生命中那个男孩的成长。

关于"艺术"和"养育"

你们应该已经注意到了本书的英文副标题的中文意思是"养

育男孩的艺术",这可不是无中生有或是出版社市场营销部门的突发奇想。事实上,这寥寥数语就抓住了我们和男孩打交道方式的精髓。尽管我们的多数经验都来自作为咨询师的临床工作或是我们自己的家庭,但我们早已意识到,将男孩养大更像是艺术而非科学。诚然,有不少原则可以帮助我们应对男孩成长为男人时的挑战,但要想将原则运用好则更需要一些技巧和创意。

这本书和其他关于男孩的书有许多不同的地方,其中之一就在于,我们是以教师的心态来看待素材的。我们没有提供一份非黑即白的清单告诉你在养育男孩时什么能做、什么不能做,而是搭建了一个框架。这个框架将帮助你参与、引导你所爱护的男孩的生活,一生伴他同行。养育男孩十分复杂,绝不能简单地归结为"能做"与"不能做",而要更具有个人特色,量身定制并且带有艺术性。

这就是为什么我们更喜欢用"养育"这个词,而不是"塑造""形塑"或"雕塑"之类的词。养育是指为孩子提供温和的关怀和保护……帮助他生长和发展,或者促进某人或某事生长发育、苗壮成长并取得成功。在我们考虑如何与男孩互动时,"养育"是一个重要的理念,与"指导"或"教育"相对。尽管这两个理念也很重要,但远远不够。虽然我们知道这有点吹毛求疵,但是像"塑造""形塑"或"雕塑"这样的说法表明我们有能力将男孩塑造成我们想要的样子,而这是有争议的。就算我们可以,可是这对他们而言就是最好的吗?这就是我们认为"养育"意味着要有一个更好的心态的原因。这样的心态首先要考虑的是男孩将被创造成什么样的人,其次要考虑我们会对这样的创造产生什么样的影响。在传统的"尊重天性"和"后天教养"之争中,我们更喜欢的说法是:"我们的工作是'教养'天性。"男孩们首先需要的是我们认识到他们是谁，然后他们才需要有智慧的、忠实可靠的成年人为他们在从男孩成长为男人的旅程中指明方向。

本书结构

关于男孩是什么以及他们需要什么的说法多种多样，因此我们将本书分为三部分，每个部分都从养育男孩的一个不同角度切入，共同组成一个联系紧密的完整视角。

- 第一部分"陪他一起走过成长的五个阶段"主要以发展的角度来看待男孩从被孕育到成长为男人的过程。这部分以时间为序，提供了一个男孩成为男人必经之路的地形路线图。
- 第二部分"他在想什么：关于男孩的智力"则密切关注了男性神经学和生理学。这部分涵盖的领域包括脑部发展和学习方式，以及其他影响男孩一生的关键生理学问题。
- 第三部分"走进男孩的内心世界"则强调男孩情绪、精神和道德的发展。

如果一个男孩想要成长为一个坚强、有智慧的好男人，那么这些发展不可或缺。

书中还有一些补充文章，它们可以为父母、教育者、导师和教练提供有用的提示、重要的提醒以及优质的参考资料。书中还有大量的真实生活案例，包括我们的亲身经历以及在我们咨询实践中所辅导过的男孩与男人的故事。[①]

阅读指南

除非你曾读过我们的其他书籍，否则你很可能会好奇我们是谁，以及我们写这本书的原因。我们都是执业咨询师，在我们迄今为止的工作中，有大量的关于养育男孩的咨询案例。尽管我们接受过不同的培训并且有着各自专精的领域，但我们对男孩以及他们将成为的男人有着共同的使命感和极大的热情。

更重要的是，我们自己也身处其中。在我们各自的家庭中，一共养育了七个孩子，其中有五个是男孩，因此我们对养育男孩的这个话题有更深的体会。

通过在纳什维尔晨星咨询部[②]的临床实践、个人治疗、团体咨询和夏令营，戴维已经帮助过数以千计的曾挣扎于种种问题和挑战的男孩及其家庭。

本书的许多内容就是从戴维日常教授的一门叫《养育男孩》的课程中延伸而来的。在过去数年里，他已经辅导了成百上千的父母、导师和教育工作者，教他们如何处理与男孩共同生活、教导成

---

① 　在本书中，除了作者自己孩子的故事，其余例子都使用了化名。为了保护隐私，特定的身份识别信息也作了更改。一些事例是在几个不同的人的经历基础上结合而成的，但基本的事实和应用方法都是真实的。——译者注

② 　Daystar Counseling Ministries，成立于 1985 年的非营利性咨询事工组织，服务儿童、青少年、青年和家庭的需要。——译者注

长期的男孩和为男孩进入成人期做准备等各种棘手的任务。

斯蒂芬是一名独立执业心理治疗师，教授关于婚姻、育儿的课程，也是一名牧师。

如果你是父母或是祖父母，那么我们很感谢你出于对你生命里的那个男孩的足够重视（或许只是因为快失望透顶了）而阅读本书，感谢你想更好地让自己做好准备，来为他提供所需的一切。如果你是教师或是为青少年服务的工作者，我们也为你送上掌声，因为你为了能更好地完成自己的工作而加倍努力，并进行自我提升。

结合我们的经验，我们更加确定男孩的确是一种"不同的物种"。如果父母、教师和导师想要更好地帮助男孩成长，就必须与他们互动，并且直面养育他们的挑战，这需要投入尽可能多的心血。要做到这点，必须心甘情愿、有能力并做好准备，去踏上那片被莫里斯·桑达克称为"野兽国"的遥远土地。

目录

WILD
THINGS

THE ART OF
NURTURING
BOYS

第一部分

陪他一起走
过成长的五
个阶段

　　"现在，我们开闹！"迈克斯大声说。

——莫里斯·桑达克《野兽国》

　　有一天晚上，我（斯蒂芬）在给我3岁的双胞胎儿子洗澡的时候接了一个不足一分钟的电话。当我火急火燎地从大厅返回时，就听到大笑声还有巨大的"扑通"声！我赶紧以百米冲刺的速度冲进浴室，一下子就被眼前的景象惊呆了：一团70磅^①的"肉球"在地板瓷砖上翻滚，像极了渔船甲板上的两条鲭鱼。我定睛一看，原来是亨利和泰迪正无所顾忌地在进行摔跤比赛。我目之所及——墙壁、天花板、盥洗台、镜子、灯具和门上，到处都是水和泡泡。躺在地上的儿子们发现了我，向我投来了兴奋的眼神并欢叫着："爸爸，瞧啊！我们玩得可开心啦！"

　　就在我接电话的短短的时间里，我的双胞胎儿子就已经"造"出了一个海洋世界——一个浴室里的高质量水上乐园。

　　在《野兽国》一书中，莫里斯·桑达克巧妙地展现了男孩的野性十足和想象力。在被拥立为野兽王国的国王后，迈克斯立刻就对它们发号施令："现在，我们开闹！"随之而来的是狂野的舞蹈和嬉戏，包括咆哮、摇摆和跳跃，让人联想到一种部落战舞和朋克摇滚撞击舞^②的结合。桑达克对野性的展现几乎淋漓尽致，我觉得他再补充上浴缸、水还有肥皂泡就更完整了。

---

① 1磅≈0.45千克。——译者注
② 一种重金属音乐互动文化。——译者注

什么是"正常"

在我们和男孩及其父母的沟通中，我们不下百次地被问到这样一个问题："这是正常的吗？"这个问题背后包含着父母更深层次的担忧与恐惧，那就是："我的儿子正常吗？"绝大多数情况下，问题的答案是肯定的，并且父母的害怕和担忧也可以通过某种途径获取恰当的信息和教育来减轻。不过，不论孩子处于"正常"天平的哪边，你都需要拓宽对"正常"的定义，女性更需要这样做——一旦你的生命里有了一个男孩，那些你根本未曾想过的事情就都会变成"正常"的。

在与男孩相处时，你会说着自己从不认为有必要说的话，或是听到闻所未闻的内容。就像那晚我（斯蒂芬）的妻子不得不坚持对我们3岁的双胞胎儿子说："身体下面洗16次已经足够干净了。"又或是某天我的一个儿子在厕所里大叫着："大家快来看啊！好大一坨呀！"作为男孩的照顾者，你可能会为成千上万次重复的提醒感到震惊，比如一再提醒他们"管好你的脚，别乱踢"或者"别舔地板"，又或者"嘿！放屁别弄那么大动静"。

男孩就是男孩，是独特的生物。这和他们对环境、自我和他人的回应方式有很大关系，而这些可以用他们成长的不同阶段来解释。理解男孩如何发展不仅是我们把男孩照顾好的基础，还可以在不同阶段缓解我们的担忧，这还能使我们在和老师的家校见面会上听起来更有智慧。

一个男孩从婴孩成长到二十来岁的过程并不是僵化固定的，而是灵活流畅的；也不是非黑即白的，更多的是交叠而成的灰色。然而，这样形容还是过于片面，要想更准确地看待男孩的成长，就要将其看作五彩缤纷、颜色交织的光谱，如同彩虹。

用灵活流畅的概念来理解男性的成长很重要，因为一个男孩在两岁时的表现和生活需求并不会在他 5 岁或者 12 岁时完全消失；相反，这些东西会随着年龄的增长成为其更大整体的一部分。在青少年群体（就这一点来说，也可能包括 40 岁的男性）中，一些人仍带有典型幼儿时期行为的特点并不稀奇。同理，在男孩成长的整个过程中，有几个与身份认知形成相关的阶段是相似的。

男孩 3 岁时的成长需求（如界限感）不会随着年龄的增长而消失，而是会产生更多不同的需求，如在 5 岁时需要重新引导，在 10 岁左右需要参与感。

男孩年龄越大，对照顾者的需求就越多，这一观点与儿童发展的传统观点不同。后者预设或认为一个男孩在成长为少年和男人时，年龄渐长的同时对父母的需求也会递减。实际上，男孩年龄越大，他的需求就越复杂多样，从首要的基本身体需求（从出生到 3 岁）提升为对关系、情感和精神发展的更多需求。

这并不是说没有一个阶段性渐进的过程，因为阶段是确实存在的。照顾者的工作就是帮助男孩从一个阶段迈进下一个阶段。重要的是，要理解这一事实：男孩在某个成长阶段得到了什么、没有得到什么，都将直接影响他们如何更好地进入下一阶段。许多男人在关系、情感和精神上苦苦挣扎的原因并不在于缺少智慧或德行，真正的原因可能包括：

- 尚未达到关键的发展里程碑；
- 匆忙被推着进入下一个阶段；
- 只是简单地跳过了某个完整的阶段。

约翰·艾杰奇（John Eldredge）在 *The Way of the Wild Heart*[①] 中这样描述道：

> 每个阶段都有需要学习的课程，也都有可能受到伤害或被缩短，给成长中的男人留下一颗发展未完成的心。我们想知道为什么这个人在他 45 岁时突然一蹶不振，就像是一夜狂风后院子里轰然倒塌的树，我们走近一看，才发现原来它的根部根本没有深深扎入土壤，也可能是因为疾病或干旱让腐烂的内部更加虚弱。这就像是一个发展未完成的男人的内心。

可悲的是，这种情况并不少见。每个男人在某种程度上都是未完成的个体，他们都是藏在男人身体里的男孩，用充满男子气概的着装打扮来彰显男人的身份——哈雷摩托车、皮卡、银行账户、家庭或职业。某些男人身上的发展缺陷比其他男人更严重。更危险的是，他们可能变得"自给自足"，而他们实际上是最糟糕的一种人，因为这会诱使他们完全依靠自己微不足道的资源，且难以信任他人和自己的信仰。

心理学家将艾杰奇所指的"发展未完成"称为"发育迟滞"

---

① 书名意为男子汉养成班。——译者注

（developmental lags）。我们认为这些"迟滞"可以更好地理解为"发育短路"，就好比男孩身上的线路过载或者被切断。幸运的是，大多数男孩都可以找到重连线路或弥补缺陷的办法。

如果本质上不是由生理性原因引起的，这些"发育短路"通常就是由某些重大的情感或关系转变引发的。如我（戴维）在咨询服务中见过的一些男孩，他们的家庭都经历了或多或少的变化。其中最常见的就是父母分居或离婚，这样的变故等级对他们而言相当于地震。我曾帮助过几个失去父亲或母亲的男孩，这样的变故等级对他们来说就像发生了能让整个加利福尼亚州沉入海底的特大地震。这两种变故都是男孩可能经历的、影响最显著的，他们的情感发展可能因此受阻、减缓，或导致他们直接跳过这一阶段，并承担起超出自己所能承受的权力和责任。

一旦男孩的生活发生翻天覆地的变化，照顾者就要推动他的发展并帮他追赶、弥补错过的时间。照顾者可能需要帮助他回溯过往那些因变动而被忽略的阶段，重连线路去获得那些本应有的经历和收获。对一些男孩来说，这样的过程是缓慢而令人痛苦的；对另一些男孩来说则不然，过程显得并没有那么艰辛而漫长。有诸多因素都能导致这样的区别，如家庭成员的支持、社区资源、孩子自身的情绪复原能力、过渡期的处境、出生顺序和年龄等。

对男孩产生重大影响的并不一定都是像父母离婚或去世这样的创伤事件，也可能是对某个男孩产生独特影响的事件。对一些男孩来说，从一个社区搬迁到另一个社区可能就是一个重大转折；但对另一些男孩来说，从一个州搬迁到另一个州的变化都不足挂齿，而输掉游戏却可能会和失去家庭宠物一样痛苦。这些都取决于周围的因素和所讨论的男孩本人。

另一个影响男孩发育阶段进展的常见原因则是生理上的发育迟滞。对此，通常需要专业的生理或职业治疗师加入男孩的照顾团队，尽早干预。我们遇到过许多青春期男孩的父母，他们其实在男孩小时候就发现了有些发育滞后的现象，却认为这些滞后会自然好转，因此没有寻求帮助。其实，如果尽早干预，结果将会大为不同。

虽然发育迟缓可能是暂时的也可能是永久的，但不论是哪种，都应该得到密切的关注。如果你感知到你家的男孩在心理或身体上的发育已经放缓、停顿、退步或者跳过了某个阶段，那么你可以为他提供适当的帮助。例如，你可以和专业人士交流（包括儿科医生、教育顾问或学校辅导老师），也可以向专精于男孩与青少年的家庭治疗师咨询。

在接下来的五章中，我们将按以下阶段来解释男孩是如何在成长旅途中一步步向前的：

- 探索者（2~4 岁）；
- 爱人者（5~8 岁）；
- 独立者（9~12 岁）；
- 徘徊者（13~17 岁）；
- 战斗者（18~22 岁）。

我们在本书中展现的内容是对其他发展理论、观点和看法兼容并蓄的概述。我们会尝试着将内容铺陈开来，并提供清晰的解释。

我们也希望能提供一些指标来帮你识别你的男孩在成长中的进步，也许还能帮你保持更清醒的状态，以备不时之需。

我们已经为男孩的每个发展阶段定下了年龄范围，但是这些都只是宽泛的参数。为了让你能真正听进去，请再次大声读出这句话：**这些都只是宽泛的参数！**每个男孩都会根据自己的步调踏上成长为男人的征途，有些男孩会撒腿狂奔过一个又一个阶段，有些男孩则会按部就班地走过一段又一段，还有极少数男孩会慢悠悠地，就像在玩具店里的男孩一样——迈不开脚。父母、教育者、教练、导师、青少年服务工作者和咨询师等，有责任在旅途中陪伴、帮助男孩们，去了解他们处于哪个阶段并适时地给予其所需。

我们都很熟悉"伤仲永"的故事，在年幼时不论是情感、智商或者身体方面都看似成熟或者出众的男孩，到中学后却往往"泯然众人矣"。在我们的咨询实践中，我们曾帮助过一些在数个发育阶段都出现迟缓的男孩们，但后来他们都猛地追赶上了同龄人。相似的情况也发生在一些到达特定阶段，但在接下来的"赛季"放缓脚步的男孩们身上。他们后来也都再次振作，充满活力。对男孩来说，竭尽全力地全面拥抱与接纳每个阶段远比被迫适应既定的年龄阶段更为重要。

为了帮你充分运用这些信息并从第一部分中受益，我们将每一章分为以下四个部分：

- 阶段简介内容；
- 他是谁；
- 他需要什么；

● 给养育者的提示。

每章的第一节是关于这个阶段的简介内容，我们会介绍这个发展阶段的概况并简述男孩在这个阶段是什么样的；在第二节"他是谁"中，我们将介绍一些男孩在这个发展阶段的关键性格和特征；第三节"他需要什么"则专注于解决那些在男孩逐渐成熟的旅途中负责任的引导者应该如何满足这个阶段的男孩的需求；在最后一节"给养育者的提示"中，你可以得到一些实用的指引，帮你更具有建设性地在你的男孩成长的每个阶段和他互动。

第 1 章

好奇宝宝：探索者阶段
（2~4 岁）

我们两家中有三个 2~4 岁的儿子一起上了幼儿园。当他们在贝姬女士执教的 4 岁小班时，戴维的儿子威特和贝克，还有斯蒂芬的儿子伊莱贾，发明了一个可以在操场上玩的角色扮演游戏，他们称为"星球大战"。不过，由于他们并没有看过这系列的电影，因此这个游戏和卢克·天行者、汉·索罗或达斯·维德[①]毫无关联。在游戏中，我们的三个儿子所需要做的就是在操场上"恐吓"其他孩子，尤其是一个名叫利的小女孩。他们会去戏弄她，然后用手指朝她"发射激光"，直到她忍无可忍就会追逐他们，此时他们就会四散躲起来。

幽默作家加里森·凯勒（Garrison Keillor）给出了男孩这一独特方面的精准画像：

> 女孩们……被允许在房子里面玩……男孩则被送到了户外……男孩们举着玩具枪"突突突"地在院子里奔跑追逐，为莫

---

① 上述均为系列电影《星球大战》（*Star Wars*）中的主要人物。——译者注

须有的理由开战并争论着谁"阵亡"了。与此同时，女孩们则在室内玩着洋娃娃、过家家，建立了复杂的家庭集体，并学着如何通过协商和角色扮演来解决问题。

我们都明白男孩和女孩不相同，但是这些显著差异是基于什么原因呢？

出生就注定了男孩、女孩的明显差异

男孩的成长旅途其实在出生前就已经开始了。即使仍在母亲腹中时，男孩和女孩就有着明显的不同，这些差异将对他日后生活的方方面面产生巨大的影响。

哥伦比亚大学儿科临床副教授乔治·拉扎勒斯（George Lazarus）博士指出，在发育最早阶段——胚泡期①时，男孩和女孩之间的差异就已十分显著。在胎儿阶段，男孩体内的睾酮浓度就和成年人的水平相当，这会影响男性大脑的发育。早在妊娠的第八周，男孩的体格就比女孩大。在美国，足月男婴的平均体重比女婴重131克，这样的差距还会不断扩大。当男孩1岁时，男女体重的差距会扩大近800克。

差异不只是身体上的。一方面，出生后，男孩比女孩更为活跃好动并不足为奇；另一方面，女孩比男孩有着更好的沟通能力，并

---

① blastocyst stage，胚泡是胚胎最早阶段的薄壁、空心结构。其外层结构在子宫内形成胎盘和其他支撑组织，而内层细胞则是胎儿发育的基础。——译者注

且对人际关系更为敏感。所有在医院出生的婴儿都会在出生时接受阿普加评分（Apgar score）以评估其健康状况（包括呼吸、心率、对刺激的反应、肌张力和肤色）。早产女婴的阿普加评分都明显高于男婴，这说明女孩比男孩具有更好的反应敏感性。

一项涉及 2~4 天大的婴儿的研究表明，男婴与成人进行眼神交流的时间比女婴少 50%。研究还发现，不开心时，女婴不像男婴那么爱哭，而会通过吮吸大拇指来安慰自己。安妮·莫伊尔（Anne Moir）和戴维·杰塞尔（David Jessel）在《脑内乾坤》（Brain Sex）一书中介绍，在一项针对男婴和女婴的测试中发现，女婴更容易被舒缓温柔的言语和歌声安慰。这似乎表明，女孩比男孩可以更好地认知语音情绪，这一现象甚至早于她们对语言的理解。

出生伊始，男婴和女婴都喜欢发出嘟嘟嚷嚷还有咯咯笑的声音。二者的不同之处在于，女孩是在与人互动时笑逐颜开，而男孩则是在看到玩具或抽象的几何图片时自言自语且自得其乐。由此可见，男性的大脑与活动相关联，而女性的大脑则偏向人际关系。

在我（戴维）的女儿出生前，朋友们为我们举办了一个"准妈妈派对"。我们收到了数不清的礼物——从婴儿背带到能用一整年的不同尺码的纸尿裤。其中有一个工具包，内有儿童安全防护物品，包括橱柜门锁、电源插座保护套、门把保护套等。我记得当我看到这个工具包时一头雾水：我们家对婴儿来说这么危险吗？

我记得在我女儿来到这个世界大约 6 个月后，有一天我在地下室发现了那个工具包。它被带上楼后不知怎么就被我忘在了洗衣房里的某个角落，但至少是在楼上，便于我拿取。在我女儿 1 岁后，我再次找到了这个工具包，然后像所有负责任的父母一样，发誓要让家里成为安全的儿童活动空间。我的女儿很早就开始了爬行，她找到了自己的行动路线来探索这个家，当时她正开始尝试走路（至少看起来像）。有趣的是，每当她在地上发现一个物品时，就会朝我和妻子康妮走来，并自豪地分享她的新发现，我们称为"幼儿的展示秀"。然而，她从来没有取下康妮的发圈放在鼻子上，也没有把回形针插进耳朵里。她只是满足于探索手中的物品，然后交给我们中的一个人。

她常常打开厨房橱柜，但从未尝试去喝厨房杀菌清洁剂或者将手指探进电源插座。虽然在分娩教育课上我们学到要在冰箱门上贴上中毒急救中心的号码，但我们一直没着手去做。我们也从没规划过前往急救中心的最快路线，我的女儿也从不需要去那里。尽管我持有心肺复苏术（CPR）的培训认证，但是我无须记得呼吸和按压次数的比率。养育我的女儿是一个相对安全和平稳的旅程。

然而，她的兄弟们则是完全不同的"野兽"。我记不清他们是在几个月时就能爬出婴儿床，我只记得睡梦中被"砰"的一声巨响和随之而来的尖叫声吓醒；我记不清是双胞胎中的哪一个先把百叶窗从墙上扯下来，我只记得我需要经常更换支撑架；我也记不清他们把马桶座弄坏了几次，不管是用力摔还是把螺丝扯下来（我不骗你）。我家双胞胎男孩之一在进入小学前只上过很短一段时间的幼儿园，但没过几天园方就打电话通知我，说他把自己的脑袋砸开花了，可能需要缝针。

家里的门把手、镜子、橱柜五金、时钟、灯、立体声音响、电视、相框、浴室水龙头、边桌、冰箱门、厨房电器、碗碟、玻璃器皿、浴巾、沙发、垫脚软凳和椅子都已经被换过一遍了，家里的墙壁也重新粉刷了——这全部发生在他们 5 岁之前。

他是谁：小小探索者

一旦男孩们开始熟练地行走和说话，他们大概就进入了我们所说的"探索者"阶段。与女孩相比，在这个阶段，男孩对探索自己世界的边界表现出更为强烈的兴趣。男孩比女孩更强壮的肌肉有助于他们去探索并触及更广阔的世界，他们也更少回头去寻求来自母亲的安全感。一项研究揭示了学龄前男孩和女孩之间的差异：研究者在房间中放置了一个屏障，将年幼的孩子和他们的母亲隔开。结果表明，女孩们更倾向于站在屏障的中央，大哭着要妈妈来接她们；而男孩们则是跑到障碍物的边缘去察看是否有办法绕道而行，有些男孩甚至尝试着将屏障撞倒并翻越过去。

对于我（斯蒂芬）的大儿子伊莱贾而言，这种差异非常明显。伊莱贾自出生起就进入了一个情感丰富和高度敏感的养育文化环境。这里有身为咨询师的父母，还有一个极具爱心的姐姐。然而，从他蹒跚学步开始，他就更喜欢待在泥地里，而不是铺好的沥青道路上。如果我们行走在人行道上，伊莱贾就会转而走在道路平行一侧的泥土或花圃草坪上。看着他在花丛中行走并翻越土堆，我的妻子希瑟和我开玩笑，说他以后可能会抓住一切机会"越野"。

在探索者阶段，一个男孩在脑海中形成图像和想法的能力是非常强大且令人着迷的，特别是对那些他从未见过或经历过的事物的想象。作为探索者，男孩们沉浸在自己的想象空间里，甚至比对"现实"生活更入迷。尚不能将幻想和现实分离开的他们，生活在一个童话世界里。

令他母亲惶恐的是，伊莱贾在四岁生日时只想要一支激光枪。我们不是听说不该让男孩们玩玩具枪吗，但是在伊莱贾向我们展示了他如何将普通物品（如午餐时的一片面包或是院子里的一根树枝）制成枪支后，我们就默许了他的请求。在生日那天，他得到了一把"星球大战帝国爆能枪"。伊莱贾 5 岁时，他的房间已经满是剑、盾牌、玩具弓箭、太空船、激光枪、大炮和声光玩具枪，以及超级英雄漫画书。在没有得到父母太多的鼓励甚至有时是彻底阻挠的情况下，伊莱贾仍沉浸在想象中的善恶之间史诗般的交战中。他的游戏里几乎从每个方面都折射出对冒险和探索的渴求。

在探索者阶段，男孩的一些关键表现会使父母觉得这是最有趣和最有挑战性的成长阶段之一。探索者既讨人欢心又令人费神，他们的情绪摇摆不定，在有新发现后会被无可比拟的喜悦感淹没。处于探索者阶段的男孩是活跃的、带有攻击性的、好奇的和自主的。让我们仔细看看这些特征。

活跃

探险者是能量的聚合体，如同广告里的劲量小兔子一样不停地前进。那个你曾经抱在怀里连续数小时都不放下的可爱婴孩现在已经成了一个烦躁不安、不停扭动的动态肉球。作为父母和照顾者，我们花了太多时间追着这些探索者，前后、左右、上下奔波。然而，当谈到纪律约束时，探索者却是固执的学习者，需要不断地强化巩固。这是有充分理由的，因为探索者大脑分泌的血清素（serotonin，又称 5- 羟色胺）比同龄女孩分泌得要少，而作为控制冲动的神经递质，血清素可以抑制睾酮带来的攻击性影响。

我（戴维）同事的儿子阿夫顿就是典型的探索者。他一到办公室就在椅子、橱柜和沙发上爬上爬下。在一个假期，他找到了一棵圣诞树并试着努力攀爬上去，想拔下上面的拐杖糖。有一天，趁妈妈回电话时，他摸进了候诊室，将一把椅子放在了桌上，然后找到了一大把马克笔。当妈妈发现他时，他已在自己的脸颊、额头和下巴上涂了一些令人啧啧称奇的图案，就像一个迷你版"阿帕奇战争"[①]酋长。当我看到他的杰作时，我向他鞠躬致敬，因为他把自己打扮成了一个伟大的美国原住民酋长的样子。在我行礼时，他满脸笑容并笑出了声，对自己的成果十分满意。

攻击性

探索者生活中的所有活动都在不同程度上对他们所具有的攻击性起着推波助澜的作用，而这是探索者阶段的普遍特征。虽然这听起来可能有点奇怪，但摔跤、撞头甚至打人是处在探索者阶段的男孩们表达爱和亲密的方式。这并不是说他们不会拥抱、亲吻或相互依偎，而是说明男性在年幼时期就开始用带有攻击性的方式来表示亲密。例如，你看到过两个成年男子跳起来撞击彼此胸部来庆祝球队得分吗？这就是经典的探索者行为的存续。

探索者的攻击性也可能是一种情绪反应和交流手段。有时，通过表达攻击性，探索者会向我们发出信号表示他们受到了过度刺

---

① Apache War（1849—1886），发生在美国军队和被称为"阿帕奇"的美洲西南原住民部落之间的武装斗争。——译者注

激。作为一种沟通方式，攻击性行为可以帮他们告诉周围的成年人：在当下所处的环境中，有太多刺激让他们一时无法应对。这就是探索者常常会大发脾气的原因。探索者失控、吵闹背后的潜台词可能是"我累了"或者"我饿了"。

好奇

我（戴维）儿子两岁时，我们家做了一个更经济划算的决定：在圣诞节和他们的生日时，我们会将旧手机、计算器和遥控器包装好作为礼物送给他们。相信我，我们并非没有试过益智玩具路线，但是不论多么精巧有趣的玩具和小发明摆在他们面前，他们总会继续摆弄那些普通的家用物品。他们会盯着彩色的按钮查看它们不同的形状和大小，然后开心地一顿猛按。一旦他们成功地发现并按下侧面那个改变铃声和音量的按键，实验就成功了。

探索者都有着强烈的好奇心，观察和摆弄物品是他们探索并和世界互动的方式。在他们发展的初期，男孩们是动觉型学习者，换言之，他们需要真切地触碰并感知一切学习对象。在这个阶段，你会听到他们说"让我看看"，但此时的潜台词是"放我手里"，或是更常听到的"为什么"。如果你曾和一个探索者一起走进商店，你就一定目睹过他四处触摸，拿起并研究每个他看到的物品。

自主

探索者是自主自决的，并想要独立完成事情。这就是为什么这个阶段父母会听到很多"这是我的"和"我自己来"。探索者需要机会来独立完成一些任务，否则他们就会提出更多的要求让父母费神。

我们将在本书中讨论男孩对目标和权力的渴望。如果父母提供机会让他们行使权力，以及允许他们在某些不会造成危害的领域（比如大事中的细枝末节）享有控制权时，他们的情感和发展需求就会得到满足；相反，如果父母剥夺他们的机会并把每次角色互换变成力量较量，那么父母的所作所为就会与他们的基本需求相悖。

我的同事并没有不停地告诉她儿子阿夫顿不要攀爬家具，她所做的只是在我们办公室找到一个安全的地方让他去满足自己活跃的身体需求以及内心对自主决定的渴望。她是一位了不起的母亲，因为她了解自己孩子具有的活跃好动、攻击性、好奇和自主决定的需求，而这些恰恰都是他成长旅途中不可或缺的部分。

他需要：明确的边界、开阔的空间和一贯性

探索者的内核是一个活力充沛的发动机，推动着他们去探索事物运作和周围世界运转的原理。因为探索者具有活跃好动、攻击性、好奇和自主这些特征，所以他们也有一系列相应的独特需求。探索者需要父母和照顾者对他们进行管教、提供秩序并耐心相待。要想让探索者有所作为，就要给他们明确的界限、开阔的空间、一贯性和理解。

明确的界限

"我的！"三岁半的男孩尖叫着，"不！我的！"他拼命挥舞手臂，大力跺脚。然后，他用力地把妹妹推到一边，自己却气急败坏

地跌倒在地，大发脾气。

　　将探索者的活动水平与攻击性和他们的好奇心与决心相对照，你将大有发现。由于所处阶段的客观原因，探索者还无法做到自律。他需要有人帮他设置界限，也许界限就是探索者的首要需求。

　　探索者将会尝试拓展界限，毕竟他们是探索者。这也是我们与这个年龄段的男孩打交道时需要费心的部分，但他们的确需要界限。界限会让男孩感觉安全，并明白什么能做和什么不能做。他们会依赖这个由细心有爱的成年人设置的外部参数。在出于爱意的界限所构成的环境中，男孩会和照顾者之间发展出更紧密的情感纽带。来自照顾者的回应也有助于探索者的大脑发展出建立并维持健康情感关系的能力。

　　父母普遍会犯的一个错误是对探索者抱有"幻想"，即不切实际地期望他们可以控制自己的行为。然而，对这个阶段的探索者有如此高要求的自我控制能力只会让他们感到挫败。这是男孩成长阶段的一部分，我们只要对这个时期的他们少一些期许，并为他们每一次的自律而惊喜欢欣就好。当然，这并不是说不要对男孩抱有任何期望，而是说要将期望调节得更符合现实。

　　第二种常见的不切实际的期望就是让探索者安静或长时间不动，这对绝大多数探索者来说是做不到的。一个有效且合理地设置界限的办法是，让探索者把精力转移到有用的事情上。就前文例子而言，父母与其呵斥他"停手！别打了"，不如说"你打妹妹是不对的，但是你可以去打树"。以下是更多的例子。

- 用积木砸咖啡桌是不行的，但是你可以去砸枕头。

- 我注意到你有点坐不住，不妨让我们看看在两分钟内你可以在楼梯上折返跑几次吧。

- 在家里别那么大声，但是你可以去地下室或者后院，要多大声音都随你。

第三种对探索者不切实际的期望就是让他自己收拾好玩具。对于这个阶段的绝大多数男孩来说，这又是一项"不可能完成的任务"。此时，探索者需要的是有成年人加入他们来共同完成这项任务。还有一个建议是让收拾玩具变成游戏或是进行"与时间赛跑"的比赛。对大一点的探索者，你可以让他们独立收拾一种玩具，比如积木或散乱的蜡笔，在他们完成一项任务后再给他们安排另一项任务。随着探索者过渡到下一阶段，他们将会准备好承担更多的个人责任，而当下我们的首要任务是为他们设置好界限并重新引导他们更好地释放自己的精力。

开阔的空间

如前文所述，探索者活跃好动又有攻击性，这可能是男孩在这个阶段会出现许多行为问题的原因。成年人照顾者可以通过为探索者提供宽阔的开放空间来提前规避一些潜在风险。所有男孩，尤其是探索者阶段的男孩，在家中和院子里都需要可识别的、划定好的区域让他们安全地奔跑跳跃、击打摔跤、伸展拳脚和挖土掏洞。男孩们需要空间来自由奔跑并释放内心的野性。如果让他们在一个密闭空间里待着，超过一定时间他们就容易开始找麻烦。幼教老师们异口同声将雨天称为"死亡之吻"，因为她们深知密闭空间和男孩之间水火不容的关系。

　　我（戴维）的朋友米卡是五个孩子的母亲。她的前四个孩子是男孩，最小的孩子是女孩。在孩子幼年时期，米卡就意识到为了保持自己头脑的清静，她需要采取策略来为孩子们安排一些强度大、带攻击性的活动，才能在一方屋檐下容纳那么多的男性荷尔蒙。她采取了"速度竞赛"的做法，不论晴雨寒暑、白天黑夜，只要孩子们有需要，竞赛就会开始。她指挥着小伙子们列队从前门走到台阶上，让他们排成一列，然后她举起旗子。随着一声令下，小伙子们开始绕着房子跑圈，每次经过门前人行道时米卡都会给他们掐表计时。如果她想提高游戏难度，就会在房子侧面或后方放一些障碍物。米卡还会要求他们每跑完一圈就试着倒跑一圈。男孩们和米卡都爱极了这个竞赛。

一贯性

　　探索者的内在是不受条条框框约束并缺乏持久性的，大多数探索者的注意力只能集中 6~15 分钟。

　　探索者需要父母在生活中保持高度的一贯性，这样才能帮他们成功培养出秩序感和始终如一的习惯。幼教老师们明白这一点，因此她们为处于这个阶段的孩子们安排了常规化的每日例行活动。例如，每天在同一时间进行音乐活动，同一时间休息，同一时间去游戏角自由活动，甚至连去洗手间洗手这样的事都在同一时间进行。这样一以贯之的常规教育制度可以在探索者的内在世界建立起秩序感和稳定性。

　　另一个提升专注力的办法是调动男孩所有的感官知觉。当你向他发出口头指令时，你可以同时呼唤他（即给出指示时提到他的名字），触摸他的后背、肩膀或头顶；也可以一边说话一边注视他的眼睛，与他进行眼神交流。比如，摸着他的肩膀说："约翰，麻烦你去厨房把这个倒进垃圾桶里。"你可能会对结果感到惊讶——在你把要求缩短简化并在对话中融入肢体触碰和眼神交流后，探索者将记住更多的信息。

理解

我（斯蒂芬）和我的妻子还有两个年纪稍大一些的孩子曾举行过一次家庭会议，讨论接下来一年中家里将发生的变化。我们趁着双胞胎儿子睡觉的时候讨论了各种会给家庭带来影响的事情，包括财务安排和工作事务。会议中，4 岁的伊莱贾难以保持专注，因此我允许他不时起身在房间内走动，等谈话内容与他直接相关时再叫他。

照顾者需要知道的是，探索者的生理构造和女孩们不同，因此不该对他们有与女孩同样的期许。如同之前提到的，女性大脑会分泌更多的血清素从而让她们能定下心来坐好并减少冲动决策。在这一部分的第 6 章中，我们还将讨论男性和女性在大脑化学物质方面更深层的差异。但在这里，足以说明男孩有独特的脑回路需要我们去理解并采取相应的对策。例如，与探索者交流时，必须用更具体、有针对性的语言，因为男孩们容易在长篇大论中失去注意力。我们还发现，如果明确地向探索者提出要求，而不是使用冗杂的语言和大量的疑问句，他们就会有更好的理解和表现。同样，如果给他们一个指令而不是问题，探索者也会作出更好的回应。比如说，别问他们"现在你把脏衣服脱下来了，该放在哪里？地上还是脏衣篮里"，而是应该直截了当地告诉他们"请把脏衣服放进脏衣篮里"。这听起来可能很平淡，但行之有效。从这方面讲，培养男孩的习惯和训练宠物并无太大差别。

给养育者的提示

探险者需要有选择权、责任心、界限感，以及大量成功的机会。以下是一些关于如何把上文提到的原则应用到探索者实际生活中的建议。

↘ 提示1：不要让他困惑

探索者无法处理抽象的想法，因此在设置界限时务必具体、清晰且符合实际。例如："你可以玩20分钟电脑。我会设置闹钟，当闹钟提醒时，说明你还剩5分钟来完成你手头的事，然后关掉电脑。"

↘ 提示2：限制选择的范围

给探索者布置的事情不能太多，完成一定范围内的事情可以帮助他们燃烧能量并带来成就感。例如："接下来15分钟我们要开始打扫，你想为家具除尘、扫地，还是收拾玩具？"

我（斯蒂芬）的儿子们在这个年龄段时，喜欢擦拭门把手。我的妻子会给他们消毒抹布，然后小伙子们就开始愉快地做清洁。和探索者一起做事时，重点不在于他们能否把手头的任务完成好（基本上是不会的），而是你正在为他们后续成长阶段的新期望奠定基础。

↳ 提示 3：预测变化，并宣布日常流程间的过渡活动

"今天会有所不同。我们准备去……"

"你还能再玩 5 分钟，然后我们会读一本书，读完后你就可以睡一会儿。"

↳ 提示 4：制定简单直白、每个人都能坚持如一的规则

"我们要友善。我们不会伤害别人或损坏物品。"

"我们总是说实话。我们不撒谎。"

"我们乐于助人、服从规则。我们不会捣乱和破坏秩序。"

让你的男孩来定义什么对他来说是"乐于助人"和"服从规则"，并各举一个例子，以确保他对这些概念有清楚的、与其年龄相符的理解。

↳ 提示 5：言传身教，示范行为榜样

"看看我是如何小心翻书的。"

"看看我们要如何温柔地爱护弟弟。"

↳ 提示 6：管教时要言之有理

你可以告诉男孩他们行为产生的逻辑后果，并帮助他们理解其中的因果关联，这是十分重要的。例如："记得吗？我告诉过你不

要在客厅里扔球，你可以去游戏房或是户外扔。因为你没有听话而在客厅扔球，所以今天剩下的时间里我会把球放在壁橱里。"

↘ 提示 7：给他自在漫步的空间

不论天气或气温如何，每天都带他去户外走走，或是至少每周带他去一次公园或室内游乐场。

↘ 提示 8：作为父母、教师或照顾者，用言行举止示范生气或沮丧时如何进行自我控制与自我调节

对处于情绪失控边缘的孩子而言，遇上一个情绪激动的成年人无异于抱薪救火。不要用提高音量来吸引探索者的注意，而应该用平静、受控且自信的语调和眼神交流来传递权威感，表达你不是在开玩笑，而是会说到做到。

↘ 提示 9：让指令简明易懂

避免冗长的指令，尽量使用简单的词汇。例如："现在，是时候把卡车玩具收起来了。"

父母常犯的一个错误就是用提问的方式向探索者给出指令。不要说"你想吃午饭吗"，而是说"现在是吃午饭的时间了"。另外，还要避免在句子后面加上"好吗"。

↘ 提示 10：当他做了让你开心的事情时，别吝啬赞许

当你看到探索者成功完成一件事时，可以极力赞扬他，给他积极的肯定。经历成功和获得肯定是探索者未来做出正向行为的最佳

动力之一。你可以挑选一些他们能成功完成的活动让他们去做，并肯定其中的每一个正向行为。

"我看到你很努力地去做了，我很欣慰你是个努力的孩子。"

"你把玩具熊给妹妹是一种非常友好的行为。"

第 2 章

爱心爆棚：爱人者阶段

（5~8 岁）

我（斯蒂芬）儿子伊莱贾 5 岁时，我们注意到他性格的一大转变。虽然他从一个野性十足的学步幼童变成了一个狂野粗暴的学龄前儿童，但同时也展现出了更温柔、细腻的一面。

他的姐姐埃玛得到了一个新玩具——秀娃宠物[①]。如果你不了解它是什么，那么可以把它想象成互联网时代的"宠物石头"[②]。秀娃宠物是带有"秘密编号"的毛绒玩具，孩子们可以用编号在虚拟世界中像照顾宠物一样照顾它们，装饰宠物生活区，并在线上秀娃世界里进行多种相关的游戏和活动。孩子们可以赚取相当于积分的"秀娃币"，然后用"秀娃币"在秀娃世界的 W 商店和古董商店里"购买"虚拟物品。想出这个游戏点子的人绝对是个天才。

当埃玛第一次拿到秀娃宠物时，伊莱贾并没有表现出多大的兴趣，只是把它像球一样丢来丢去。当他快到 5 岁时，他慢慢对姐姐的秀娃宠物产生了兴趣。最后，为了维护一方安宁，我们给伊莱贾

---

① Webkinz，由加拿大玩具公司 Ganz 推出的儿童玩具。——译者注
② Pet Rock，20 世纪 70 年代风靡美国的玩具。——译者注

买了一只属于他的秀娃宠物——斑点狗。

他开始和斑点狗一起睡觉，带着它一起去超市，把它放进袋子拎着去教堂，与它共进晚餐并一起洗澡。通过拜访秀娃世界里的鸭子医生，伊莱贾确定了斑点狗是健康的。他还定期给斑点狗"喂食"蔬菜——这点很让我吃惊，因为我几乎没有让他在现实生活中喂过后院的狗。不过，暂且让那只秀娃宠物狗饿着吧，因为我们后来也没听说它的结局如何了。

情绪敏感期：学会表达自己的感受

对于脱离探索者身份的男孩而言，一个很典型的行为就是突然关注细节并开始在个人层面与周围世界进行互动。虽然男孩们仍然展现出许多探索者的特征（好奇、活跃好动、攻击性和自主性），但在 5 岁这个阶段已有不同的特征开始萌芽，并将在接下来的数年里发展壮大。尽管男孩们仍然偏好射击游戏并非常活跃，但他们在这个发展阶段将变得更温和，更受到关系驱动，并且更有艺术表现力。出于这些原因，我们将这个阶段的孩子称为"爱人者"。

他是谁：爱人者

爱人者对于情绪和周围他人的需求更为敏感。他们更开朗，充满生机与热情，他们会比在探索者阶段更健谈并享受与其他孩子及成年人的交流。爱人者喜欢水彩画、线条画（不仅是填色）和阅读（不只是听故事），还喜欢其他形式的自我表达（如戏剧游戏或是与其他孩子进行角色扮演）。

在成长旅途的这一阶段，男孩们开始经历最初的精神觉醒，在这个成长阶段，他们的思想是非常具体的。直到此阶段后期，他们才会开始进行更抽象的思考。

与探索者阶段相比，爱人者阶段的男孩可以更好地表达自己的感受，并通常以肢体语言的方式来体现，尤其是在表达愤怒、失望和嫉妒的时候。随着语言能力的提高，爱人者开始喜欢"不良"词语所蕴藏的力量，他们尤为喜欢谈论并发出与身体机能相关的声音，像打嗝、排气或排泄等声音。爱人者身上具有的另一些特征还包括温柔、循规蹈矩、依恋父亲以及竞争意识。

温柔

我（戴维）的儿子们在 5 岁时第一次出席婚礼。那是他们最喜爱的一个保姆的婚礼，托马斯的三个孩子也受邀出席。男孩们都很喜欢宴席环节（又被称为"你不用安静坐着"环节或"你可以奔跑嬉闹、手舞足蹈，还能吃蛋糕"环节）。贝克喜欢那个朝人们扔大米的点子，而威特则被巨大得足够数百人吃的蛋糕所吸引。在开车回家的路上，我们不知怎么就聊起了大多数新娘如何改姓的事，我的女儿说："所以，我的名字会是莉莉·××。"接着，她开始用班上每个同学的名字填空，以理解这个概念。待她说完，贝克说："反正，我就是想和妈妈结婚，因为我们有一样的姓，这样她就不用再改姓了。"

我看了看妻子，发现她正津津有味地听着贝克的话——听他言语里的温情和传递出的纯真。她已经在中学执教六年了，因此她很清楚等贝克 13 岁时，她将是世界上他最后一个考虑的结婚对象。但现在，她享受着被她的男孩深深仰慕的感觉。

一些心理学家和教育家将爱人者的前半阶段称为"善良岁月"。在这几年里，男孩们的身上会带有强烈的善意与爱心，尤其是当他们的基本需求得到满足并得到善待的时候。这就解释了为什么我们经常见到一些老师能够教学前班或是一年级长达 20 多年。这并不是说这些五六岁的男孩总是满怀善意，他们确非如此。不过，他们有能力做到极度的善良友好，而且他们身上具有一种温柔品质，尽管这种温柔可能在之后的岁月里会被世界从他们身上掠去。

随着情绪敏感度的不断提升，爱人者对黑暗、响声、动物（如陌生的狗）和陌生人的恐惧感会增加。据许多家长反映，他们家里六七岁的男孩突然开始害怕衣柜里的怪兽、黑暗的房间和雷雨。

爱人者很快就会知道，温柔是有软肋的——人际关系容易伤害到他们。随着他们在这个阶段越来越坚定自我，他们开始通过表现得令人反感、处处带有批判性和行为粗鲁来向外界展示防御姿态。通常来说，一个爱人者需要好好学习自己到底有几斤几两。这个阶段他会表现出不耐烦（特别是对弟弟妹妹），会表现得自作聪明，会争辩顶嘴，还容易对父母（尤其是对母亲）发脾气。

循规蹈矩

探索者和爱人者之间的一个显著区别是，爱人者明白自己何时是对的、何时是错的，而早期的探索者则对此毫无头绪。处在爱人者这个阶段的男孩仍在和控制自己的冲动做斗争，但毫无疑问的是，他们能够明辨是非。大量研究表明，一个男孩和父母在一起时越有安全感，他的是非感就越强烈。

我（斯蒂芬）的一个儿子曾问我："为什么电影院的大门上写着'禁止外带食物、饮料入内'，而我们还把食物放在妈妈的包里带进去？"我一时语塞，试着编造一个合理的借口，他又补充道："我们难道不是在撒谎吗？"自那以后，我们再也没有在看电影前去沃尔格林商店买巧克力、葡萄干了。就像儿子那天展现的那样，爱人者是很有道德感的，并且有清晰而强烈的正义感和是非感。

根据儿童心理学家让·皮亚杰（Jean Piaget）的总结，青少年通过造成的伤害或损失的大小来判定行为的对错。皮亚杰在研究中给孩子们讲了一个男孩不小心打碎 15 个玻璃杯的故事，以及另一个男孩想趁妈妈不注意去拿饼干罐时打碎了一个玻璃杯的故事，然后问孩子们哪个男孩更"淘气"。年纪较小的孩子们认为那个摔碎更多玻璃杯的男孩更"淘气"，因为造成的损失更大。[1]

这是一个循规蹈矩的阶段。一般来说，爱人者想当个"好男孩"来取悦父母和老师。他的自尊很大一部分源于父母和老师对他的看法。在这一阶段，你可能会注意到男孩们对于做错事极为敏感。负罪感和羞耻感是爱人者难以承受的，有时几乎令他心碎。

爱人者会将生活中所敬仰的人的行为作为判断标准，以此来衡量自己和他人的行为。例如，如果他的父母不吸烟，他就可能视吸烟为不良行为；如果父母吸烟，他就可能模仿他们摆弄香烟。对于爱人者来说，限速就是限速，超出规定速度就是错的。很多父母

---

[1]　皮亚杰称此为"客观道德"（objective morality）或"道德现实主义"（moral realism）。——译者注

都经历过被后座的孩子指责："你超速了，得开慢点，不然会被开罚单。"

这就是为什么爱人者经常为不公平而苦恼。我们经常听到他们拿公平说事："为什么她可以有饼干，我就不能有？"但往往是在这个阶段的前半期，爱人者还不了解什么是真正的公平和不公平，比如，他们会说"我想去外面，可是现在下雨了，这一点都不公平"。

这个阶段的男孩的照顾者必须改变给出指令的方式，从原本适合探索者的清晰具体、黑白分明的指令，过渡到帮助爱人者了解什么是健康的、有益的选择；不再简单地像他还小的时候那样告诉他不要吃饼干，而需要向他解释为什么吃饼干不健康，然后再三强调吃健康食物的好处。这对我们这样的爸爸来说尤其困难，因为我们虽然知道吃健康食物更好，但是我们都未必能说服自己放弃垃圾食品。

依恋父亲

一旦一个男孩进入爱人者阶段，他就会开始将对母亲的注意力转向对父亲产生更多的依恋。父亲就是当下的风云人物，男孩们付出了巨大的努力想要变成父亲那样。我（戴维）还记得当我的儿子们进入爱人者阶段时，他们会在我身边转悠很长时间，看我刮胡子、系领带；他们也喜欢坐在我身边，看我组装物品或更换前门的门锁。

迈克尔·古里安（Michael Gurian）将这种对父亲的情感联结称为"性别认同激增的预兆"。在这个阶段，父亲多花时间陪伴儿子十分重要。父亲在爱人者阶段投在儿子身上的心血将会在日后收获不菲的回报。爱人者天生渴望与父亲建立关系，因此这时是建立父子联结的绝佳时机。关系的建立不需要太复杂铺张，事实上，建立父子联结的最好方式就是一起做一些日常活动，比如，一起做家务、修理物品、看电影和买杂货等。

对于单身母亲而言，爱人者阶段是一个帮助儿子与他的父亲（如果父亲参与并了解儿子的生活）或与其他重要的男性（如祖父、叔叔、舅舅或家庭好友）建立并发展关系的重要时机。

在爱人者阶段，许多父亲选择成为儿子运动队的教练来参与其成长。这确实是一个与男孩联络感情的好方式，但并非唯一的方式。不论是花一早上时间一起拼装乐高积木，还是在周末去郊外远足，都是父子俩共度时光的好选择。

竞争意识

男孩和女孩之间还有一个显著的差异，就是竞争意识。男孩有更强的好胜心。有研究表明，男孩的好胜心比女孩高出 20 多倍，并且在更早的成长阶段表现出来。对男孩来说，这就表现在爱人者阶段。尽管温柔与人际关系是这个阶段应有的标志，但是男孩们仍然设法在竞争中获胜。我们需要认清这一点：只要有机会，男孩们就会争分夺秒地吃完晚饭，第一个刷牙，第一个冲上车，而一旦上了车，他们就会去争夺最佳座位。

我（斯蒂芬）曾经在"黑忍者"足球队执教，球队里有戴维的儿子们，还有我的长子。我们一起度过了第一个赛季，当时男孩们四五岁。虽然那年只是在发展联盟（二级联赛），且不会留下官方的得分记录，但赛后男孩们总会知道哪个球队赢了、谁得分了而谁没有、谁又得到了最多掷界外球的机会。

作为父母、老师和教练，有时可以让这种竞争意识为我们所用。例如，我们可以让常规任务（比如整理房间）变成计时活动，然后让他试着打败自己前一晚的纪录。

不过，我们也需要注意：尽管这个年纪的男孩带有竞争意识，但他们的竞争并不带有攻击性。在一项以 1~3 年级的男孩为被试的研究中，研究者发现，被试在竞赛中会努力避免发生身体碰撞。在爱人者阶段，男孩之间的竞争与合作并不是互相排斥的；相反，正如埃莉诺·麦考比（Eleanor Maccoby）所说，竞争与合作"相互交织融进了相同的社会关系网中"。

他需要：怜悯与约束

爱人者有时看起来有点古怪，那是因为他们既有一颗温柔、寻求关系的心，又有积极的竞争驱动力。由于爱人者身上混合着两种不同特质，因此他们急需生活中自己崇拜的权威人物出现并伸出可靠的援助之手。如果说纪律、秩序感和耐心是在探索者阶段建立，并且在爱人者阶段一以贯之得到强化的，那么此时大多数爱人者都需要生活中的成年人给予他怜恤与同情。如果说探索者最需要的是界限和习惯巩固，那么爱人者需要的就是怜悯和约束。如果说爱人者想要成功，那么他们需要缓冲、关系、常规和规范。

缓冲

就像探索者一样，爱人者也需要作为男孩的空间。我们面临的挑战是，虽然爱人者阶段通常对应着入学年龄，但遗憾的是，大多数早期儿童教育环境并不是为了帮助男孩成功而设计的。请想想典型的小学环境设置吧，男孩们很快就会知道他们会被要求长时间坐着不动。此外，男孩们还被要求自律、自发地做事。他们还会发现学校十分重视书面和口头表达能力，而他们在这两个领域往往表现得不如同龄女孩好。

因此，在正规学校教育中，那些天赋异禀的男孩往往会遇到最多的麻烦。历史上不乏著名的例子，比如，科学家爱因斯坦就对学校的功课感到很吃力；发明家爱迪生在学校难以专注，最终只能由母亲在家教育；"圣雄"甘地在学校里则"常常调皮捣蛋"，并把上学称为"人生中最悲惨的岁月"。

目前，许多研究都建议：男孩最好等到六岁半再上一年级。与同龄女孩相比，爱人者阶段的男孩的成熟程度确实存在一定的滞后，而这会阻碍他们在小学低年级阶段取得成功。格塞尔人类发展研究所（Gesell Institute of Human Development）的联合创始人路易丝·贝茨·埃姆斯（Louise Bates Ames）认为："与其过早地让孩子上学并遭遇失败，我们建议那些有需要的孩子推迟一年进入学前班或一年级。这样做是为了确保孩子在每个阶段都能接受符合自身发展需要的教育，而不是被一个死板的时间表赶鸭子上架。"

在上学的最初几年，男孩们需要家庭作为缓冲，让他们可以更好地做自己。在开始做作业或家务之前，他们需要先回家填饱肚子，然后在外面玩一会儿。

你会发现这个阶段的男孩喜欢在房间里独处。你可能也会注意到，当兄弟姐妹涉足他们的私人领地或是碰到他们的个人物品时，引爆他们情绪的导火线就变短了。

我（戴维）曾辅导过一个性格开朗、富有创意的8岁男孩。他告诉我他在房门上贴了个"禁止进入"的标志。"但是，"他说，"这一点儿也没用，我妹妹只有4岁，她不识字，所以我也不知道这么做有什么意义。对此，我做了一件事希望她明白这个道理——我在门上拉了根绳子，并在门顶上吊了个水罐。当她像平常那样推开门时，她被浇成了落汤鸡。不出所料，她哭着跑去向妈妈告状，我被打回原点——现在，我必须敞开房门。"

我们已经注意到这个阶段的男孩有攻击性的倾向和狂野不羁的内心，但是我们还想提醒一点：有些男孩并不享受喧闹打斗，大多数男孩都会经历爱人者的阶段，并且觉得其他男孩太粗鲁。有些男孩会有一段喜欢玩偶而不是玩具武器的时期，但这并不意味着他们不正常。在青春期前的岁月里，将对男性的刻板印象强行施加、灌输给男孩们是一件既有害且应受到责备的事。随着男孩们在成长过程中逐渐成熟，他们的内在发展和文化潜移默化的影响，往往会使他们逐渐具有男子气概。不过，话说回来，不刻意灌输并不代表放任自流，密切关注男孩的成长过程是十分重要的。如果在爱人者阶段后期，你发现他在和其他同龄男孩发展和保持关系上遇到困难，那么向儿科医生或者训练有素的青少年治疗师咨询就是一个恰当且必要的选择。

关系

男孩们需要成年人的关注。在5~8岁，男孩的一扇发展之窗就打开了，他们开始需要并渴望更多与父母一对一相处的时间。如前所述，他们在这个年纪迫切渴求来自男性的关注。不论是身体上的还是情感上的体验，此时都是男孩感受父亲的存在和温情的重要时期。

这个年龄段的男孩特别享受一家人一起吃饭的时光，并不是因为食物，而是享受这样的集体情谊。事实上，比起吃美味的奶酪通心粉，他们更喜欢开怀畅聊。进餐是爱人者听故事并把自己的故事分享给家人的机会。我（斯蒂芬）和妻子就发现，晚餐时间是分享我们人生故事的好时机。我们给孩子们讲他们小时候的故事，讲我们小时候的故事，讲他们出生前家里的故事，他们也喜欢我们给他们机会来讲讲自己身边的故事。

我（戴维）的朋友曾送给我和妻子一个装满彩色小纸条的罐子作为圣诞礼物，这是我们收到的最好的礼物之一。它叫"托马斯罐"，每张彩色纸条都是一个不同的问题。问题涵盖范围很广，从"你最喜欢什么书，为什么"到"如果你有了100万美元，准备怎么花"。我们一家人会轮流从罐子里抽问题，有时我们回答自己抽到的问题，有时我们会点名让桌上的其他人回答。我的孩子们都非常喜欢这个罐子，抽取和回答问题是一个丰富有趣、拉近关系的体验，甚至成了我们晚餐时间的例行活动。

常规

爱人者生活中需要大量的常规。事实上，他们在适应常规方面确实做得不错。不信吗？那就试试去四五岁孩子的班级代一天课，然后更改一日常规活动，看看会发生什么。我们再三强调日常惯例对这个年纪男孩的发展有多重要，通过不断重复和始终如一的常规活动，他们可以更好地表现和学习。制定常规活动对爱人者的身心健康十分重要。例如，他们需要能预知的惯例来帮助他们做好上床睡觉的准备，这样的常规活动包括淋浴或泡澡、穿好睡衣、刷牙、如厕，以及和爸爸、妈妈一起读个故事然后互道晚安。

我（斯蒂芬）的妻子希瑟从《3~6岁孩子的正面管教》（*Positive Discipline for Preschoolers*）中采纳了一个名为"日常惯例表"的有效方法。她要求孩子们告诉她，他们每天例行的任务（如早上出门上学和晚上上床睡觉）。每当他们按照正确的顺序为一个例行任务做好准备时，就可以把常规的每一步都拍下来贴在表格里，挂在每个孩子都能看到的位置。当我们的孩子因分心而忘记本该做的事时，希瑟只需要提醒他们"你表格里的下一步是什么呢"就可以了。

通过对日常惯例的逐渐熟悉，男孩们获得了成就感、独立性和自我满足感，这些将提升他们在日后生活中其他方面的自尊和自信。在生活中建立常规还能为男孩们的精力找到一个出口，训练他们提前规划和未雨绸缪的能力。你还可以在生活中的其他时段（如早晨、放学后、晚餐和就寝时间）建立仪式感和设立常规活动。

规范

与探索者一样，爱人者充沛的精力也需要被重新引导到有意义的事情上，这是一个很实用的技巧。除了持续的引导，爱人者阶段的男孩也需要大量的规范。虽然他们需要肯定和关注，但是他们也需要有人点出并指正他们的错误行为。"吉米，你要是还继续朝汽车扔石头，就会把车砸坏。"为他们点明不良行为的后果可以帮男孩们控制自己的冲动。"坦纳，你答应我今天不吃饼干了，但是你还是拿了一块，这是不诚实的。"请注意，点明错误需要直白、准确和具体。

- 指正错误不是贬低或者人身攻击，别说"我无法相信你了，你很自私"；
- 指正错误不是上纲上线，别说"我到底要跟你说几次你才明白"或"每次我跟你说话你都不听"又或"我真不敢相信你竟然这么做"；
- 指正错误也不是唠叨，别说"天啊，真是服了你了，你能不能……"，有效的指正应该是简短的、坚定的、有分寸的。

通常在进行了这样一番交流后，男孩可能会开始哭泣或难过，这时需要给他一个拥抱或是其他爱抚。如果他有任何诚心悔过的迹象，那就不需要进一步的管教了，而应将他的精力转向正面的改过方式上。"坦纳，跟我一起去厨房吧。我们再一起做一些饼干去送给爷爷，他一定会喜欢的。"他被指名了，也有了重新导向的活动可以参与，这样我们就大功告成了。

　　要是男孩没有表现出悔过的态度呢？此时，你就有必要坚决执行"自然后果"^①管教法。"坦纳，今晚我们吃饼干甜点的时候，就没有你的份儿了。"

　　如果你掌握了迈克尔·古里安的"两遍法则"，那么你也将省心不少。在这个年龄阶段，男孩第二遍听到同一个指令时就会贯彻执行它。

　　"睡前请上楼收拾好你的玩具车。"几分钟后，再说一遍，"我已经告诉过你去收拾玩具车了。我不会再叫你了。"

　　如果两次都无功而返，就需要通过"自然后果"来规范男孩的行为了，比如，在第二天让他没有玩具车可以玩，或是让他独自反省，抑或是"剥夺"当晚睡前故事的特权。在反应时间上有延迟是正常的，毕竟这个年纪的男孩分心是再正常不过的了。但如果一个男孩想要成功走完男孩时代的旅程，他就必须学习控制和调节冲动。

　　竞争意识是男孩们在调节冲动时遇到的一大难题，他们需要帮助才能理解"输赢不是生活的全部"。不过，如果你曾经看过美国少年棒球联盟比赛现场的教练和父母们，你就会发现许多成年男子也会出现同样的问题。因此，你要在生活的方方面面准备好重新引导并规范他们的许多行为；指导他们在体育比赛、游戏或者打嗝比赛这样的竞争中找到自己适当的位置，并告诉他们什么时候不适合竞争等。如果没有这种训练，男孩们就可能会建立根植于竞争的关

---

① 　natural consequence，行为造成的自然而然的后果。——译者注

系模式。从长远来看，这会对他们造成危害。以成年男性为例，如果一个男人习惯于把自己定位在社会秩序的顶端，他就很难从其他男人身上取长补短或接受问责。不妨想想你认识的某个女人是如何描述那个她生命中的男人的："他好像把我追到手就对我不感兴趣了。"这两个都是成年男性秉持的"生活就是一场竞赛"的例子。

给养育者的提示

在成为男人的旅程中，爱人者会发现他们正处于一个复杂的阶段。尽管他们仍表现出许多探索者的特征（如好奇心、活泼好动、攻击性和自主性），但是这些特征更多地受到了温柔和亲密关系的平衡，父母和照顾者需要帮助他们在这个阶段达到所需的平衡。以下是一些提示，可以帮助你更好地养育处在这个阶段的男孩。

↘ 提示 1：给予他深切的爱与关怀

这个阶段的男孩渴望并能很好地回应由可信赖的大人给他们的积极和健康的身体接触。一起读书时可以让他坐在你的腿上，在互道晚安时轻抚他的背，或者在散步时手牵手。

↘ 提示 2：奖励他的良好行为

奖励对处在爱人者阶段的男孩来说十分受用，他们会因此而备受鼓舞（其实狗和成年男性也是如此）。当他做了对的事情时，你可以提供自然的奖励。如果某天晚上他不用你提醒就把餐盘放进洗碗槽，那么你可以与他击掌表示鼓励，并称赞他："做得不错，小伙子！不用我提醒你就可以把餐桌收拾干净了。"

↘ 提示 3：让他参与决策

与其给男孩制定大量的规矩和原则，不如让他参与决策的过程。通过问一些吸引人的问题使他保持好奇，并把注意力放在眼下需要讨论的问题上，比如："我们需要做什么来准备好午餐？"让爱人者参与其中，将能激发其萌芽中的责任感和个人意识，同时还能让他朝着你希望的方向前进。

↘ 提示 4：引导他关注外界

爱人者阶段是一个将社区服务、外联和志愿服务引入男孩生活的好时机，借此可以让他明白慷慨和奉献是一个家庭应有的重要品质。到了青春期，他将迫切渴望有机会走出"小我"，和外界接触。因此，在这个阶段教他经常为他人服务，能为日后此类经历打下坚实的基础，他也会对这样的活动更熟悉。

↘ 提示 5：协助他保持个人卫生

爱人者在个人卫生方面常常需要协助。他们可能会抗拒洗澡，不喜欢洗头发，还有如厕后不好好洗手。就洗澡来说，你大可不必要求他每天洗澡，大多数文化中洗澡的频率和美国都不太一样。你可以规定他一周应该洗几次澡，然后让他自己选择日子和时间；你还可以让他自己选择淋浴或泡澡的方式。关于如何培养他好的如厕习惯，的确存在一些困难，你可能需要再忍受一些脚底打滑后地上的"刹车痕"。不过，在他进入中学后，他将成为一个热衷于个人卫生的人，有时这样的洁癖还会让你直呼受不了。

↘ 提示6：带他去看电影

这个阶段是个将好电影介绍给男孩的好时机。不要让DVD播放器变成保姆，而应该用它看一些可以和孩子一起讨论的电影，讨论他可能遇到的和电影情节相似的问题。在这个过程中，你可以问他一些类似这样的问题："当某事发生时，你怎么想？""当你看到某事时，你有什么感觉？"他也许未必能给出透彻清晰的回答，但你其实是在为与他对话奠定基础，你也正在帮助他迈出建立内心世界和外在世界联系的第一步。泰·布尔（Ty Burr）写了一本父母指南 *The Best Old Movies for Families*[①]，其中介绍了可以和孩子一起看的电影。你还可以参考迈克尔·古里安写的一本特别棒的书 *What Stories Does My Son Need?*[②]。以下是10部适合这个年龄段男孩的好电影：

1. 《侠盗罗宾汉》（*The Adventures of Robin Hood*）（1938年）；
2. 《关山飞渡》（*Stagecoach*）（1939年）；
3. 《绿野仙踪》（*The Wizard of Oz*）（1939年）；
4. 《老黄狗》（*Old Yeller*）（1957年）；
5. 《梦幻街奇缘》（*Miracle on 34th Street*）（1947年）；

---

① 书名大意为：最佳家庭老电影。——译者注
② 书名大意为：我的儿子需要什么故事？——译者注

6.《十诫》(*The Ten Commandments*)(1945 年);

7.《风雨夺标》(*Where the Red Fern Grows*)(1974 年);

8.《狮子王》(*The Lion King*)(1994 年);

9.《小猪宝贝》(*Babe*)(1995 年);

10.《钢铁巨人》(*The Iron Giant*)(1999 年)。

对于稍大些（7 岁或 8 岁）的男孩，我们推荐以下经典电影：

1.《生活多美好》(*It's a Wonderful Life*)(1946 年);

2.《E.T. 外星人》(*E.T.*)(1982 年);

3.《公主新娘》(*The Princess Bride*)(1987 年)。

↘ 提示 7：鼓励他发挥想象力

处在这个阶段的男孩往往喜欢超级英雄或是沉迷于"超能力"的概念，并将围绕这两点展开想象游戏。披上披风，让儿子为你取个超级英雄的名字，为你的超能力命名，然后让他导演你们的扮演游戏吧。不用担心这个游戏会荒谬可笑，别忘了，你也是有过童年的人。

↘ 提示 8：带他露营

如果你还没带孩子去露营过，那么现在就是个好时机。露营是一个很好的家庭活动，目的在于使彼此的关系更加紧密。如果你不太喜欢户外活动，那么你也可以在游戏室或家里的一个小空间策划一次室内家庭露营：把家具挪开再搭个帐篷，在壁炉或烧烤架上烤棉花糖，晚上睡在睡袋里，并在熄灯后用手电筒照明。

↘ 提示 9：计划家庭游戏之夜

这个阶段的男孩们喜欢玩游戏，也需要练习如何面对输赢。家庭游戏之夜不仅可以增进彼此的关系，还是全家共度时光的更经济实惠的方法。不过，请确保有可以促进男孩情绪发展和社交能力的游戏，如抽卡答题 ①、大转盘游戏 ② 或哑谜猜词。

↘ 提示 10：阅读《爱与理智：如何养育有责任心、爱心和自信心的孩子》（*Parenting with Love and Logic: Teaching Children Responsiblity*）

福斯特·克林纳（Foster Cline）和吉姆·费（Jim Fay）所著的这本书，是父母或教育者在养育这个年龄段的男孩时很值得一读的绝佳资源，有助于培养自信、自强的孩子，帮助他们为直面现实世界做好准备。

---

① Ungame，抽卡片回答有关个人感受和价值观的问题。——译者注
② Cranium，完成四部分活动才能获胜，包括闭眼画画 / 捏雕塑猜词、拼写、答题、哼歌 / 模仿名人。——译者注

第3章

从男孩到少年：独立者阶段

（9~12 岁）

电影《圣诞故事》（*A Christmas Story*）讲述了一个生长在 20 世纪 40 年代的 9 岁男孩拉尔夫·帕克（Ralphie Parker）的故事。他的圣诞愿望是得到一把"正式的红色莱德① 卡宾 200 发模型气弹步枪，枪托上有指南针和报时的东西"。拉尔夫策划了各种获得礼物的方式，但是身边的每个大人都告诉他："你可能会把眼睛射瞎的！"电影里，拉尔夫在美国印第安纳州北部寒冷的街道上收获了许多关于生活和成长的经验。

在一个场景中，拉尔夫和一帮男孩休息时间在学校操场上玩耍。时值圣诞节前，天寒地冻，漫天飘雪。拉尔夫的一个朋友施瓦茨向伙伴们吹嘘说："我爸爸说，如果你把舌头贴在一个冰冷的旗杆上，就会粘在上面。"另一个朋友弗利克表示不信，并挑衅施瓦茨："你就会满嘴跑火车，你老爸也是！"

以男孩们的典型个性，对话发展成了争论且激烈程度不断

---

① 美国一部连环漫画《红色莱德》（*Red Ryder*），玩具公司以其主角的名字出品气弹步枪玩具。——译者注

升级。

> 施瓦茨："你再说一遍试试？"
>
> 弗利克："说就说啊，怎么了！"
>
> 施瓦茨："你说谁呢？"
>
> 弗利克："说我自己可以吗！"
>
> 施瓦茨："真的吗？我才不信！"
>
> 弗利克："真的啊，不然呢！"

两个男孩唇枪舌剑，你来我往，而拉尔夫和其他男孩则在一旁"观战"。施瓦茨发出了双重激将法攻势："我谅你也不敢！""我知道你肯定不敢！"最后甚至在"稍微违反礼仪"的情况下发出了第三重"直捣命门"的招式："我百分之百确定你绝对不敢！"

为了不被嘲笑，弗利克接受了挑战，并把舌头伸到了旗杆上，夸口说："这也没什么大不了的。"

然后，当他意识到自己的舌头被粘在旗杆上缩不回来时，他惊慌失措地号啕大哭。众男孩目瞪口呆地看着这一切，惊愕得说不出话来，不知道这意味着什么，也不知道该怎么办。在惊异中，施瓦茨只能打圆场："天啊，还真有这回事。你们看他，我真不敢相信。"就在此时，上课铃响了，男孩们听话地往教室跑。

弗利克向他的朋友哭喊道："拉尔夫！回来啊！你别跑！别留我在这儿！快回来！"

拉尔夫自己也吓坏了，他停下来回头看着弗利克说："可是上课铃响了啊！"

施瓦茨突然回过神来："那我们该怎么办？"

拉尔夫回答："我也不知道，我只知道铃声响了。"

第二段性格形成期：对男子汉气概的追求

电影《圣诞故事》为我们提供了一个了解男孩的清晰视角，了解一个男孩从爱人者阶段进入独立者这一男孩时代核心阶段的成长历程。影片很好地捕捉并刻画了这个阶段男孩们的内心世界，既有调皮捣蛋、胜负欲、友情，又有青春期前表现出的男子气概。在 9 岁到 11 岁之间的某个阶段（记住，这只是大概的年龄范围），男孩们会开始过渡为少年。在这一由童年过渡到青春期的阶段，他们会经历不少困惑，因此他们需要成年人在生活中给予他们大量的支持和引导。

这是在男孩整体发展过程中的一个十分重要的转变期，又被许多发展理论家称为"第二段性格形成期"。在这一阶段，男孩们会开始经历生理和情绪的显著转变，他们此时需要相应的知识和支持。

博比在六年级时第一次被叫进了校长办公室。他和朋友们突发奇想，打算将学校所有门把手都涂上凡士林。他们定好日期，然后在背包里装了几罐凡士林来到了学校。按计划，恶作剧将在午饭后进行，因为那时他们会有额外的 15 分钟课间休息，有足够的时间把尽可能多的门把手都涂上凡士林。

然而，不出五分钟，博比就被逮着了，然后他很快就交代了同伙的名字。当父母赶到学校时，博比就已经意识到他真的完蛋了，惹上了大麻烦。与此同时，他竟然还觉得很开心，因为他终于敢哭出声来了！

正如博比这样，男孩在五六年级时就开始意识到自己已经不再是小孩子了。探索者阶段的一些能量和攻击性已经慢慢消退，他们在爱人者阶段所推崇的力量感和自主性则更加全面地展现出来，这个阶段的他们开始不断地与制度抗争。

虽然这个阶段的男孩开始觉得界限和规矩是一种枷锁，但是他们仍需要且渴望继续依赖照顾者以求得制衡和目标感；他们仍需要且渴望身体上的爱抚，比如相互依偎、亲吻、揉背、拥抱、口头表扬、关注和家庭时间；他们还需要照顾者有意识地提供情绪和精神方面的指引。

对于男孩们的照顾者来说，这可能是一个伤感的阶段，因为会眼睁睁看着他们童年阶段的最后一些特征开始消失，看着他们向着青春期过渡，并踏上成为男人的旅程。随着这个阶段不断发展，照顾者不仅将更少看到自己所认识和喜爱的男孩身上孩子气的那一面，还将更多地尝到看着他们成长为小男子汉的滋味。这就是将这一阶段的男孩称为"独立者"的原因。

他是谁：独立者

当男孩到了 9 岁或 10 岁的年纪，他将逐渐发展出更强烈的自我意识，对男子气概的追求也与日俱增。他会开始思考，成为一个男人将意味着什么。因为独立者阶段其实就是从童年进入青春期，而这段过渡的旅程将崎岖坎坷，充满挑战。在情绪方面，男孩是迷茫、痛苦、无助的。他们的难过、受伤、害怕和孤独感都会以愤怒的形式表现出来。虽然独立者不再那么经常哭泣，但闭门独自待在房间里的时间却更长了。那个一两年前还在你眼前不断跑动闹腾的小男孩，在这个阶段几乎不会再这样了。

由于所有这些变化，独立者和父母之间的关系常常会变得紧张。他开始越来越多地从和母亲还有父亲的关系中抽离。对许多母亲来说，这样的分离是十分困难的。独立者也会开始和男性朋友发生更大的冲突。此外，虽然他们有时会害怕女孩，但在其他时候又对女孩十分好奇。

简而言之，独立者已经到了一定的年龄，能更多地意识到外界和自己对于成长的反应。独立者正试图弄明白如何融入外部世界。当他逐渐理解自己在世界上的定位时，他对社会等级秩序和指挥系统也有了更新、更清晰的认识。对于独立者特征的描述包括探寻求索、进化发展、尝试，以及批评挑剔。

探寻求索

到了 9 岁或 10 岁时，男孩开始深入研究成为男人的意义。他的大脑和身体开始经历一系列重大变化，也开始了对男子气概的认真追寻。

这些变化带来的结果是因人而异的。一些男孩可能会想要承担更多的责任，享有更多的隐私空间，或是更多和朋友相处的时间；而一些男孩在这个阶段可能会继续进行人们通常认为的"小男孩游戏"（如乐高积木、动作人偶、捉迷藏）；还有一些男孩可能会对异性越来越好奇。因此，当别的男孩在追逐女孩时，就算你的男孩看似仍沉迷于"小男孩游戏"，也请不要着急担心，说不定你还可以偷着乐呢！

克里斯托弗是个五年级的男孩，他喜欢橄榄球、棒球和游泳。当他独自在家时，他仍像个小男孩那样喜欢搭建乐高积木，他还喜欢阅读。暑假时，他的一个伙伴在家附近的游泳池旁向大家宣布自己正在努力锻炼，争取在 8 月时练出六块腹肌。另一个伙伴看着穿泳衣的克里斯托弗，挪揄道："瞧瞧，你泳裤上挂了那么多赘肉。"还说克里斯托弗永远没办法练出六块腹肌。那天晚上，克里斯托弗回到家后连忙问妈妈觉得他看起来会不会很胖。妈妈惊讶地打量他的小身板，问道："你怎么会想到要问这个？"又过了一会儿，妈妈发现他在他房间的地板上做仰卧起坐，还说目标是 100 个。

对于独立者而言，越来越经常的房门紧闭、越来越长的淋浴时间，以及在朋友和家人之间会选择朋友等情况将更加常见。这是因为独立者对自己身体的私密性更看重，对自己的想法更坚定，同时也更关注自己在家人和朋友们心中的地位。

同样，当独立者发展出更强烈的自我意识时，他对可能使自己丢脸的事情会产生更敏锐的觉察，并且在情感上将自己与外界隔绝开来。处在这个阶段的男孩常常决定"他们宁可躲起来也不愿再遭受任何打击"。情感上的疏离对独立者而言司空见惯。在整个中学期间，男孩们越来越能掩饰自己的情感，并否认自己对情绪和精神的敏感。

进化发展

几年前，我（戴维）一直在辅导 12 岁的男孩埃里克。在辅导过程中，我注意到了他身上出现的一些压力和抑郁的迹象，我通过和他聊天来验证我的想法。最后，他承认有一个从未告诉过世界上其他人的秘密，而这个秘密让他感到既恐惧又难过。我问他是否愿意和我分享。他将头埋进臂弯，说道："我需要你的帮助，我想让你帮我跟我的爸爸妈妈说我快要死了。"

"可以跟我说说这是怎么了吗？"我问道。

"我的身体一直在漏脊髓液，已经快三个星期了。每隔几天我就会在晚上醒来时发现床单和睡衣上沾满了这种又湿又黏的东西。我后来终于弄明白这是什么了，但我不知道该怎么向他们开口。"

于是，我问他："这只是在晚上才会发生吗？"

"是的。"

"那物质是不是有颜色的，就像乳白色？"

他难过地坐起身，说道："没错，是这样。"

"但是你的后腰上没有洞，不是吗？"

他困惑地说："是啊，没有洞，所以我也不知道它是怎么从我的脊椎中流出来的。"

我满怀同情地看着他，解释道："埃里克，你不会死的。你没有漏脊髓液，这是梦遗。"

他松了口气，但还是一脸迷惑。[①]

在这个阶段，独立者的情绪变化会多于身体变化。虽然大多数

---

① 这种情况不是少数，我们强烈主张在探索者阶段就开始与男孩进行关于身体变化的持续、开放的对话。如果你有处于这个阶段的儿子，并且还没开始这样的对话，那么还不算太迟，但你需要赶进度了。

男孩通常会在 13 岁或 14 岁时经历一个飞速发展期，但就算你的男孩发育比较缓慢或不明显也别太担心。重要的是，哪怕在外表上他仍带有孩子气，我们也需要意识到他的内在（包括荷尔蒙水平、情感和精神层面）正在经历"异形入侵"般巨大的变化。例如，取决于他们的青春期何时开始，男孩的身体每天会经历 5 到 7 次睾酮分泌激增。由于荷尔蒙的波动，青春期前和青春期的男孩所经历的情感变化就像火山喷发一样。在睾酮的影响和驱使下，男孩常常会比女孩更早开始寻求独立。与同龄女孩相比，青春期男孩的睾酮水平比她们高出 10~20 倍。

对于父母来说，在这个波动期先发制人很重要。青春期可能从 9 岁就开始了，甚至有些人早在七八岁就进入了青春期。尽管埃里克的经历在 12 岁这个年纪十分典型，但也有男孩早在 9 岁或 10 岁时就会初次梦遗。

尝试

独立者希望在世界上留下自己的印记，并将自己视为一个男人。为了做到这点，他需要找到从同龄人中脱颖而出以及不再依赖父母的办法。开始这个过程的方法之一就是尝试。他可能会在不同的方面进行尝试，比如抽烟、喝酒、欺骗和性（主要是自慰和色情内容，但是也包括性别认同）。另外两种常见的尝试就是使用污言秽语和破坏规则离家出走。

尝试使用污言秽语是一种获得力量的主要手段。使用危险或禁忌的词语让他们感觉自己很有力量，破坏规则也是如此。我们曾听家长报告过形形色色的事件，从偷窃电子产品到涂鸦，再到破坏财产。这种类型的尝试需要有严重的后果来警示他们，并传达明确的信息："这种行为对你没有用处，只会带来你不想要的后果，比如禁足、停学、进少管所或者强制社区服务。"

当提到尝试时，男孩比女孩更容易陷入险境，尤其是在酒精和毒品方面。男孩在 12 岁之前饮酒的可能性是女孩的三倍。大约 20% 的 21 岁男性报告说，他们初次尝试酒精是在 15 岁之前。令人大开眼界的是，在许多我们辅导过的家庭中，白种人孩子是较高风险的群体，这令"社区将会拯救你的孩子"听起来就像个传说。

批评挑剔

在男孩与家庭和朋友分离并寻找自己在世界上位置的过程中，独立者可能会变得非常挑剔。独立者对自己、父母、兄弟姐妹、同龄人和其他有权威的成年人抱持不满和批评的态度是很常见的。男孩们可能会产生一种执念，认为成人都在与他们作对并且永远不会支持他们。男孩们产生"我的老师讨厌我"或者"我的教练费尽心思就是要让我坐板凳"的想法也是很常见的。处于这个阶段的男孩也会对自己很苛刻。最近有一位母亲告诉我（戴维），当她接参加田径训练的儿子回家时，他常常说："你看到吉姆跑在最后了吗？你难道不觉得他跑起来像个女孩吗？"这位母亲已经适应了儿子这样的"批评挑剔"，最终她回应道："我注意到你经常谈论吉姆跑步的方式。这让我不禁觉得，你是不是也有点在意自己跑步时的姿态？是不是有人就这点跟你说过什么？"年轻的小伙子没有回答，他只是直瞪瞪地看向前方，泪水在眼眶中打转。

他需要：限制和机会

你可能对希腊神话中的伊卡洛斯有所了解。伊卡洛斯是代达罗斯的儿子，而代达罗斯被囚禁在米诺斯国王的迷宫中。为了逃离监狱，代达罗斯用蜡和羽毛为自己和儿子各制作了一对翅膀。在飞离监狱前，代达罗斯警告儿子不要飞得离太阳太近，因为蜡会融化；也不要飞得太靠近大海，因为蜡会变潮。然而，伊卡洛斯沉迷于自由飞翔的豪迈感觉，直冲云霄，越飞越高，由于离太阳太近，最终翅膀融化，坠海身亡。

当一个独立者开始表现出自主、自信和成熟时，人们很容易假定他已经准备好独立了，但实际上他并没有准备好。个性和独立之间有着很大的区别。一个男孩对权威的挣脱更像一种试探，试探那些比他更有力量的人能否处理并驯服他的力量和存在。如果一个独立者明白规则，并生活在一个有健全界限和合理限制的文化环境中，他就会感到安全，并在无形中受到良好行为规范的约束。

独立者和伊卡洛斯很像。他们需要机会来舒展自己的翅膀并测试自己的能力，但同时他们又缺乏智慧和经验来控制自己不要飞得离会给他们带来危险的太阳或海洋太近。男孩的父母和其他照顾者不仅需要帮助他在限制和机会中获得更多的平衡，还要为他们提供监督、信息、参与和释放、宣泄的渠道。

监督

独立者阶段是一个男孩刚开始徘徊偏离常轨，并冒险深入较为黑暗的角落的时候。因为这个阶段的男孩们更倾向于尝试，所以这也是照顾者必须提高自己观察水平的时候。

经常有父母在咨询时问我们，他们应该在什么时候感到担心，以及该注意哪些危险信号才能最大限度地减少儿子"旷野迷途"的可能性。我们建议父母注意几个可观察和测量的指标：成绩、爱好、朋友和心情。这些外在表现通常也是内在状况变化的指标。如果男孩的成绩下降——不论是骤然狂降还是逐步缓降，都可能说明其情绪或精神上有些不对劲。同样，对曾经表现出优异水平或者极大兴趣的爱好、运动或者天赋失去兴趣也可能是出现问题的表现。失去朋友或者朋友类型的显著改变也可能是男孩受引诱而偏离正途的表现。此外，我们还需要密切关注他的心情，与他的伙伴们的心情相比较，看看他是不是更为消沉、乖戾无礼或郁郁寡欢。

因为警示信号并不总是很明显，所以对于那些在心理上苦苦挣扎的男孩，父母、教师、教练和青少年服务工作者都必须保持警觉，以便及时发现即将发生的问题的迹象。

当父母注意到变化时，应该将其解读为警示信号，并且事不宜迟，马上伸出援手或向他人求助。问题在于，这个年龄段的男孩通常无法清楚地表达出现了什么问题——即使他们可以，也可能不愿或害怕信任他人。这个时候，父母需要扪心自问：假如美国中央情报局（CIA）想要监控我的儿子，他们会怎么做？

尽管"监控"在这里只是被我们当作一句玩笑，但是以情报活动的方式思考这个问题未必是个坏主意。以下是一些实用建议。

- 当他不在家时，定期检查他的房间和书包；

- 监控他的电子邮件、短信、社交媒体账户；

- 监控他访问过的网站；

- 和他朋友的父母交流，确认信息；

- 当他在别人家玩耍时，一定要和其他同行朋友的父母商量，确认安排，以及确保有足够的监督；

- 在你把他送到商场或者电影院后，你可以时不时地绕回来，以确保他去的地方如他所告诉你的那样。

看到这里，你可能会想："如果我像这样侵犯他的隐私，那么我的儿子一定会大发雷霆。"请给我们一分钟时间来解释。虽然我们建议父母阅读孩子的电子邮件、社交媒体和即时通信的内容，但是我们也强烈建议父母在这样做之前先和儿子沟通。你可以这样说："儿子，随着你年纪渐长，可能会有更多的陷阱让你受伤，很可能会真的伤害到你。因为我们爱你，为了保护你的安全，我们会时不时地检查你的……"提前与儿子沟通可以让他明白你关心、在乎他，并且让他在做愚蠢的决定前可以三思而行。当他事先知道他的社交媒体、朋友关系和个人空间都可能被随时以任何理由被父母检查时，他就没有理由在被检查后指控你们"侵犯他的隐私"。不过，如果儿子平时写日记，那么我们是强烈反对父母去阅读他的日记的。有一个安全的地方来探索和处理自己的内在世界对他而言十分重要。

如果你仍然不愿意按我们建议的方式来监督儿子，那么你也可以考虑一下其他替代选择并权衡得失。这个阶段的男孩需要父母和其他照顾者的限制和纠责来帮助他们走在正确的道路上。当然，情况不会总是如此，但监督对独立者阶段男孩的发展是至关重要的。参与这个阶段男孩的成长历程，远不如他成为少年时那样复杂。如果你在他幼年时就参与他的生活，那就更容易参与他日后的成长。

信息

男孩喜欢父母或其他照顾者对他们直言不讳，他们也喜欢准确的信息。数年前，一个叫布伦特的小伙子告诉我（戴维）："我讨厌我妈妈总是提起我有多擅长篮球。她觉得她是在鼓励我，但是这些都是假的。事实上，我是个不错的篮球运动员，但是我并不如队里的其他球员出色。现在我在玩棒球，当她说我擅长棒球时，我其实更愿意相信她。"

像许多同龄男孩一样，布伦特可以一眼看穿母亲是在尝试着鼓励他，但却令人难以信服，因为她对儿子的所有能力都作出了同样的评论。他有能力清晰地辨别自己的优势在哪儿、劣势在哪儿。独立者阶段的男孩喜欢真实、准确的信息。

相同的原则也适用于关于他们情感和身体将发生变化的信息。父母们需要为他们的儿子指明正在发生和即将发生的一切。男孩们需要接受教育来了解他在整个发育阶段身体和情绪会发生哪些变化。

"鸟与蜜蜂谈话"[①]这样的对话应该是贯穿男孩成长发育的各个阶段。如果你的父母在你成长过程中从未与你谈论过这些，那么你

---

① 一种常见的隐喻，指父母和孩子谈论基本的性知识，即用鸟类产卵和蜜蜂授粉行为来解释性交的机制和结果。——译者注

可能会觉得这个观点有点陌生，进而不知道该如何进行这些对话。这对大多数成年人都是如此。因此，你可以在和儿子谈话之前花些时间做准备：你可以和朋友或者治疗师会面详谈，也可以利用一些提供了案例、大纲和问题的优秀书籍和视频。你准备得越充分，你们在谈论此类话题时就会感觉越自在。例如，你的儿子需要知道什么是梦遗，他需要你和他开放地谈论什么是勃起、自慰（第 4 章有更多的介绍）和色情等内容。

即使你的儿子尚未发生任何生理上的变化，也请开始与他对话。这样你可以在即将发生的变化中先发制人。他需要将青春期置于生理和精神两个层面去理解；他也需要不止一次甚至更多次的"鸟与蜜蜂谈话"；他还需要你在他一生中经历最大变革的时期与他保持通畅的沟通渠道。

参与

男孩生活的两大主要影响因素是父母和同伴。父母在此阶段仍是主要权威，同伴的影响力则会在以后阶段有所增长。在迈入独立者阶段后，你的儿子可能会表现得不需要你，但是这只是他的"表演"。在他人生中的这个阶段，他仍需要父母的参与和强有力的监督。

杰夫是一位了不起的父亲。为了陪 9 岁的儿子一起观赛，他买了美国职业橄榄球大联盟的门票。每隔一次观看比赛，杰夫都会让儿子决定他们是否要在身上彩绘。他明白与儿子共度时光的重要性，了解一起观赛的魔力，理解当儿子画上身体彩绘和像疯子一样尖叫时体验到的狂野冒险感。其实，我们觉得这样做对杰夫来说也不算是什么牺牲，他没准儿也乐在其中呢！

这是一个让家庭时光变得有趣的好时机。活动不必昂贵或奢华，你只需要把活动内容扩充得更广即可。例如，如果你家已经有了在星期五晚上订购比萨饼并观看电影的传统，那么你还可以考虑增加全家都能参与其中的"游戏之夜"，一起玩 Xbox、PS3 或者任天堂 Wii 这样的游戏机。

这也是你的儿子一生中的重要阶段，你需要确保和他朋友的父母之间有密切的联系和友谊。你可以和他们谈谈对方家看电影和电视的规矩，问问他们关于上网和接触社交媒体的限制等问题。我（戴维）辅导过的大部分男孩都是在这个成长阶段时，在朋友家中第一次接触了色情内容。

在这个阶段，独立者的生理状况将变得不规律且难以控制，因此他们需要大量的爱和关注。临床心理学家威廉·波拉克（William Pollack）在 *Real Boys*[①] 一书中写道："我们和男孩互动的方式，以及我们和他所建立的联系，可能会产生永久性的影响。"不仅会影响他的情感和精神发展，还会影响他的生理、大脑，以及社会行为。科学家已经发现，早期的情感互动可以在实际上改变一个男孩大脑的生理发展过程。

波拉克称这种现象为"联络的威力"。他补充说："和父母及男孩生活的社会环境给予的爱、养育和塑造方式所产生的影响相比，任何男孩体内的睾酮水平以及睾酮造成的影响几乎不足挂齿……在男孩生活中的人——他的爸爸和妈妈、老师和兄弟姐妹、教练和导

---

① 书名大意为：真正的男孩。——译者注

师、托儿所照顾者和医生，在塑造年轻男孩方面都可能有着和睾酮一样重要的作用。这些人不仅会影响他的性格塑造经历，还会影响他的大脑结构和神经递质。"

宣泄渠道

马克从 7 岁起就开始和家人一起去露营。现在已经 13 岁的他向我（戴维）坦言："虽然我表现得好像不再那么喜欢露营了，但事实上它还是很好玩的。我们全家一起去漂流，妈妈总是尖叫，好像她在玩迪士尼乐园的'飞越太空山'。爸爸和我总是一起去射击场，这非常酷。露营营地甚至还有才艺表演，我们就会想一些疯狂的事情来表演。"虽然马克可能永远也不会向父母袒露自己有这些与他们共度的美好记忆或者他其实很喜欢这些假期，但是这些家庭时光满足了他的一个重要需求。

独立者需要强有力的宣泄渠道来测试自己的身份认知，这些渠道包括运动和课外活动。通过这些机会，他可以发展自我意识并接受负责的成年人、教师和教练的带领。这些人致力于首先发展他的性格，其次才是能力。他需要接触朋友的家庭生活，以体验有相似又有细微差别的家规的家庭。

就像他还是探索者和爱人者时那样，处于独立者阶段的男孩们仍然需要大量户外活动的机会。许多独立者都喜欢在开阔的空间和团队一起活动，他们也喜欢参加家庭活动（哪怕他们不会承认）。以下是男孩们几乎一定会喜欢的一些活动建议。

- 手电筒追人游戏；

- 彩弹球射击；

- 夺旗橄榄球；

- 夜间高尔夫；

- 极限飞盘；

- 威浮球[①]；

- 漂流；

- 高空绳索挑战；

- 绳索速降或攀岩；

- 骑马。

随着独立者对个人主义和在世界上如何自处有了更好的把握，他也需要明确自己在世界上处于什么位置。对于独立者而言，参与户外活动有着重要的精神意义。敬畏自然，行有所止。约翰·艾杰奇写道："我们在自然界中可以学到一种谦卑和老练的智慧。"

> 将独木舟偏向一侧，它就会倾倒；逆风接近一只麋鹿，它就会受惊；手顺着木纹抚摸，你会得到一片小木刺。世间万物都自有规律。噢，这对一个人来说是多么重要的一课。在自然王国里，你不能通过呼叫客房服务或转换频道、写个新程序来解决你的问题。你不能忽视事物运转的规律。你必须领受它的教导。当一个人了解了这些方式并据此生活时，他也就有了谦卑和智慧。

---

① 改良版棒球，球身有孔洞，会因空气摩擦导致飞行时有各种曲线变化。——译者注

大自然让我们肃然起敬。它是神秘的，又是狂野的。学习与自然和谐相处对一个男孩的生存、成熟和幸福至关重要。这并不意味着他必须到阿巴拉契亚国家步道①进行为期一周的徒步旅行（虽然也可以），毕竟还有那么多可以进行的探险活动——航海、狩猎、钓鱼、山地自行车骑行、独木舟、在乡间小道远足，或者用双筒望远镜或天文望远镜观星等。对于独立者而言，重要的是花时间与大自然这一巨大又震撼人心的力量进行互动并启发思考。

另一个重要的宣泄渠道是外联活动和社区服务。这个阶段的男孩需要机会来发展自我意识，以及因自我奉献而得到肯定。他将享受新的责任，比如，在最喜欢的科目上辅导低年级学生，在最喜欢的运动中帮助更年轻的队员，或者使用他学过的乐器教授音乐课程。

这也是增加他的家务劳动量和责任感的好时机。你可以告诉他，信任越大，责任越大，而责任越大，回报也越大（如更多的自由和零花钱）。

给养育者的提示

独立者会发现自己正处在孩提时代和青春期的断层线上。父母或其他照顾者需要对他一些大地震般的变化有所预期，并为它们做好准备。还需要知道当他们遭受打击时应该怎么办，并准备好让他们照顾好自己。

---

① 美国最长的徒步步道之一。——译者注

　　独立者正处在接下来的几年将经历的崎岖旅途的起点。父母和其他照顾者的工作是装备好自己，也为独立者做好准备，以面对接下来的坎坷和随之而来的余震。以下是当波折变化发生时你可以采取的一系列措施。

↘ 提示 1：利用好暑假

　　许多优秀的夏令营都深得男孩的欢心。夏令营为他们提供了丰富的机会来体验适当的身体、情感和关系的冒险，这些体验和在家里的草坪上获得的感觉完全不同。独立者阶段是一个将独立参加营地活动融入男孩成长经验的宝贵时期。

↘ 提示 2：继续进行对话

　　这是你需要直面并专门解决一些重要问题的时候。你的儿子需要听听你对性、毒品、酒精和自杀的看法，他也需要你教他如何处理这些问题。

↘ 提示 3：与他互动

　　父亲们，你们可以考虑带你们的儿子参加体验日或利用周末来开启对话，探讨那些我们讨论过的变化。你们也可以通过在好玩和有意义的活动中穿插对话来让这段时光更难忘。母亲们，你们可以设计一个只属于你和儿子两人的仪式，以此来和开始尝试与家庭分离的儿子时刻保持联系。比如，考虑在上学或者回家的路上停下来吃个甜甜圈，甜甜圈时间会令人开心；或者每个月带着他去一次棒球场击球，然后给他买一杯奶昔。

↘ 提示 4：向社区医生寻求帮助

建议社区的儿科医生更公开地和他谈论身体和情感上即将出现的变化，不论通过多少渠道来帮助男孩了解这些都不为过。

↘ 提示 5：准备牛排晚餐

我们的一个好朋友和他的儿子们约定：当他们到了特定年龄时（大约是 8~10 岁），我的朋友就告诉他们关于梦遗的一切知识。他也会告诉儿子们，当他们第一次发现自己梦遗时，不管几点都要去把他从床上叫醒，这样他们就可以一起庆祝。第二天，他们还将去吃一顿牛排大餐来庆祝这个男孩开始成为一个男人。这已经成了他们的家庭传统。

↘ 提示 6：让他先看书，再看电影

是的，甚至是《指环王》（ *The Lord of the Rings* ）。

↘ 提示 7：不要人云亦云，随大流

就算"其他人的父母都让他们的儿子拥有手机或者使用各种社交媒体"，也不意味着你必须这样做。

↘ 提示 8：保证运动量

这是男孩一生中非常可能会沉迷于媒体的阶段。一个好的经验法则是：保证他观看比赛的时间绝不会超过实际参加体育活动的时

间；保证他花在打电话、即时通信、发邮件或者社交媒体上的时间绝不会超过和朋友面对面相处的时间；保证他玩电子游戏的时间绝不会超过在户外嬉戏的时间；可以让他在室内玩一些不需要电池或电源的游戏。

↘ 提示 9：一起观看和讨论类似《圣诞故事》的电影
↘ 提示 10：系好"安全带"

做好心理准备，你的男孩接下来还将发生许多变化，我们将在下一章中进行讨论。如果不提前做好准备，那么你到时可能会手忙脚乱、无力招架。

第4章

穿越成长迷茫：徘徊者阶段

（13~17 岁）

《尸体》（*The Body*）是收录在斯蒂芬·金（Stephen King）的小说集《四季奇谭》（*Different Seasons*）中的一个成长故事，它曾在1986 年被改编为电影《伴我同行》（*Stand by Me*）。

故事发生在 1960 年夏天，在虚构的缅因州城堡岩镇有一个名叫雷·布劳尔（Ray Brower）的男孩失踪了。当故事的主人公戈迪和他的三个朋友克里斯、特迪和维恩得知雷是被火车撞死的后，他们出发沿着火车轨道去寻找尸体。男孩们一路冒险——他们被垃圾场的狗追赶、戈迪和维恩在过桥时还差点被火车撞倒。

最终，他们到达了尸体所在的地方，但没过多久，一帮年纪较大的青年混混出现了，与戈迪和他的朋友们对峙。在随后的争论中，克里斯拔出了一把从父亲衣柜里偷拿的手枪并朝天空扣动扳机。小混混的头目意识到克里斯是动真格的了，于是威胁说以后还会找他们算账，然后就离开了。

男孩们回家后，小混混们找上门来兑现了那句威胁。他们打断了戈迪的鼻子和手指，还打断了克里斯的胳膊，并把他打得鼻青脸肿。特迪和维恩也不幸遭到殴打，只是没那么严重罢了。但这四个男孩拒绝向警方指认袭击者，他们因此得到了同龄人的尊重。

叛逆的青春期：变成他自己最糟糕的样子

在独立者之后，男孩时期的下一个阶段与《尸体》的故事中所表现的主题相似：深厚的友谊、冒险、迷失、危险和重大损失。如果你的男孩正处在这个人生阶段，那么为了将他照顾好，你需要以下这三大基本元素：

- 祈愿；
- 巧克力；
- 笑的能力。

你将需要经常祈愿自己能拥有智慧、怜悯和宽恕，因为你可能会说出或者做出日后让自己后悔不迭的言语或事情。你还需要祈愿男孩能安全度日，因为他也可能会做很多以后会后悔的事。

你将需要巧克力，或者任何不健康但能让你舒服的食物。你可能想要一个人吃，也可以跟朋友一起分享。

你将需要朋友来跟你一起开怀大笑，特别是当儿子处在糟糕的境地时（这是他一生中经常会遭遇的）。你可以拿这些事开玩笑，但请不要嘲笑他。当他说出类似下面的这些句子时，你可能会忍俊不禁。

- 你毁了我的生活。

- 你是我知道和见过的最糟糕的母亲。老天爷让你成为父母这件事就是他最大的失败。
- 试图控制我让你很开心得意，不是吗？
- 等你老了，我要把你送进养老院，一个很烂的养老院，我永远不会去探访你，除非那里的人也不管你。
- 我正在倒数还差多久就 18 岁了。我以前都是按年来倒数，现在则是按天来倒数。
- 只有你睡着的时候我才不讨厌你。
- （不管你对他说了什么不尊重的话）我向你保证，你会为此后悔一辈子的。
- 有些人的父母会让他们很丢脸。我就是过着这样屈辱的日子。

可悲的是，我们听到的这些确实都是青春期男孩对父母说过的话，或者是来咨询的父母曾听儿子说过的话。在这个发展阶段的某个时候，你的儿子将变成他自己最糟糕的样子。这就是"异形入侵身体"的阶段。在这个阶段，那个你所认识的温和、风趣、适应力强的乐天派小家伙在晚上被偷走了，取而代之的是一个易怒好辩、阴沉愠怒、态度轻蔑、脾气暴躁的"克隆人"。

在这段旅程中，男孩们比以往任何时候都更自主和渴望独立。他们以各种方式从保留地出走、逃之夭夭，甚至不告而别。由于他们刻意寻求独立并以自我为中心，我们称这一阶段的男孩为徘徊者。

他是谁：徘徊者

一旦男孩进入徘徊者阶段，他看似肯定会并且也下定了决心要让照顾他的人感到痛苦。他会不惜一切代价反抗权威，还会对每个要求置若罔闻，并且徘徊在尽可能远的地方。处于这一发展阶段的男孩们会在两种需求中摇摆不定——一种是渴望父母或其他照顾者与他们互动，另一种则是渴望一个人独处。

《孩子如何栽培父母》（*How Children Raise Parents*）的作者丹·艾伦德（Dan Allender）认为，孩子们在整个青春期期间都会同时问两个问题：

- 我是否被爱?
- 我可以按照自己的方式行事吗?

艾伦德认为，青少年的反应和行为总是以这两个问题为出发点。徘徊者的一只手抵抗着，说着"别管我"，另一只手则在背后比画着说"来找我"。在许多方面，男孩将父母或其他照顾者绑架为人质，认为道理都在他那边：如果他们靠近他，就是没有尊重他的隐私和"空间"；如果他们照他说的保持距离，就是"满不在乎"；如果他们什么都不做，就是个"蠢货"。

和之前发展阶段的男孩一样，徘徊者也有自己的一系列定义特征，包括生理混乱、傲慢自大、个性化和喜好争辩。是的，尤其是傲慢自大和喜好争辩。

生理混乱

这个阶段的情景对我（戴维）来说清晰如昨。上初中时，我的粉刺非常严重，以至于在我家人的大力"资助"下，当地的皮肤科医生得以扩建房屋。到了我上高中时，我们已经"资助"他的孩子上了大学。我每个月都会到他的诊所接受一系列残酷的治疗，其中一项是他用喷射液氮来冻结我脸上不计其数、凹凸不平的红色"火山口"。回家时，我带着急速冷冻的发红脸颊，还有各种配方的面霜和洗液，每天早晚都要清洗那些青春痘，但其实效果很有限。

当我在高三结束拍毕业照时，他们为那些有"皮肤问题"的青少年提供了"修图美颜"的服务。我的毕业照被调整得很好看，好看到我都怀疑那不是我自己。事实上，我嘴周、下巴、脖子和前额上糟糕的皮肤状况，是我内在生理混乱的外在迹象。

很多男孩都是这样。如果你当时觉得在儿子独立者阶段出现的变化已经了不得了，那是因为你还没见过他真正的变化。既然他是徘徊者，他的生理世界就是纯粹的混乱状态。现在，他体内的化学反应就像烟花燃放一般：睾酮激增，血清素在两级间波动，其他化学物质和激素也在体内涌动。

这些化学变化会引发各种结果：从失控疯长的粉刺，到像更年期女性那样剧烈的情绪波动，再到身体毛发的生长、逐渐低沉的声音，以及对看不惯的事情的态度。

对于徘徊者和他的父母来说，这是一个充满不安感、不确定性、迷茫和不稳定性的阶段。除了冒出粉刺、长出腋毛、声音改变和情绪波动外，睾酮还会使这个阶段的男孩显得烦躁和冲动，让人不禁联想起两三岁的探索者。

我（戴维）每周都会和这个年龄段的男孩会一次面。如果我让他们自己待哪怕两分钟，他们都可能会突发奇想地在我的办公室里摔跤、玩枕头大战或尝试些别的活动。原因是男孩的下丘脑①中常常积聚着睾酮，这会触发警报，提示需要冷却系统。这就是为什么男孩会变得烦躁不安并且需要快速地释放紧张和压力。这是男孩成长过程中的另一个阶段，此时如果我们还让他安静坐下并停止烦躁就会起到反作用。

提到快速释放压力，这是男孩成长历程中开始频繁自慰的时期。大多数青春期男孩承认自慰频率为每周一次到每天一次。父母需要就这个话题和儿子进行既坦诚又不那么令人脸红的对话。尤其是对于父亲来说，和儿子讨论相关话题是至关重要的。

父母不与儿子谈论性知识的原因通常可以用以下三个字总结：惧、懒、羞。一来父母担心向儿子坦白自己其实对性也不甚了解；二来可能太懒惰而不愿自学这些知识来为重要的对话做好适当的准备；最后，他们可能为自己的性经验和行为感到羞耻，以至于在和儿子谈性时觉得自己道貌岸然。以下是给父母的几个简单的建议。

- 从教育书籍和育儿视频中学习自己该说什么、何时说、如何说。
- 勇敢点，这其实并没有你想象的那么可怕。想想那些令你感到羞耻和自卑的经历，其实与你的父母在性教育方面没有做好不无

---

① 大脑的一部分，是负责控制体温、饥、渴、疲劳、愤怒和性冲动的调节器。——译者注

关系。

- 寻求咨询服务。如果你是成千上万的性成瘾或者有其他难以启齿的性问题的成年人之一，那么你唯一的憾事就是没有获得所需的帮助。你可以去和咨询师谈谈，或是参与匿名的性瘾者会谈。

此外，说到"性"这一话题时，自慰通常伴随着色情内容。你可以参与儿子的生活，去了解（美国）色情和性虐待内容流行的原因，提出尖锐的问题并和他谈谈其中的风险。谈论色情内容和谈论性知识一样困难，但是你需要跨出舒适区，因为你的儿子值得你这样做。

一家宣传网站说："当孩子陷入不良内容的陷阱时，我们常常轻描淡写地说'孩子就是孩子'，然后让事情过去。好吧，但是父母也应该是父母，我们有责任来监督和管控进入家里的内容。我们要肩负起尽全力保护我们孩子的使命，这一使命召唤我们积极主动地去了解我们的孩子在网上去向何方和做了何事。"但现实情况是，西方文化提供给青少年大量的性刺激，而相应的性教育却少得可怜，这需要改变。但是在变革发生之前，我们需要保护我们的儿子并妥善地引导他们。

傲慢自大

不久前，我（戴维）搭乘飞机时发现走在我前面的是一个徘徊者和他的父母。他拒绝走在父母旁边，而是走在他们的侧后方且与他们保持大约四步的距离。他们时不时催促他跟上来，但是他坚决拒绝这样做。此外，由于他走路时拖沓蹒跚，因此一半以上的过道都被他占据，全然不顾那些试图绕过去的人。他的帽子向一侧翘起，裤子松垮下垂（我真是好奇，为什么这些孩子无论系多粗、多长的腰带，都无法把他们到裤子提到内裤以上呢）。他的妈妈时不时转过身，确保他仍在身后，他对此的回应就是双手一摊，咕哝着，仿佛在说："怎么了？我已经尽我所能地加快步伐了。"有一次，他的妈妈还和我目光交汇，她脸上的表情仿佛在说："看来我没办法训练这只'小狗'。我把他从'兽栏'里带回家，但是我说的每件事他都不愿做。"我用一副了然且同情的表情看着她，用表情回应："我知道的，我训练着一样的'小狗'，他们让我想连续几天都把他们锁在板条箱里。"

当我在购物中心或机场等公共场所时，我喜欢观察徘徊者。因为当我无须承担言传身教的责任时，我就可以专心观察。我可以"嗅到"他们身上的态度，混合着傲慢自大、虚张声势和无知无畏。他们大摇大摆的举止和走路的方式仿佛在说"管它呢"；他们同别人打招呼（或不打招呼）的方式是一言不发地向上轻微扬头；他们拒绝和别人眼神交流的行为虽然隐含了不安全感，但也暗示着"我在你之上"。

没有人比徘徊者本人更爱他自己，那程度近乎自恋。他们看起来自信、狂妄且自以为是，但内心深处却常常感到迷茫、恐惧和不安。尽管徘徊者担心着发生在身体、情绪和人际关系上的变化，但他们总是表现得仿佛自己已经是人生赢家。他们想让身边的成年人对自己十分感兴趣，但被问到个人问题时又觉得被侵犯了隐私，然后故作毫不在意、冷淡应对。徘徊者是行走的矛盾体。

要想找到正确的方法应对你儿子的狂妄，并深入探索他的不安全感，你就需要在字里行间大量读取并破译信息。本书第 10 章提供了一些如何看出和听出言外之意的建议。

个性化

个性化指的是形成独立于父母的、清晰明确的自我意识。为了完成个性化的过程，男孩需要发展自治权，增强责任感和增加可控的机会来弄清楚自己是谁。哪怕他不甚了解自己是谁，他仍想成为他自己。成为自主独立的男人，会是一个男孩无论是从情感、心理还是从精神上来说所经历的最艰难的工作。在这个过渡时期，他会从家庭、朋友、社会环境、文化甚至陌生人身上讨要、借用或抄袭一些元素，试着拼凑出自己的男子气概。

我（斯蒂芬）曾辅导过一个男人，他坦承自己在十几岁时曾尝试过 20 多种不同的身份认同（包括哥特风格追求者、球员、大学运动员、预科生、瘾君子、基督徒等），试图以此找到一个适合自己的身份。他说："当我是个瘾君子时，我从来没有像那三周那样喜欢吸烟，但是这只是我身份探索的一部分，所以我一直坚持着，直到我下定决心去尝试当一阵子预科生，然后才戒了烟。"

在随同辈大流一段时间后，徘徊者渴望对自己的身份作出更个性化的表达是十分正常的。这种转变会带来一个问题，这个问题被发展理论家称为"假想的观众"。这是青春期的互动风格之一，这让徘徊者随时都在表现自己，就好像有观众在场并关注和批评他的举动与反应一样。这种非理性的想法对青少年来说是极其真实的，并会导致个性化过程和朋友关系的复杂化。在这个阶段，同伴已经成为男孩们生活中的主要影响力量，父母则逐渐退居其次，起到辅助作用，和朋友之间的关系成为男孩们的重中之重。

我（戴维）在多年前辅导过的年轻人身上见过一个和"假想的观众"互动的极端例子。有一天，他走进我的办公室，宣布他想和母亲一起参加当天的辅导活动。显然，他已经在车上和她宣布了这一消息，告诉她："当我们到达戴维的办公室时，我们会一起聊聊，这样他就可以支持我，看看你是如何让我感到羞辱的。"我已对他的家庭辅导过数年，这位母亲有令人惊奇的直觉，她也参加过我的"养育男孩"课程并对"假想的观众"这一现象有所了解。我邀请她加入辅导谈话，以下是对当时情形的还原。

儿子：妈妈，你知道当你穿着运动衣走进学校接送队伍时有多尴尬吗？

母亲：（穿着宽松的运动短裤、T恤和拉链夹克）不，我并没有感到尴尬。

儿子：你真的不知道吗？除了你，每个人都注意到了。

母亲：谁是"每个人"？

儿子：（被激怒并用手比画着）宇宙中的每个人。而且你看起来荒谬可笑。

戴维：（心领神会地看向那位母亲，并转向儿子）我听到的是，你对于你妈妈穿运动服去接你放学有所顾虑，而且你不确定这会对你产生什么影响。

儿子：不只是对我的影响，对她也是。我如果穿成那样就会觉得很尴尬。

母亲：那你觉得有没有折中的办法，让我们各退一步？我想重视这件对你造成困扰的事。

儿子：折中的办法是让你在早上锻炼身体，然后在接我之前先洗个澡。

戴维：实际上，折中是两个人都要妥协，各自放弃一些东西，以达成双方的诉求。我不确定你是否会为此放弃什么。

儿子：我不得不放弃尊严——那其实是我一直在放弃的东西。

戴维：（大笑着反驳）好吧，你妈妈有权在任何她想要的时候锻炼身体。而不论她怎么做，你也有权表达你对此的感受。我想到了一个很棒的折中方案，那就是如果某天你妈妈锻炼完直接去接你放学，那么她可以把车停在离学校门口大约四分之一英里①的地方，这样就没有人看见她，你步行到停车的位置就可以了。

母亲：噢，我觉得这个主意不错。

儿子：好吧，可我就得走一段长路了。

戴维：没错，但恐怕再近一点，你还会觉得一样尴尬。为什么不尝试一下呢？之后我们可以重新考虑。

下次他们进来时，这位母亲报告说她的儿子步行到车上一次后，就奇迹般地不再抱怨她的运动服了。

徘徊者不可避免地会和父母疏远，而此时父母的回应尤为重要。因为在这个高度个性化的时期，他们的儿子正处在风险之中。多年来，男孩们一直依靠着父母和其他权威人物来指导和管教他们的行为，但是现在他们正越来越不受控制，并逐渐远离上述支持。

①　1 英里 ≈1.6 千米。——译者注

如果他们在进入这一阶段前没有一个始终如一的规范纪律，那么父母此时就很难强制执行这些规范。[①] 在这个阶段，徘徊者必须有一些基本规则常伴左右，并始终如一地、充满爱意地执行。这些包括但不限于以下内容。

- 承担重要的责任和家庭琐事，如洗家用车、除草、洗衣服等。
- 当面或电话告知父母他所在何处及将去往何处。
- 要求他对父母和其他长辈、权威人士讲话时保有尊重。这些包括：不直呼大名；当父母在场时，尊重他们对使用什么样语言的要求。
- 实行强制的宵禁。

喜好争辩

徘徊者在回应父母时常常会用诸如"总是"和"从不"这样的词语。

- 你**总是**指出我做错的事情。
- 你**从不**会在周末让我晚一点回家。
- 我**总是**那个必须打电话回家和报备的人。
- 你**从不**听我说的话。

他们将在口头上反抗权威，但令人惊讶的是，这种言语交锋

---

① 古里安指出："在这个阶段，如果男孩在青春期前经历了明显的虐待或其他创伤，那么他现在很可能会表现出创伤压力。"

带有目的性。争辩是他们和父母分离、疏远的方式之一。产生不同的想法和意见能够说明他与照顾他的成年人之间有霄壤之别。在那些你觉得他似乎只是为了争辩而发起争辩的时刻，他可能确实是这样，原因如上所述。

有很多男孩向我们坦承他们其实并不喜欢某些电影或音乐，但是为了激怒他们的父母，他们就会故意对明知父母会反对的事物表现出喜欢。基本而言，争辩总是让人感到情感受伤害和不被尊重，但是如果我们做好知识储备并认识到这其实是男孩的发展历程之一，我们就会对争辩有截然不同的认知。

如果你的儿子既喜欢争辩又很极端，你对他在协商和语言表达方面的指导就显得十分重要。我（戴维）经常告诉青春期的男孩："我清楚地听到了你所说的话，但是我认为你的表达过激了，这会使人们忽略你所传达的信息的重要性。"我也常常和徘徊者及他们的父母进行角色扮演对话，有时结束时我会说"再试一下"，这样重复四五次，直到男孩们能够完全不带争辩态度地进行表达。

他需要：输入和宣泄

在高中二年级快结束时，安东尼考取了驾照，父母给了他一辆二手皮卡。然而，过了生日没多久，安东尼的举止和态度都发生了明显的变化。他开始更频繁地和父母顶嘴，甚至对妈妈大呼小叫。有一天，他的父母接到学校打来的电话，得知安东尼已经逃了几天的英语课。看来，安东尼已经毅然决然地一头扎进了徘徊者的水域。

安·拉莫特（Anne Lamott）写道："和青少年一起生活就像与前任或者瘾君子生活在一起，他们只有两三天是清醒和整洁的。"说得太对了！这个发展阶段会给男孩和照顾者之间的关系带来真正的压力。因为这阶段是成长旅途中的关键时期，所以他的需求尤为强烈。为了好好爱他，我们必须通过输入其他声音、宣泄、理解和界限来提供基础支持。

其他声音

在这个发展阶段，有几位深爱并关心着徘徊者的成年人（除父母和主要照顾者外）对其而言非常重要，这样的成年人能与徘徊者沟通并在他的生活中替他发声。随着同龄人的影响力越来越大，父母的话语权会慢慢减弱。尽管徘徊者仍然需要来自成年人的帮助，却比以往更抗拒来自父母的付出。在他的人生道路上，需要有一些值得尊敬的、真正了解青少年且与他们关系密切的人参与其中，建言献策。这些人包括青少年领袖、教练、童子军团长、教师、辅导员和其他导师。

以下是安·拉莫特对自己十几岁的儿子萨姆的看法。

我之所以让萨姆去辅导小组，是因为青年小组的领导人知道我所不知道的事情。他们知道青少年正在寻找和需要什么——活力充沛、朝气蓬勃的成年人，那是他们长大后不介意成为的人。他们需要自己所信任的成年人完全接纳自己是什么样的人。他们也需要这些成年人不论发生什么都向他们张开温暖的双臂，哪怕他们处在窘迫的、与外界隔绝的状态。他们还需要处事成熟但是童心未泯的成年人作为向导。他们想要成年人能和他们坐在一起谈论一些哪怕没有答案的宏大问题。在这个过程中，青少年可以不必伪装自己的担心，也不会被成年人纠正他们的感受。青少年正在寻求冒险、经验、朝圣和刺激的旅途。他们也想要有个温暖稳定的家，一个他们可以回归的港湾。

当男孩们逐渐成长至即将成为男人时，导师将充当父母和孩子的中间人。如果可能，这也是男孩们与祖父或者叔叔、舅舅，甚至是与年龄差大一些的哥哥、姐姐建立联系的好机会。

而在男性间发展友谊的过程中，导师则会发挥不可或缺的作用，扮演不同情况下男孩们建立友谊的守门员和建筑师。随着男孩们越来越多地参与社交活动，导师们往往可以为他们创造发展友谊和加入社群的机会。例如，有一个在社区滑板公园每周做 3 天志愿者的男人，他为男孩们聚在一起营造氛围并提供机会。有一个在所在社区担任童子军领队的男人也是如此，他通过安排何时何地见面、如何相聚，以及多久聚一次来促进男孩们发展友谊，男孩们聚在一起做任务（如练习高尔夫球、露营、比赛摩托车、拍短片等），并在完成任务的过程中团结一致并发展出深厚而牢固的友谊，这种友谊常常可以延续到成年。这样的互动往往需要由导师来创造环境和条件。

宣泄

就像在独立者阶段那样，徘徊者需要宣泄渠道，需要有地方来释放由于其内在生理混乱而产生的强烈能量。体育活动对于徘徊者而言必不可少，但是不一定都是竞赛性质的。对于需要释放系统中积聚的睾酮的男孩们来说，有组织的运动可能是绝佳的选择，但是运动带有的竞争性质可能会促使其睾酮水平在激烈的比赛过程中升高，从而让情况更糟。换言之，如果男孩们释放被压抑能量的渠道只剩下竞技运动，实际上就是在火上浇油。竞争对睾酮水平会产生周期性的影响，看起来就像"释放→激增→释放→激增→释放→激增"的循环。徘徊者其实更需要的是其他不涉及激烈竞争的体力活动，比如，做木工、参加摇滚乐队、参加辩论社、驾驶帆船和划皮划艇、举重、攀岩、骑自行车、练武术或者参与搭建游戏等。

理解

徘徊者需要他的照顾者理解这一点：当下是他们在成长为男人的旅程中的一个充满痛苦、恐惧和迷茫的阶段。徘徊者的情感、精神和心理都在变幻莫测的迷雾中迷失了方向。他们会同时产生想要流浪远方和回归家庭的想法。他们的生理机能正处于动荡变化中，甚至在一天内就会发生数次变化。

即使徘徊者总是意气用事和自作主张，他们仍需要成年人在生活中扮演好成年人的角色——需要成年人不意气用事，需要成年人用笑声帮他们排解紧张和压力而不是嘲笑他们。徘徊者需要爱和怜悯，需要仁慈和宽恕。他们需要人们向他们展示同情心，还需要父母和其他人为他们提供有助于缓解压抑和痛苦的机会、活动和场景，哪怕当下看来他们可能并不值得这些。

一位父亲告诉我们，有一次，他开车去了儿子第二次车祸肇事的地点（一年内的第二次），结果发现儿子坐在路边，以手掩面，脸深埋在双手中，泪流满面。儿子知道自己搞砸了，并且深陷于一连造成两次事故的悔恨与羞耻之中不能自拔。父亲这才意识到儿子需要的不是说教，而是怜悯和理解。

去爱一个这么"不招人喜欢"的人可能很难，这里并不是在谈肉麻的感受，而是说这个阶段的男孩们需要的爱是有目的的、刻意的和带有期待的。这种爱让我们在心中为他们祈愿祝福；这种爱需要我们回想那些美好时光并铭记于心；这种爱需要我们准备并策划使男孩们开心的方法；这种爱驱使我们带着好奇心走近他们，带着兴趣去看看他们是什么样的人以及未来又会成为什么样的人。

有时，当我们觉得笑不出来或者无力去爱时，或者我们将搞砸了的事情完全归咎于男孩们时（这样的事在他们的青春期阶段至少会发生十几次），男孩们其实需要我们先低头寻求原谅。是的，需要我们先低头，哪怕按理说他们才应该是先寻求宽恕的那一方。他们需要我们扮演好成年人的角色，因为我们是成熟的人。

徘徊者还需要我们理解另一点：这是一个混乱和复杂的成长阶段。他们需要的是理解，而不是我们向他们絮叨一大堆"想当年"我们在他们这个年纪时的艰难故事。时代已经变了，21世纪的青少年成长的年代比父母以往经历的更为复杂。仅仅是科技的发展就足以让世界呈现出日新月异的全新面貌，因此不要假装了解儿子每天生活中面临的每一个挑战。虽然这的确是一段与儿子分享成长故事的宝贵时期，讲故事也诚然是教导和对话最有益的方式之一，但分享故事不该基于缺乏了解。也就是说，不能只是分享自己的故事，而没有真正地去了解儿子的真实生活和内在想法。

徘徊者需要我们尊重他们，尊重他们将成为的那个人，以及尊重他们实现目标所需要的一切；他们需要我们尊重他们犯错并从中学习的态度，他们需要我们认识到青春期包含了反复的试错和摸索。

我们可以通过参与他们的世界来展现对他们的尊重；我们可以对他们喜欢的事情表现出兴趣（即使有时他们会装作意兴阑珊）；我们也需要尊重他们喜欢的事物（除非是色情内容或类似的有害事物），哪怕这些事物对我们来说毫无意义。例如，这一阶段的男孩们喜欢非常傻气的电影，我们可以通过学会欣赏亚当·桑德勒（Adam Sandler）或威尔·法瑞尔（Will Ferrell）的电影来表达我们对他们兴趣的理解。

一旦我们接纳了徘徊者的观点（甚至是我们不同意的观点）并明白所发生的事情对他们来说意味非凡，就展现了对他们的理解和尊重。一旦我们允许他们自己提出解决办法，而不是总给他们建议，我们就是在尊重他们，因为我们表现出了对他们摆脱困境的能力的信任。

明确的界限

在他们发展的这个阶段，男孩们既渴望有规矩可循，又蔑视规则，这两者几乎同时出现，这可能会让其身边的成年人抓狂。不过，不管男孩们表现得怎样不受限制，也不管他们多少次嘟囔着"别来烦我"，他们都需要界限。在悖逆、抗拒和虚张声势的掩护下，他们需要的是明确坚定的界限，这样他们才能感到最安全。

我（戴维）曾辅导过一个家里刚买新房的年轻人。因为纳什维尔的房市低迷，所以他们在出售旧房时遭遇了困难。不过，他们还是决定向前看，先搬新家并对旧房进行改造，以期增加市值和对买家的吸引力。他们在旧房子的车库里放了少量物品，还在旧房子里放了一些其他物品，想着哪天可以进行旧物出售。他们定期让 16 岁的儿子返回那里去取回一些忘记拿走的物品。

一个星期六的早晨，母亲去了旧房子以查看前一周所做的改造工作。当她打开门时，发现儿子对昨晚的安排撒了谎。房子里散落着比萨饼盒、啤酒瓶，还有 6 个在地上酣睡的少年。看来，儿子在星期五晚上呼朋引伴到旧房子开了派对，而保证一早起来就离开的少年们则留宿于此。

这 6 个少年里有 5 个（包括派对发起人）都告诉了父母他们在另一个朋友家过夜，而这些父母们并没有设置界限，去和那位朋友的父母确认这个计划。而 6 人中剩下的那个男孩说："如果你愿意，可以给我妈妈打电话。反正她也不在乎我在哪儿过夜，我昨晚也懒得打给她，因为她多半时间都不知道我在哪儿。"这位母亲讲述这个故事时对我说："戴维，对我而言最悲伤的不是听到那个男孩说他妈妈不知道他在哪儿，而是他眼中的那份悲伤，他的生活中没有一个大人足够关心他，要求他报备行踪。"

在玛格丽特·怀兹·布朗（Margaret Wise Brown）的经典儿童读物《逃家小兔》（*The Runaway Bunny*）中，小兔子向兔妈妈宣布它要离开家了。在这个故事中，它口头尝试了所有能离开的方式，从翻山越岭到成为马戏团的一员，再到藏进鳟鱼群中。但是面对每一个口头威胁，兔妈妈都以同样的信息回应它："如果你跑走了，我就去追你。"

小兔子一直试图在言语上占上风，但是兔妈妈始终如一地给出相同的界限："如果你这样做，那我也会做一样的事。"最后，小兔子放弃了，说："我不如就待在这里，当你的小宝贝吧。"尽管《逃家小兔》是一本面向更年幼的孩子的书，但书中描绘了青春期男孩从父母和其他照顾者身上得到稳定、持续和理性回应的美好景象。故事中兔妈妈从来没有这样尖声喊叫："你这愚蠢的小兔，搞清楚状况！你再这样一直逼我，我就会把你毛茸茸的尾巴钉在地板上！"尽管在这场语言游戏中，这样的念头可能也曾在兔妈妈的脑海中一闪而过，但是它没有尖叫，而是在每次小兔子试探时一遍遍地重申界限。小兔子表现出对界限和妈妈的厌恶，并为了有意激怒妈妈而提高音量，但是兔妈妈只是不断冷静地划明同样的界限。

给养育者的提示

徘徊者需要吸收其他声音、有情绪宣泄渠道、得到理解和有明确的界限。以下是一些可以帮你的男孩在这个复杂时期找到方向的提示。

↘ 提示 1：和你的父母通电话并道歉

如果你的父母健在，请和他们通电话并为自己在 14~17 岁所说的一切浑话道歉。感谢他们在那个你并不那么讨人喜欢的时期仍深爱着你。

↘ 提示 2：进入他的世界

在你的男孩允许的范围内，努力参与到他的释放和宣泄过程中去。如果他喜欢篮球，你可以站在篮下并在他每次投篮后把球回传给他；如果他喜欢橄榄球，你们就在跑动中传球。你可以把握这些机会和他交谈，当男孩感觉仍有回转余地时，他们更愿意说话，并且会在跑动时说得更多。如果他明确表达不想谈、想让事情过去时，就请不要锲而不舍地通过唠叨和纠缠试图吸引他的注意力和激发他的情感。当和徘徊者相处时，你需要挑好时机来建立情感和身体上的联系，这样才能随时准备好像一只饿猫一样猛扑上去，不错过任何走进你的男孩的世界的机会。

↘ 提示 3：同情他的处境

向他证明你了解他所处的困境。如果身边的成年人表示他们明白青春期会有多么艰难和痛苦，就会对徘徊者有所帮助。带着同情和理解的心，向他表明你自己从未忘记走过青少年时期有多不容易。

↘ 提示 4：不要惊慌

如果他开始在精神上产生抗拒，就请给他一些空间。作为个性化过程的一部分，许多男孩在这个阶段开始对自己相信的事物产生质疑。比如，他们会在信仰上帝多年后，声称自己不再确定这点。以这样的方式挣扎，恰恰反映了他们在深化自己的信仰并探寻自己究竟相信什么。

↘ 提示5：与另一个家庭成为朋友

如果你的一些朋友家里也有男孩，而你儿子正好也喜欢和他们一起玩耍，那么他们可以一起注册去为人类家园国际组织（Habitat for Humanity house）工作，或者一起利用春假进行短期旅行。如果男孩们有朋友一同参与活动，他们就更有可能接受这些机会。此外，你可以和孩子的年龄在18~22岁的父母们多多相处，这是你的男孩即将迈入的下一阶段。听他们讲述自己的儿子是多么正常和讨人喜欢，这样你就会对未来有所期许。

↘ 提示6：尽量肯定他

创造机会或看准时机告诉他你对他的爱和尊重。在这个阶段，你需要在具体事情和细节上强调对男孩的尊重与肯定。

↘ 提示7：喂饱他

俗话说"要抓住一个男人的心，就要先抓住他的胃"。美食是和青春期男孩（乃至成年男子）交流互动最好的方法之一。可以带你的男孩去他最喜欢的汉堡店或是他选择的餐厅，不为了谈论什么议题，只是纯粹和他一起出门享受美食。

↘ 提示8：让他找到工作

如果他还没开始工作，那么现在是时候开始了。他需要学习许多课程来为下一阶段的发展做好准备。他可以通过放学后打工、周末兼职或是暑期工作来获得这些经验。

↘ 提示 9：与他定期约会

在男孩的一生中，父母和他一起玩耍非常重要。不论是去观看曲棍球比赛、一起去吃汉堡，还是一起看亚当·桑德勒的新电影，和儿子的定期娱乐约会都应该成为你们的优先事项。告诉他你听说《超级名模》(*Zoolander*)和《大人物拿破仑》(*Napoleon Dynamite*)是不错的电影，但是很可惜上映时你错过了，然后询问他是否愿意和你一起观看。

↘ 提示 10：与他谈谈约会和浪漫关系

在发展的这个阶段，你的儿子进入了一个遍布挑战的全新雷区。在充斥着性元素的文化中成长的他们不断受到具有挑逗性的影像的轰炸冲击。现在，到了必须应付体内大量涌动的睾酮的时候了，发育成熟的女孩们前所未有地吸引着他们的目光，同辈压力也迫使他们站出来"证实"自己的男子气概。简单来说，他就像一颗行走的定时炸弹。不管迄今为止你做过什么，你和儿子现阶段的关系都需要你更为辛勤的付出以及更多的智慧。几乎有一半的（美国）男孩会在 18 岁时发生初次性体验。如果他们要成为负责的人并避开沿途的诸多陷阱，他们就需要父母或其他照顾者在现阶段为他们提供尽可能多的帮助，包括避孕的方法以及与他们讨论你对性和约会的看法。这并不是该胆小怕事的时候，你可以凭着关怀和同情心来帮助儿子成功渡过这片险恶的水域。

第 5 章

长大成人：战斗者阶段

（18~22 岁）

　　记得那是 20 世纪 80 年代一个清冷的星期六的黎明，我（戴维）在晨光中离开了家去上大学。父母的车上塞满了我的衣服、毛巾、海报、一个微波炉、一床新被子、一些清洁用品、大量厕纸，以及一个大学新生所需的各种零零碎碎的小物件。我们和我的另外两个高中朋友还有他们的父母一行人开着车到了大学。

　　事实上，我对即将进入的新环境毫无头绪。我只知道我所在的大学是美国东南部最大的大学之一，以有趣的校园生活和东南联盟①橄榄球赛成员校而闻名，难怪我父母在知道我的择校意向后惊讶不已。这所学校拥有 2.5 万名学生，和我的家乡田纳西州的谢尔比维尔的人口一样多。不仅如此，学校兄弟会②周边区域出售的酒比谢尔比维尔任何一家酒类商店能买到的都多。这一切对一个来自田纳西州中部偏远地区的小镇男孩来说，是多么新鲜、多么令人大开眼界，又多么让人胆怯啊！

---

① 美国的大学体育联盟之一。——译者注
② 北美大学的学生组织。——译者注

我记得我帮着父亲一起组装高架床，而母亲在收拾那些清洁用品。我还记得宿舍楼下此起彼伏的喧哗声，我这辈子从来没有在同一个地方一下子见到那么多美丽的女孩。收拾好房间后，我的父母带我去吃了晚餐。然而，令我印象最深刻的是站在停车场道别的情形。

我的母亲已经忍不住哭了起来，然后我的父亲环抱住我，将我抱得紧紧的。他啜泣着说："戴维，我真为你感到骄傲。"他不停地说着这句话，说的时候一直拥抱着我。我记得我当时觉得不知所措，我被他的话语、他的泪水，还有我内在搅动的复杂情绪弄得不知如何是好。当时我产生了这样的感受："把我一个人留在这里的这个决定对我的妈妈，甚至是爸爸来说，一定是一件了不得的大事。"

事实证明，我的父母那时还不知道在我本科期间他们会经历什么。在开学典礼上，学业顾问让我们每个人决定一下自己的主修专业。我当时选了会计，因为那时我觉得这是个稳定的职业并且还能有不错的收入。我告诉我的舍友："不仅是这样呢，哪个女人不想和一个优秀的注册会计师结婚，安定下来，有个属于自己的家庭呢？"逻辑满分啊！尽管我后来在会计学概论这门课上勉强及格，还在统计学这门课上挂科两次，但我还是在自己选择的专业上坚持了一段时间。

在我最终承认自己不是学会计的那块料时，我便将主修专业转为英语。当英语也抛弃我时，我转向广告，然后是市场营销，稍稍学了一些酒店管理的皮毛，最后终于在大三安定下来学习心理学。那时，我母亲对我唯一的要求就是"择一而终"，然后顺利毕业。

"我们什么都不在乎，你来定一个吧。"我很确定当我的父母得知我即将以心理学学士的学位顺利毕业时，他们非常激动。如果没有上大学，我可能也会在管理庞德罗莎牛排馆（Ponderosa Steakhouse）上有所建树，或者成为金考快印公司（Kinko）的夜班经理。

独自面对成年人的战场

如今，我也为人父，但连将孩子送到附近的大学这样的想法都让我无法接受，我现在终于能理解我父母当时的心路历程了。18年来对一个人倾注自己的爱，为他牺牲奉献，因为担心和想了解他而彻夜未眠，将自己的一切都给予他，最后却被要求将他送出自己的世界，这个想法或许太过消极，然而，这些确实是每个男孩的父母到了这个阶段的使命。如果父母把该做的事情都做好，他就能整装待发，准备好离家。他为这一刻已经等待和准备了一年又一年，父母只能默默希望自己在过去的旅途中已经帮他做好了充分的准备。

对于大多数少年来说，他们发展的这一阶段意味着向着遍布危险的世界启航。在这一阶段，他们将在自己独立的世界中参战。父母或其他照顾者无法替他们战斗，尽管有不少人会试图这么做，但这的确是他们需要为自己战斗的时候了——这就是我们称这一发展阶段的男孩为"战斗者"的原因。战斗者的定义是"一名士兵，一名斗士，一个参与或经历过战争的人"。当把我们的男孩们送往成人世界的战场时，最重要的是我们需要先了解他们将在那里面临什么。

并不是每个到达战场的男孩都准备好进入战斗者阶段了。有些男孩看起来更想在夜里蜷在温暖的小窝里，而不是去闯荡世界，扬名立万；有些男孩只是极度懒惰，看起来不像战士，更像是寄生的"累赘"。他们不知反省，也不去探索下一步怎么走，只是坐在家里啃老，成为 PS3 游戏大师。在大多数情况下，他们还不够成熟。

妨碍一个男孩成为战斗者的因素有很多，包括出生顺序、秉性、转变或创伤、发育迟滞和父母对他们启航离家的反应等。

如果一个男孩被牵制住或在旅途中曾发展"短路"，我们就会在这一阶段看到明显的证据。对于独自生活，他将举步维艰；对于自己的定位和认知，他将毫无头绪；对于如何做自己，他将束手无策；对于如何运用力量和表现温柔，他也不得而知。

他是谁：战斗者

《火箭小子》(*Rocket Boys*) 是霍默・希卡姆（Homer Hickam）的获奖回忆录。这本书描述了他在西弗吉尼亚州的一个萧条矿业小镇科尔伍德的成长历程，以及突破困境的奋斗经历。对那里的大多数男孩来说，走出科尔伍德镇的唯一办法就是得到橄榄球奖学金。可 14 岁的霍默毫无运动细胞，他担心注定将在高中毕业后从事与煤矿有关的工作。但在 1957 年 10 月，当看到斯普特尼克卫星 [1] 划过夜空后，霍默备受鼓舞。他想要制造火箭，并在日后加入了美国陆军弹道导弹机构。

他的梦想也鼓舞了科尔伍德镇的其他男孩，他们组成了一支叫

---

[1] 斯普特尼克（Sputnik）1 号是世界上第一颗人造地球卫星。——译者注

"火箭小子"的团队。男孩们追逐梦想的旅途十分艰难，因为这不仅违背了霍默父亲的期望，还遭到了镇里人的奚落。尽管如此，男孩们仍在老师赖利小姐的帮助下克服了重重阻碍，成功地发射了一艘火箭。再接再厉的男孩们最终发射了 34 艘火箭，最大射程高度超过了 6 英里。

霍默的这本书后来被改编为电影《十月的天空》（*October Sky*），为我们展现了一幅男孩从徘徊者进化为战斗者的精彩生命画卷。《火箭小子》的开篇说得好：

> 直到我开始建造和发射火箭，我才知道我所在的小镇竟会与自己的孩子们开战，而我的父母也正深陷一场没有硝烟的战争：关于我和我的兄弟将如何过好我们的生活；我才知道如果一个女孩伤了你的心，那当天晚上会有另一个至少心地善良的女孩出现，来为你弥合伤痕；我才知道如果增加一个发散通道，会聚通道中的焓降低就可以转化为火箭的射流动能。其他男孩在我们建造自己的火箭时也发现了属于他们的真理，但上述这些是我的发现。

一旦男孩到了战斗者阶段，他就会满怀希望、抱负、赤诚并具有洞察力。他正处于一个漫长征程的冲刺阶段。战斗者大器将成，这时的他喜欢反思、探寻，他心怀浪漫的同时也摇摆不定。

大器将成

尽管战斗者已经为斗争做了准备，但是他们在很大程度上还没有经受过战火的考验。每次我（戴维）在教授"养育男孩"课程时，都会请到场的成年人说说他们认为男性的青春期是在大概多大年纪结束。几乎每次教室里都有不止一位女性大喊出类似"45 岁"这样的答案，引发哄堂大笑，因为在场的每位女性都遇见过至少一名表现得就像个没长大的 15 岁男孩的成年男性。最后，人们会惊讶地发现，男性青春期其实到大约二十三四岁才会结束，这比女性晚得多。

男性发展的这个阶段是启航的时期。战斗者的身体发育达到了巅峰，他也开始面对和理解自己身体的变化。虽然生理上的海啸在独立者阶段就已经开始，但这些生理混乱发展到战斗者阶段时已经逐渐平息。总体而言，他们在认知上更理性，分析能力更强，并更专注于自己的目标。

战斗者可能还会经历不少的迷茫、困惑，但这个阶段令他们迷茫、困惑的是与以往不同的议题，因为他们的注意力已经从男孩阶段转移到男人阶段了——他们想成为一个男人。他们正在学习如何控制自己，并妥善地处理自己的内在世界和周围世界。虽然他们的身体发育已经大致完成，但他们的情感、精神和心理成熟程度还有发展的空间。

在这个阶段结束时，战斗者将成长为像他们父母那样的大人。他们会完成自己的学业，找到自己居住的地方，找到工作，然后开始自己支付账单（就算不是全部也是绝大部分）。

反思

在经典少年题材电影《情到深处》（*Say Anything*）里，班级学生代表黛安娜·考特（Diane Court）在高中毕业典礼上作了精彩的演讲。虽然这个角色是女孩，但是她很好地为战斗者作了总结：

> 是的，马上就要结束了。三年时光中我们一起上学，一起经历了许多。随着高中学业的结束，我们将何去何从？我们其实都知道答案。我们想开开心心地升入大学，拥有一辆车，也许还能组建家庭。然而，如果这些都没有发生呢？尽管如此，我必须……我必须诚实地说，我仍对这个世界怀有全部的希望和抱负。不过，在我考虑未来时，事实上，我真的感到非常……害怕。

战斗者曾一度认为世界非黑即白，但现在他们可以看到真实的世界处于灰色地带。他们不再以完全具象的眼光看待事物，并且已经发展出了抽象思考的能力。他们开始反思一些人和事物，包括家庭、政治、文化、信仰和浪漫关系，但他最主要的反思对象还是自己。

战斗者想成为真男人，但是他们也知道其实自己还没完全达到标准。他们仍然对自己的身份认同、核心价值观、使命和关系深怀质疑。男子气概对他们而言难以说清道明，但他们会时常考虑并心向往之。他们会思考自己的位置，如何融入社会，以及他们在社会等级中的排位等。他们也常常反思自己的目标和过去。他们询问着诸如"成为一个男人对我而言意味着什么""我想要什么样的生活""生活是为了什么"等问题。就算他们未曾提起，他们也正在思考和感受着男子气概，并且比以往更加好奇这个问题："我有男子气概所需具备的品质吗？"

探寻

战斗者正在探寻许多事情。除了好奇自己的目标和身份认同，他们还在探寻下一步的计划以及如何更好地实施。他们雄心万丈，迫切地想成为真正的男人。战斗者正在探寻一个能释放自己热情和追求个人兴趣的环境，他们有许多选择——大学、军队服役、职业学校、创业和公共服务……不胜枚举。

他们也在寻求一个除父母（尤其是父亲）以外的导师、领袖或向导，这个人可以是教授、教练、学校雇员，或是其他年长的成年男性友人。战斗者希望能寻得一个他们尊重的成年男性在他的生活中为他们建言献策。

如果战斗者无法找到自己应处的位置，就会给自己带来重大的影响，后果会是长期且让人痛苦的。如果他们在战斗者阶段跌倒了，他们就会挣扎数年，这还会影响他们成长为男人。我（斯蒂芬）在咨询实践中听到许多30多岁的男人聊起自己曾经迷茫无措、壮志未酬或百无聊赖。这些男人和自己的无能感作斗争，并寻找其中的关联。就像我们谈过的，他们在战斗者阶段，显然没有得到关键"灵魂问题"的答案。为了避免身陷困境带来的痛苦，他们往往会停下探寻的脚步。

心怀浪漫

战斗者也在寻找自己的伴侣。许多处于这个发展阶段的男性会开始一段重要的浪漫关系，有些甚至是完全沉迷其中。随着战斗者的同伴和父母的话语权减弱，浪漫关系往往会成为这一阶段的中心。他开始练习和探索以下这些事物：爱情、自我牺牲，以及成年人世界的协同合作。有些战斗者开始了性活跃[1]，有些沐浴在爱情之中，有些则性与爱兼得。还有些战斗者走入婚姻殿堂，有些甚至有了爱的结晶。

当贾里德还是个大一新生时，他在开学典礼上遇到了一个女孩，然后突然就开窍了。这是他的原话："她走到我的开学式小组里，然后我就几乎无法呼吸了，持续了整整 10 分钟。我记得开学典礼领队正说着第一个月在校园迷路或是觉得找不到自己该去的地方是特别正常的，可能会让你怀疑上大学这个决定……他们后面说了什么，我却一点也不记得了。我不受控地盯着她看，情不自禁地想着该如何措辞邀请她约会，无法自抑地想着见面时需要怎么做才不至于让自己看起来像个被爱情冲昏了头的傻子，但其实我就是。"

尽管有的战斗者在高中阶段可能就有约会经验，但他往往到了这个阶段才开始认识到爱是多么艰难却又值得的事。他们开始了解承诺、爱情和性的主题是如何交织融合的。战斗者也往往会在最终决定自己是要好好爱护女性还是将女性视为消费品。他们还会意识到，对男人来说没有什么能比女性带来的冲击更让人目眩神迷了。但不论战斗者有多么勇猛，只有在他们能了解女性带来的怜悯、美丽和柔软对他们的生命有多重要时，他们才能成长为真正的男人。

摇摆不定

因为战斗者常常同时经历相反的情绪，如欢乐与悲伤、恐惧与

---

[1] 指经常发生性行为。——译者注

兴奋、谦卑与傲慢、犹疑不定与信心满满，所以战斗者往往会感到摇摆不定、不知所措。

对于战斗者来说，这段时期可能是一个充满苦恼、失落的过渡转折期。这时，对未知心存恐惧的他们会问诸如"我会成功吗""我还有未来吗"等问题。他们还有一些因离家而产生的苦恼，尽管他们同时还有许多让人兴奋不已的事情。战斗者阶段是一个典型的充满希望、雄心和激情的时期，他经常对自己说"我已经迫不及待想要开始了"或"我才不会被任何事情阻挡"。

如果战斗者离开了女友、家人和朋友，那么即使他们离开得不远，也会因为令这些人伤心而感到痛苦。但同时，他又可能对结识新朋友和建立新关系的冒险而感到兴奋。

我特别喜欢莫里斯·桑达克的《野兽国》一书中有一页正反面内容的设计：在那页的正面，迈克斯高高地骑在一只野兽的背上，全心投入地号召野兽们"释放野性"。他手里握着权杖，自信满满地闭着眼，享受着对这些野兽的领导。但是其反面却是迈克斯坐在那里，脸上布满惧怕和犹疑。看来，尽管有许多乐趣和冒险，但"这时候，迈克斯国王觉得好孤单，他想回到最爱他的人身边"。插图很好地描绘了男孩在战斗者阶段所体会到的矛盾情绪——既充满力量又虚张声势，既感到孤单又渴望开始下一个冒险。

他需要：指导和支持

《春天不是读书天》（*Ferris Bueller's Day Off*）这部电影描述了高三学生费里斯·布勒逃学的一天。他和女友斯隆以及好友卡梅伦一起去了芝加哥市中心。这部电影喜感十足，让人捧腹。如果你有一段时间没看电影，而家里正好有个男孩处于战斗者阶段，那么你们可以找个时间一起看这部电影。在这部电影中，费里斯"借"了卡梅伦父亲精心修复的 1961 年的法拉利加利福尼亚 250 系列跑车，伪造了预约以便他们在五星级餐厅用餐，在一场德国文化花车游行上演唱并指挥、带动了人群。除了上述青少年的滑稽举动，这部电影很大一部分幽默来自费里斯时不时面向观众直接发表的、装腔作势的哲理评论。在一段独白中，费里斯说："人生匆匆，要是你没有时不时地停下脚步环顾四周，可能就会错过不少事。"以及另一段独白："一个人不该相信某种学说，应该相信自己。我要引述约翰·列侬（John Lennon）的话'我不相信披头士（Beatles）[1]，我只相信我自己'。"他的好友卡梅伦也宣称："我不会坐以待毙，放任一些会影响我的事件去决定我的人生道路。我将找到我的立场，我将捍卫我的立场，不管它是对还是错，我都要坚持我的原则。"

费里斯和卡梅伦都想宣告自己是独立的战斗者。像大多数战斗者一样，他们知道许多事情，但其实比他们自以为知道的要少得多。

尽管这时他们已经是法律意义上的"成年人"，但战斗者仍然需要指导、培养和支持。尽管从男孩阶段到男人国度的旅途已经接近尾声，但他们仍需要这些关键点：训练场、自由、祝福、耐心和"临时父母"的支持。

---

① 著名摇滚乐队，约翰·列侬是其创始人之一。——译者注

训练场

在他启航踏上男人阶段的角斗场前，战斗者需要在训练场一样的环境中进行生活训练。他需要一个能让他体验到对自己负责的环境，他需要一个相对安全又能让他尝试生活中各种逻辑后果的地方，他需要面临重大责任的挑战。训练场可以是大学、艺术培训学校、职业培训学校这样的地方，也可以是户外拓展训练营，或是参加社区志愿者服务等组织，这些组织都为战斗者提供了进行测试和训练的环境。

我（戴维）还记得当年走到宿舍后面准备开车去上班时，第一次发现车不见了的情形。说是"第一次"，是因为类似的事后来发生了许多次，我才真正吸取了教训。当时，我努力回想昨天午夜前我停车时的情况，我突然看到停车的那个灌木丛后的小木牌，上面写着"严禁停车，违停拖走"。我吓坏了，赶紧给父亲打电话。他却出人意料地冷静，让我拨打小木牌上的号码，然后联系一位朋友开车将我送到拖车停车场，更别提他还替我交了罚金。第二次发生同样的事情时（没错，这样的事情又发生了两次我才真正吸取教训，因为青春期男孩是慢速学习者），我自己摸索着处理了。我的父亲没有急着替我想办法或者安排朋友送我去拖车停车场，因为他认为错误是我训练的一环，并希望错误可以敲响警钟，提醒我注意并吸取教训。

自由

身为父母或其他照顾者，就算我们再不愿意，战斗者也有离开的自由。就算我们对战斗者的信任有所保留，他们也需要感受到我们相信他们已经做好了准备。就算我们满怀担忧，战斗者也需要我们为他们击鼓饯行。他们需要有离开我们身边的自由和犯错的自由，并且当他们浪子回头时能感受到父母的温暖。

如果我们想让处于这一发展阶段的年轻人准备好进入成年人阶段，那么我们应该适当减少给予他们的物质、情感和经济支持。重要的是，在做有关他们的决定时，我们要抓大放小，专注于更重要的事情。

不少父母都会在这个阶段开始感到恐慌，他们往往会脑补出长长的清单，上面全是还没有教给儿子的事。这样一来，他们就会全力以赴，全场严防死守以确保能教给儿子需要的事。遗憾的是，对大多数男孩来说，如果他们还没有学到那些事，而父母现在才开始教，那么为时已晚。男孩只能从别的地方学习这些，通常是在"社会大学"中亲身体验生活的困境和磨难。

一位我（斯蒂芬）曾辅导过的母亲因儿子没有为大学的学业做好准备而感到心力交瘁。"在他读初中和高中期间，我都监督他学习。我检查他的作业，在考试前通过提问来帮助他进行自测，我们还会讨论他的试卷和作文，"泪水从她的脸上滑落，"我们还开玩笑说，我就像他的私人教师一样。现在我才意识到，我对他的伤害可能比给他的帮助更大。请告诉我怎么做才能让他为大学做好准备吧，让他知道该如何学习。"

我们的朋友戴恩是贝尔蒙特大学（Belmont University）的学生事务副主任。除了学生事务，他还负责接待新生及其父母参加开学典礼。在工作了近 20 年后，戴恩说："这些年来，大学生变得越来越不独立了。当我刚开始在高等教育行业工作时，大学生理所应当都是自己去约学业顾问见面、注册课程、缴付学费、寻求经济援助，以及整理宿舍和安排自己的饮食。开学典礼的目的本应是建立关系，但是现在我们却要将开学典礼所有的时间和精力都用于教新生们几年前本就该独立处理的事情。这很奇怪……总体而言，新生们比以前更世故了，但责任感却降低了。"

当被问及原因时，戴恩毫不迟疑地答道："这一切都是父母造成的。他们过于担心自己的孩子面对失败，以至于他们的时间都用于围绕着孩子，不敢放手远去。你听过'直升机父母'这个说法吧？现在的父母们就像全副武装的'直升机父母'。"

如果父母尚未让儿子在成为战斗者前品尝失败的滋味，那么现在就必须这样做了。尽管现在才尝试失败可能会引起更严重的后果和更大的痛苦，但对男孩们来说，最好在进入男人阶段前就经历这些过程。在实践层面，他们应该自己洗衣服，自己做饭，自己处理包括机动车保养、例行医疗检查（体检和看牙医）、购买日用品和管理财务在内的事务。哪怕是由父母为他们支付学费和大学日常开销，他们也应该自己管理这些花费并做好日常预算。

祝福

奥斯卡提名电影《血色将至》（*There Will Be Blood*）讲述了20世纪初期一位名叫丹尼尔·普莱恩维尤（Daniel Plainview）的石油大亨。他忙于寻找、钻探石油并累积财富。在电影的一个关键场景中，刚刚完婚的儿子坐在普莱恩维尤面前，告诉父亲他即将从父亲公司离职并与新娘搬到另一个州，他打算利用自己从父亲那里学到的经验去开拓自己的石油事业。然而，父亲却将此视为竞争，并且不愿祝福儿子的新事业。儿子原本渴望能从父亲那里获得祝福，但当父亲开始攻击和羞辱儿子时，这个年轻人精神崩溃了。

战斗者在成为男人时，需要我们为他们祝福和庆祝。他们需要听到我们的赞许，以及我们给予他们的美好祝福。我们也需要和他们沟通，让他们知道我们对于他们将成为大人这件事感到高兴，对于他们将完成男孩时期的最后一步而感到兴奋。

作为战斗者的父母或其他照顾者，我们的大部分责任是要认识到我们对他们的祝福将蕴含多么大的力量，那份祝福饱含我们对他们的肯定、认同和展望。我们对他们的肯定和关爱会使他们更加确信我们站在他们那边；我们对他们的认同会让人们去关注他们带来的影响；而我们对"他是谁"和"他将去往何方"的展望更是为他们鼓足了风帆，准备好了指南针，助他们踏上成为男人的冒险旅程。

为战斗者举办成人礼的活动和仪式是一种表达我们的认同和肯定的方式，并能帮他们完成从男孩阶段到男人阶段的转变。这些庆祝活动特别重要，因此本书将在后续专门用一个章节来介绍。

耐心

战斗者需要体验父母和其他照顾者对他们成长的耐心。我们知道他们快要成熟了，他们也知道自己的成长快要完成了，但我们不必急于求成。有一些男孩前进的速度缓慢，并且不愿意过渡到下一个学习和生活阶段。这个阶段的男孩需要我们的理解，理解他们在告别童年时所产生的烦闷、转折和失落感。他们需要我们明白，这个阶段可能充满了不确定性和变化。

高中时期特别独立的男孩，也可能会在进入大学后艰难挣扎着前进，这种情况并不少见。他们可能会从平日在家里神龙见首不见尾的高中生，变成一个每周末都带着脏衣服回家的大学新生。一些处于这一阶段的男孩会为旅行和冒险制订宏伟计划，尽管可能只是纸上谈兵。

战斗者需要我们给予他们空间来探索关于自身的问题。他们需要我们帮忙分辨哪些是需要他们努力去适应的。尽管如此，如果我们希望他们能听取我们的建议，就必须通过更多的倾听而不是分享来帮助他们。作为父母和导师，我们必须和男孩之间保持畅通的沟通渠道，这样他们才有地方自由发挥、畅谈想法。然而，即便我们欢迎他们寻求建议，并且他们也知道我们不论何时都会倾听和支持他们，我们也不该让他们在这个阶段只听建议而没有自己做决定的机会。他们应该被赋予更多的自主权，以及更少的建议。当我们给予回应时，我们的反馈不应该只有空洞的赞美和"你会做得很好的"这样的话。就算有时忠言逆耳，我们也还是需要给出诚实的回应。

重要的是要注意这一点：和过渡期的战斗者相处时，耐心并不意味着毫无界限和行为准则。即使一个战斗者住在家里并且没有在追求任何学业或职业目标，他也需要做两件事——付房租和全职工作。雏鸟有时需要外力推动才能爬出鸟巢，这意味着我们不必再让他们像高中时那般舒适安逸，而要向外推他们一把。

"临时父母"

当 20 岁的格伦从大学返家时，他总是不停地提起他的辅导员加里。加里将近 40 岁，育有两个年幼的孩子。加里经常在校园里散步，利用喝咖啡或用餐时间与学生约谈，经常参加校内体育活动（如橄榄球比赛）。他对格伦及其舍友们很感兴趣。加里帮他们一起研究学习早期宗教学的理论，并通过漫长但很有趣的讨论推动他们不断进步。当格伦放假回家时，他与父母无休止地谈论着他脑海中迸发的关于信仰、政治、战争和环境的新想法。他的父母将儿子思想上的这些发展归功于加里。

在战斗者阶段，男孩仍然需要导师，但是导师在这个阶段扮演的角色和在徘徊者阶段有所不同。这些战斗者生活中重要的成年人无须反复强调家里已经教过的东西，而是要担任"临时父母"，或者被称为"第三位父母"的角色。

当父母听到儿子自信地引用他们以外的人说的话时，有时可能会感到失落，因为他们会切实感受到自己的角色被别人取代。父母需要记住，这些导师和顾问是他们儿子一生中的重要人物。他们在帮助他完成踏上男人阶段的最后几步。要是没有这些"临时父母"，男孩们可能会在青春期苦苦挣扎，难以跨入下一阶段。而有了"临时父母"这样的成年人，男孩们在结婚前就能离成为真正的男人更近一步。在我们的咨询实践中见过不少男人，他们实际上仍然是情绪化的少年，这些男人经常谈论他们的中年危机，但最终通过治疗学到的却是如何成为一个真正的男人。

给养育者的提示

在战斗者阶段，你的男孩已经蓄势待发，站在了进入男人阶段的风口浪尖。以下是一些可以帮助他迈出下一步的建议。

↪ 提示 1：别打击他的梦想——哪怕你觉得不切实际

战斗者很擅长做远大的美梦，以及为自己铸造宏图愿景。在这个阶段，你的男孩经验不足却野心勃勃，但为他鼓风扬帆远比折断梦想的翅膀更有益处。试想，你是更愿意让他记得你一直鼓励他的梦想，还是记得你不愿意相信他呢？

↪ 提示 2：让他超负荷

作为战斗者，你的男孩将在某些时刻承担更大的责任，超出本应承担的范围。别伸出援手，他需要学会如何从自己错误的选择中回过神来。如果你看到他承担了过多的责任，请格外留心，以防他过于焦虑或者出现惊恐发作。如果发生了这种情况，那么你需要及时进行干预并向医生或咨询师寻求适当的帮助。

↪ 提示 3：复习基础知识

当你的男孩进入这个阶段时，一件重要的事就是和他一起重新审视家规并请他给出反馈意见。他可能有充分的理由说明为什么你需要调整对他的期望，他还可能向你提一些放宽界限的聪明方法的建议。在这个过程中与他协商，不仅是对他的意见和声音的肯定，还能向他表明：在有关他的生活和事务决策上，你会重视他的想法。

↘ 提示 4：热情地欢迎他的女朋友

在这个阶段的某一时刻，战斗者将带着被他营救的"落难少女"从战场返回家里。别惊慌，也别去评判她。记住，这很可能是他一生中最重要的人，接受这个少女就等于接受他。不过，也别过于热情，你还没准备好制订婚礼计划，给你的孙子或孙女装修婴儿房吧？太激动、太热情只会让你看起来像疯了一样。

↘ 提示 5：完成你的任务

询问你的儿子，有哪些书或电影对他来说很重要。阅读和观看这些书籍、电影，然后请儿子跟你说说为什么欣赏它们。

↘ 提示 6：介绍他进入新阶段

让他自己去旅行，然后精心策划一系列成人礼的活动（请参阅第 13 章）。

↘ 提示 7：让他从沙发上下来

如果你的儿子很懒惰，那么请记得在此阶段这并不稀奇。不过，话虽如此，他仍需要活跃起来，哪怕他的热情难以被点燃。在成长的这个阶段，他应该激励自己而不是等着你去唠叨、催促他。理想情况下，如果有足够的外部动机（如需要赚钱付油费或者需要和女朋友去约会），那你就什么都不用做了。如果没有，那么你可能需要反思一下是不是让他生活得太安逸、便利了。在学校放假期间，他需要有休息时间是在情理之中的，但如果你注意到他放弃了曾经热爱的活动，睡得更多或根本不睡，或是体重增加或减轻，那么他可能需要一些专业的帮助，因为上述这些情况都可能是抑郁症的临床表现。

↘ 提示 8：记住，他已经不是 12 岁的孩子了

不管是被退学还是他自己的决定，只要他住回家里，你就可以考虑起草一份"期望合同"，列明你希望他作为一个年轻人住在家里应该负起的责任，如支付房租、洗衣服、协助家庭管理等。

↘ 提示 9：保持沟通之门敞开

确保你是一个他能信赖、觉得安全的对话者，可以和他谈论滥用毒品或其他危险行为，也确保你让他知道你相信他有自我约束的能力以规范自己的行为。如果你在这方面不信任他，那么不妨清楚地告诉他你的期待。不过，也请记得，你无法成为他的生活警察，不可能随时保持警惕。不停地试图插手和监视只会让他不愿意回家或者不愿意和你开启这方面的对话。如果你担心他迷途不知返，尝试了毒品结果导致其上瘾或者做出了其他危险行为时，那么你可以向治疗师咨询干预措施。

↘ 提示 10：提醒他谁才是城堡里的国王

儿子假期返家时，你可以对他抱有一些期待。尽管他有权安排

自己的日程和行事规矩（或者他根本没想过），一旦他回到你的屋檐下，他就需要尊重住在这里的人。比如，我（戴维）曾辅导过一位在大学作息极其不规律、昼夜颠倒的年轻人，这在大学生中很普遍。圣诞假期回家时，他会熬夜看电视直到凌晨两点，然后到父母卧室隔壁的浴室冲个澡。当妈妈又一次被吵醒时，她提醒道："你在家想洗澡随时都可以，但是你的父母和你的舍友们不一样，我们在凌晨两点需要睡觉，而不是被哗哗的水声和关门声吵醒。"因此，在欢迎他回家的同时，请确保他记得谁是房子的主人。让一个男孩成为"城堡之王"，为所欲为，可不是个好主意。

WILD
THINGS

THE ART OF
NURTURING
BOYS

第二部分
**他在想什么：
关于男孩的
智力**

长到四面墙变成了野外的世界。

——莫里斯·桑达克《野兽国》

我们的朋友特德和安育有的三个孩子中有两个是儿子。由于工作调动，最近他们搬到了休斯敦郊区。他们逐渐融入新社区、新教会，孩子们开始融入新的学校，特德也适应了新的工作。一家五口开启了崭新的生活。

在适应初期，他们在教会遇到了一个家庭，那家有个儿子和他们的二儿子威尔森同龄。这一发现让他们有了发展友谊的基础。于是，特德和安邀请这家人星期六来家里吃晚饭，并想在大人间先建立联系，然后他们的儿子们也可以建立友谊。

安是那种能做出让你感慨"人间值得"的美食的大厨。她准备了令人惊艳的晚餐，期间两对夫妇相谈甚欢，孩子们看起来也在楼上玩得不亦乐乎。他们一致认为这是个几乎完美的夜晚，在将孩子送上床后，特德和安回顾起他们在这里逐步扎根的过程，心中充满了感激和喜悦。

第二天早上，安正走在路上，突然昨晚那对一起用餐的夫妇中的妻子拦下了她。安热情地伸手拥抱她，以为她是过来告诉自己昨晚很开心或是评论一下昨晚的甜点。然而，拥抱没有持续多久就分开了，然后那位母亲对安说："我需要跟你说件事，因为你看起来像是愿意知道这件事的母亲。"这其实是父母会听到的最糟糕的话，因为父母大概能猜到接下来说的不会是什么好事。"昨晚，在我儿子睡觉前，他跟我们提到威尔森把他锁进衣橱里，还告诉他如果想被放出来就要'亲我（威尔森）的屁股'。"

这位母亲继续说道："我其实不知道该怎么回应他，但我觉得你一定也想知道该怎么办。"在当时羞愧难当的情况下，安也不知道该如何回应。当我们的朋友特德向我（戴维）转述这件事时，我发出惊呼后立刻问他："他在想什么呢？"

如果你已经和男孩有过许多接触和互动，那你一定不止一次地问过自己这个问题："他在想什么呢？"事实上，相同情况下女孩大概率不会产生同样的想法。男孩和女孩的头脑在许多方面都存在差异，因此有个说法："男人来自火星，女人来自金星。"这些结构上的差异影响着男孩生活的方方面面——从他们的思考方式，到他们和他人的关系、他们看的电视内容、他们的学习需求、他们如何服从纪律，再到他们对世界的认知。总体而言，男孩倾向于：

- 理解空间感而不是关联性（他们能理解的是布局结构，而不是事物的联系）；
- 感知物体而不是面孔（与人类相比，球更能吸引他们）；
- 行动导向而不是注重过程（驱使他们的通常是行动而非情感）。

了解和欣赏男孩的大脑，是把男孩培养好的重要基础。它甚至可以为父母或其他照顾者提供回答"他在想什么"这一问题的角度。

从出生到男孩阶段，再到男人阶段，男性大脑的发育过程和女性迥然不同。我们经常能看到一个 3 岁的男孩对球着迷，而同龄女孩则全神贯注地摆弄娃娃玩具；或者青春期的男孩在电视机前废寝忘食，而少女则对着电话滔滔不绝。因为男孩的需求通常和女孩有所不同，所以对于父母、教育者和照顾者而言，理解性别上的这些差异十分重要。

父母、教师和其他领导者经常期望男孩做与他们的本能背道而驰的事情，例如，在男孩渴望空间和运动的年纪，却要求他们在教室里长时间安静地坐好。我们对男孩行为的期望加剧了男孩在文化、家庭和学校中面临的许多挑战，这些挑战包括攻击性、竞争、性、抑郁和注意缺陷 / 多动障碍（attention deficit/hyperkinetic disorder，ADHD，俗称多动症）。如果我们对男孩的大脑发育没有全面的了解，就无法恰当地解决这些问题。

在接下来的四章中，我们将针对一些关键领域进行讨论。只要我们想用正直、尊重、爱与自信来养育男孩，以下话题就是我们必须要理解的。

- 男孩，你到底在想什么（第 6 章）；
- 男女有别的学习方式（第 7 章）；
- "坐着别动！集中注意力！"（第 8 章）；
- 父母的养育方式对男孩的影响（第 9 章）。

这些章节将解决许多和男孩及其家庭、导师、教师一起工作时遇到的问题。虽然困扰每个男孩的问题都不尽相同，但是这些顾虑是许多人都有的，因此我们希望提供理解这些问题的思路和理论框架。我们试图以清晰明了的方式来解释这些问题，同时提供特定的方法来帮你更好地在男孩的成长旅途中陪伴他、给予其所需并鼓励他。

第6章

男孩，你到底在想什么

你知道为什么有一个孩子会有绿色的生殖器，还有一个孩子手臂骨折，而第三个孩子在天亮时被发现在离家超过 5 英里的田野里迷路了吗？答案很简单——因为他们是男孩。

6 岁的马克正在朋友卢克家玩耍。男孩毕竟是男孩，没过多久他们就发现了被卢克姐姐藏起来的绿色指甲油。他们俩都喜欢玩扮演超级英雄的游戏，而这个绿色指甲油恰好可以把他们变成"绿巨人"。卢克说服了马克：只有将自己涂成绿色，他才能成为"绿巨人"。于是，马克开始着手这样做，连下体都涂上了指甲油。后来，当马克的妈妈用指甲油去除剂去擦拭他的生殖器时，她问道："你在想什么呢？"

德里克 8 岁时，他坐在大约 12 英尺 ① 高的树屋边缘，然后拍了拍身边朋友加文的后背，说："如果你被推倒会发生什么？"然后加文摔断了手臂。在去急诊室的路上，德里克的妈妈对他说："你在想什么呢？"

有一天晚上，杰夫和他的父亲因为宵禁爆发了激烈的争吵。当

---

① 1 英尺 ≈ 0.3 米。——译者注

他的父母上床睡觉后，杰夫连夜把一些衣服打包进帆布旅行袋里，并设定了早上五点的闹钟。起床后，他到厨房从母亲的钱夹里拿出40 美元和她的信用卡，然后蹑手蹑脚地从家里溜了出去。当杰夫的父亲在早上六点半准备去叫醒他时，眼前只有一张空床。在房子里四处搜寻并拨打杰夫的手机无果后，父亲只好报警。一小时后，警察发现了杰夫，他正走在离家近 6 英里的田野里，朝着市区汽车站的方向前进。当警察将杰夫带上巡逻车后座时，他问杰夫："你打算去哪里？"杰夫回答说："我也不知道，但我觉得我到车站时就会想清楚了。"

每个故事大多围绕着同一个问题："你在想什么？"如果你生命中有一个男孩，你每天大概会问他十几次这个问题。你常常会好奇他究竟有没有在思考。

关于男孩大脑的坏消息

认知发展领域的一些广泛研究，不仅提升了我们对大脑功能的理解，还帮助我们更进一步地理解了男性和女性大脑的差异。作为父母、教育者、教练、导师和其他负责照顾男孩的成年人，认识到这些差异有助于我们作出恰当的回应。也正是因为男性和女性大脑的差异，我们可以借此解释一系列两性间的有趣区别（尽管有些区别是令人抓狂的）。我们不妨一起做些运算。

较多的活动 + 较少的冲动控制 + 睾酮 = 男孩

如前文讨论过的，女性大脑会分泌更多的血清素，而这与冲动控制是直接相关的。此外，女孩的额叶（主要负责高级认知的脑区）会更早开始生长发育，通常也更活跃。因此，和男孩相比，女孩出现冲动行为和做出冲动决定往往会更少。而男性大脑的脑干中则有更多的脊髓液，这使得男孩比女孩更为强壮。再加上男孩大脑中有很高的睾酮激素水平，不难发现，男孩的身体因素导致了他们比女孩更具攻击性，并更勇于冒险。

较少的感官细节 + 较少的记忆能力 = 男孩

女孩大脑中的枕叶（主要负责视觉感知的脑区）比男孩的枕叶发育得更快，这意味着女孩可以接收到更多的感官数据。这就解释了为什么女性同时处理多项任务时效率比男性更高，而男孩则倾向于（并且需要）专注在一件事上。不仅如此，女孩大脑中的海马体（负责记忆容量和记忆功能）也比男孩的大得多，这就解释了为什么女孩可以回忆起一天中的每个细节。

更频繁的休息状态 + 更长的休息状态 = 男孩

男孩的身体活跃程度可能比女孩更高，但这一差异对他的大脑而言并不成立。雌激素为大脑活动的增加提供了生化基础，因此不论何时，女性大脑的血流量都会比男性大脑多15%。此外，即便女性大脑进入休息状态，它也不会像男性大脑那样"关机"（想想计算机的"睡眠"状态）。因此，即便一个女学生觉得课堂内容很无聊，她的大脑仍会更积极地驱使她睁大双眼，继续记笔记和处理信息。反过来，如果你问一个男孩（或一个男人）他在想什么，而他回答"没什么"时，他大概率说的是实话。

光线＋声音＋动态图像＝"僵尸"男孩

当男孩和女孩升入三、四年级时，媒体对他们产生的影响会越来越大，也会更有吸引力。然而，男孩可能在年纪更小的时候就已经沉迷于像电视、电子游戏或电影等媒体了。快速移动的图像、刺耳响亮的声音、强烈的特殊效果，以及丰富多彩的人物角色，都比其他刺激性较低的教育和生活经历能更迅速地进入他的大脑，并得到男孩更多的注意力。

较弱的情绪感知＋较少的口头表达＝男孩

男性大脑与女性大脑的差异还体现在结构上。尽管平均而言男孩的大脑比女孩的大，但一些研究表明，男孩的胼胝体（负责大脑左右半球的"交流"）却比女孩的小。男孩更大的大脑也意味着更少的白质（帮助大脑的不同部分有效地连接）和灰质（负责思考的大脑细胞），大脑的血液流动和脑电波活动也比女孩更慢，因此女孩能比男孩更快地转移注意力。这也可以解释为什么男孩在玩 Wii 游戏机时会对站在身旁呼唤他名字的母亲置若罔闻——不论是"忽略"还是"没听到"。这些区别连同大脑结构上的其他差异，都使他们无法像女孩那样处理好与情感相关的内容。研究证实，男孩的大脑在情感过程中的活动并不多，因而导致他们的情感识别能力较弱，口头表达也更少。

较大的视前区＋较圆的视交叉上核＝男孩

男性和女性大脑的另一区别是下丘脑（控制性活动和昼夜节

律），它由视前区和视交叉上核两部分组成。

就男孩的视前区（大脑中控制性行为的部分）而言，其体积和细胞量都是女孩的两倍之多。这一区别会在 4 岁左右时显现出来。视前区还负责维持体温，并接收由皮肤、黏膜和下丘脑自身的温度感受器传导的神经刺激。而视交叉上核则与昼夜节律和生殖周期有关，负责协调激素、体温、睡眠和情绪等生物节律。在了解了这些以后，我们就可以利用下丘脑的差异，并结合当今性泛滥文化产生的影响，来解释为什么男孩通常比女孩更为关注性方面的内容。

关于男孩大脑的好消息

别担心，这些关于男性大脑的消息并不全是负面的，男性大脑也具有一些特别的天分。科学家对人类大脑的研究越多，就越能发现男孩具有一些先天的认知能力。父母、教师和导师可以利用对这些与生俱来的"本能"的了解，来帮助男孩更好地成长为他们应该成为的人。

男孩的大脑富有想象力

有一天，我（斯蒂芬）走进我一个儿子的房间，他正在里面玩耍。我发现房间的一端到另一端绕着些细绳。从天花板到地板，再到窗户和门，他布置了大量的细绳。"哥们儿，这是怎么回事？"我问道。

"蜘蛛侠正在努力地去抓坏人。"他毫不迟疑地说，丝毫没有意识到自己制造了多大的烂摊子。当我要求他进一步解释时，他告诉我："这些书架是摩天大楼，床是居民区，地毯是个坑，里面都是酸水，壁橱是个黑洞。"

他的这番话把我唬得瞠目结舌，只能"噢"了一声。

想象游戏在男孩的生活中是一件既自然又健康的事。想象力是孩子情感、心理和精神发展中不可或缺的部分。进行想象游戏不仅是男孩在自娱自乐，还能促成他在其他方面的学习和道德的发展。男孩，甚至是青少年，都生活在他们的想象中。不论是扮演角色还是做白日梦，男孩们在很大程度上都需要依靠想象力来处理和解决其内在的冲突。在《野兽国》中，迈克斯的房间长出了一片森林，"长到天花板垂下藤蔓，长到四面墙变成野外的世界。一波波的海浪为迈克斯带来一艘小船"。迈克斯用想象力来解决自己的调皮和母亲的管教之间的冲突。

男孩的大脑富有空间感

男性的大脑天生就擅长理解空间关系。男孩也有出色的能力来操作有关搭建和设计的项目。与女孩相比，除了空间感更强外，他们还能更为熟练地运用手眼协调技巧。例如，男孩在空间操纵球并移动的能力往往非常优秀，将乐高积木拼搭为直升机的能力也十分出彩。男孩在电子游戏中表现突出的原因之一也是因为他们有处理复杂过程的能力，能够从二维屏幕上直接解读出三维概念。这种空间想象能力也解释了为什么男孩在一些需要在脑海中旋转图像的任务上表现得更好，这些任务包括解释图表、阅读地图、绘制建筑图纸和阅读X光片。

经芝加哥大学的研究人员证实，与女孩相比，男孩在空间关系上的优势早在四岁半时就显示出来了，比人们以为的要早得多。空间技能对于日常生活以及在学校和工作中的良好表现都尤为重要。

空间学习上的性别差异早期就会出现，认识到这点很有必要，因为这一发现是对早期理论的反驳。早期理论认为这些差异是由成长中的生物因素（如激素变化）或环境差异（如男孩参加运动）引起的。

男孩的大脑更专注于解决方案

西蒙·巴伦 – 科恩（Simon Baron-Cohen）在 *The Essential Difference*[①] 一书中解释了他的理论，即女性大脑天生由共情（即识别和响应他人情绪的能力）主导，男性大脑则天生由系统化（即探索和分析系统的动力）主导。这一现象可以解释为什么男性在情感和关系方面往往比女性弱。女性大脑中能容纳更多的催产素，这是一种可以激发女孩和妇女细心照料能力的化学物质。这就是为什么我们看到小女孩会轻摇和安抚婴儿洋娃娃，而小男孩更倾向于将洋娃娃往墙上撞或是按在地上。

养育者对男孩常犯的错误

在我们了解了男孩和女孩天生的本质区别后，就能去欣赏而不是谴责我们所观察到的行为了。虽然环境影响（主要是家庭和文化方面）、生活经历、社会化和遗传基因的人格特质也会直接影响

---

① 书名大意为：关键的区别。——译者注

男孩，但我们不能忽视男孩的天性和本质。我们既不能也不愿脱离自然天性来培育他们。与其和男孩及其基本特征相抗衡，我们不如学会和他们与生俱来的本质打交道，并将他们重新引向追求男子气概的崇高理想。男孩在很大程度上就是为了发挥他们的天性，为了做自己而生的。作为父母、教师和领导者，我们引导和塑造男孩的最佳方法就是了解他们独特的本质和原因。如果我们没有有意识地去开导和引导男孩的攻击性、独立性、紧张感、野心、倔强和竞争力，就会对他们造成很大的伤害。当我们试图越过男孩的底线时，结果可能是灾难性的——他们可能会产生迷茫、羞耻、自我怀疑、侵略性和消极等感受。

帮助男孩成长为成熟的男人意味着需要给他们提供一个认可并支持其男性特征的环境，而不是要求他们违背本性。我们要好好地爱他们，其中一个方式是理解他们的身体机能是如何运作的。在接下来的几章中，我们将更具体地解决一些问题，以便为更好地理解他们奠定基础。以下是许多照顾者对男孩犯的一些常见错误。

错误 1：限制他们的活动范围

现在是下午四点半，自从安迪放学回家，他就一直上蹿下跳地试图触碰天花板。像任何一个 11 岁的男孩一样，他不论走到哪里都会留下一片狼藉。当他的鞋子在墙壁上留下划痕并把台灯弄坏时，他的母亲实在忍无可忍地命令他："回到你房间里去，现在，马上！"

在这个时候，安迪需要的不是更多的限制，而是更多的引导；不是更多的约束，而是更多的机会。不要误会我们的意思，"积极的暂停"①的方法的确可以创造奇迹，但是邀请男孩与你一同工作，或者安排他做一个项目或家务也可以达到目的。当男孩惹麻烦时，父母通常会让他回自己房间，但这无异于将老虎放回笼子。要想纠正男孩调皮捣蛋的行为，需要的是空间，而不是限制其活动范围。他需要有地方重新分配精力，并将过剩的能量疏导到有意义、有成效的事情上。

错误 2：以言语或情绪淹没他们

哈里因为捉弄另一个男孩而被老师普尔曼女士拉出教室。一到学校大厅，她就开始慷慨陈词，讲述那个被捉弄的男孩会有什么感觉，讲述她对哈里有多么失望，讲述哈里的父母会怎么想，以及如果别人捉弄哈里，他会有什么感受，等等。两分钟后，她开始听起来像查理·布朗②的老师，满嘴"哇啊，哇啦，哇呜，哇哦"让人不知所云。这些声音片段在大厅里盘旋，但是 9 岁的哈里根本无法吸收里面的信息。

因为男孩无法像女孩那样快速或准确地处理单词和情绪，所以在哈里眼中，普尔曼女士只是在滔滔不绝地"吐热气"。普尔曼女士与其用言语和情绪来淹没哈里，不如提出以某个情感为主题的相关问题，比如，要求哈里第二天带回一篇小论文作为答案。

---

① 正面管教的工具之一，在孩子做出不良行为需要管教时，父母不妨采取这个方法，先冷静下来再进行处理。可以避免让当下的怒气占了上风而惩罚孩子，从而妨碍了理智、有爱的管教。——译者注

② Charlie Brown，漫画人物，史努比的主人。——译者注

错误 3：争吵

12 岁男孩乔纳的父亲在车里等了他 15 分钟，准备带他去练习曲棍球。当乔纳终于慢吞吞地踱到车门前时，他的父亲勃然大怒，呵斥道："小子，你做什么得用这么久？你在昨晚就应该把包准备好。你知道我们现在已经迟到多长时间了吗？你听到我说话了吗？"

因为男孩们已经具有很强的攻击性，并且十分倔强，所以和他们争吵势必会将对话演变为战争。许多男孩会自然而然地将对抗升级，因为他们不知道何时该退让，以及该如何退让。受到挑战时，男孩的肾上腺素就会开始偾张，睾酮水平也开始攀升。如果你想往好的方向引导他，那么故意和他正面交锋几乎是没有好处的。如果你这样做，就必须通过发挥自己的力量来控制他从而获胜。一旦他开始和你争吵，发挥你的权威和力量的作用是一回事，但假如你不尊重他，就不能要求他也尊重你。乔纳的父亲本该做的是提出警告："下次你再迟到的话，我们就不去了。"或者如果已经警告过他，那么他可以再给乔纳 5 分钟的宽限期，然后要么将汽车停回车库，要么独自离开。自然后果永远是比争吵更好的老师。

错误 4：营救

卡尔是一名高中二年级的学生，他已经提前两星期就知道即将进行历史考试了。他的老师每天都在督促全班的学生学习，并警告他们考试难度很大。卡尔在父亲家里度过了一个周末，他们整个周末都在享受《星球大战》电影。转眼到了星期一早上，在和母亲一起上学的路上，卡尔突然想起了这次历史考试。老实说，他根本忘记了这个考试，也知道自己压根没准备。现在的他害怕得几乎要哭了。因为不想让卡尔感到难过，于是他的母亲给老师写了一张便条，解释说卡尔"整个周末都在家庭旅行"，所以得延期到第二天参加考试。

这样看来，卡尔的母亲是出于好意，她爱儿子因此不想看到他受伤。但是父母犯的最大错误之一就是让儿子免于承受自然后果。通常来说，成年后因失责要承担的后果，远远比其在男孩时期要承受自然后果的痛苦更为严重。

错误 5：打压

拉姆齐产生了一个绝妙的想法，他想为自己的幼儿园老师画一幅手指画。他的母亲则满心忧虑，因为她知道一旦他实践想法，肯定会留下一地残局要她收拾。"拉姆齐，我们今天不能这样做，"她说，"你难道不能用蜡笔上色吗？"

拉姆齐恳求道："妈妈，拜托了，我想画手指画。"

"不行，宝贝。这会弄得到处脏兮兮的，还会花太多时间。"

男孩需要创造性地表达自己，而对于许多男孩来说就是越杂乱越好。我们经常为了自己的便利而打压男孩的个性表达，因为他们折腾的场面实在太大、太嘈杂。我们并不是说拉姆齐总是应该得到他想要的一切，而是说当父母因为自己的安排而妨碍孩子实施计划时，其实应该将此作为让步的好时机，允许孩子去表达自己的想法。拉姆齐的妈妈本可以在车道上铺上一块防水布或旧浴帘，然后给拉姆齐一件父亲的旧 T 恤，然后让他在上面纵情释放想法。如果因为天气太冷而不能出门，她还可以把他放进浴缸里，然后给他一些水彩颜料，让他在那里画。尽你所能让你的男孩分享并实验他的想法，哪怕看起来不切实际或会造成混乱不堪的场面。

错误 6：羞辱

雅克约会后，在开车回家的路上发生了一起小事故。回到家时，他显然非常紧张和内疚。他小心翼翼地溜进客厅，结果父母正在那儿看电视，他只好坦白了这起小事故。他的父亲转向他，脱口而出："我就知道把车钥匙交给你就是个错误。你知不知道这会在我的汽车保险中扣掉多少钱？你做事就该注意点。"

与一些身体上的暴力一样，羞辱也是一种会摧毁男孩心灵的残酷力量。我们不能在培养男孩的同时，又对他进行羞辱。羞辱给男孩传达的信息就是他一文不值或不尽人意，而让男孩受到这样的攻击往往是极具侮辱性的。有些教练会因为这种言语虐待而臭名昭著，这对父母和教师而言也是一样。不断地轻视男孩会对他们造成长期的影响。雅克的父亲可能有生气、失望和担心的情绪，但与其用"有毒"的羞辱来荼毒儿子的心，不如和儿子好好沟通，这样将更有裨益。他本应该乐意倾听儿子充满负罪感的认错，然后展示他的关心，询问儿子关于事故的问题，并且确认儿子是否需要什么帮助，而不是攻击儿子的为人。诚然，雅克的父亲有权表达失望，但绝不该用小瞧儿子或使他觉得低人一等的方式，尤其是在儿子面对失败的时候。

错误 7：加深负罪感

在大学校园里的一次聚会上，赞恩因为尚未成年就饮酒而被逮捕。被记录在案后，他被允许给家人打电话，通知他们准备 500 美元的保释金。他的父母接了电话，并在电话里用一系列事情来加深他的负罪感。包括他的父亲必须加班加点地工作才能弥补资金缺口，以及他的母亲将不得不想方设法跨州汇款，还有诸如"我们将如何告诉你的祖父"之类的问题。

做出不明智和冲动的决定以及承担愚蠢的风险，都是作为男孩的经历的一部分。男孩盲目越界、做事出格的情形并不少见。然而，当他们确实陷入麻烦时，无须加深他们的负罪感、让他们感到内疚，因为这只是一种羞辱他们的消极攻击方式。赞恩的父母本来有一个很好的机会可以让外部权威（法院）对孩子进行管教，但他们反而从中添堵。加深一个人的负罪感一直是一种操纵的方式，通过使用令人羞愧的言论或行动，从而迫使某人做你想让他做的事，或者使他对已经内疚的事情产生更深重的负罪感。不停地用羞辱的言辞来挖苦男孩，也是一种自我中心式的贬低他人的行为，这无疑是在迫使孩子为父母的情绪负责。

错误 8：刻意妨碍

在棒球比赛第三局上半局就有一个出局的紧张情况下，教练一抬头却发现 8 岁的本紧贴着中场的围栏，正招呼着旁边的一只流浪狗。"本，抬起头！集中注意力！"教练大喊道。在以最后一个出局结束的第三局后，男孩们慢跑到了选手席准备轮流完成他们的击球机会。但是教练在内场边缘将本拦下，俯身对他说："如果你在场上无法集中注意力，你就会变成'板凳球员'。"于是，本被替换下场，坐在场边看完了剩下的比赛。

刻意妨碍男孩从而让他们失败，是父母、老师和教练对男孩做出的一种常见伤害。我们常常赋予男孩不切实际的期待，要求他们以无法做到或未准备好的方式来表现自己。以上文为例，有两点我们其实很清楚：一是 8 岁的男孩本就无法很好地集中注意力；二是棒球赛的进程非常缓慢。因此，期待一个男孩一直保持高度的专注是不切实际的。我们可能希望男孩在行为表现和思考方式上都能像成年男性一样，但他们其实做不到。诚然，我们需要管教他们的不良态度和不敬行为，也必须帮他们学会承担责任，但是我们不能指望他们去做超出其能力范围的事情。如我们所见，有一些生物因素会抑制男孩注意力和自控力领域的发展。因此，我们必须协助他们学会控制冲动，但这些帮助也需要与他们的年龄相符。我们也绝对不能指望他们完成超出能力范围的事情。

给养育者的提示

就如我们前文提到的，好好爱一个男孩的前提是理解他是如何被造就的。以下是一些辅助男孩大脑发育的提示，以供身为父母、教练、教育者或照顾者的你参考。

↘ 提示1：不喝能量饮料

我们都明白健康饮食的重要性。除了遵从儿科医生的饮食建议，限制咖啡因摄入也是促进男孩大脑发育的可靠方法。因为咖啡因能非常快速地通过血脑屏障，其在大脑中的浓度与在血液中的含量高度相关。换言之，如果你的男孩摄入越多的咖啡因，他的大脑就越亢奋。有证据表明，咖啡因会激发动觉活动，而男孩又特别容易受到这种作用的影响。由于男孩的大脑已经处于一触即发的亢奋状态，因此他不需要咖啡因就能活跃起来。请注意，市面上一些流行的软饮料中都含有咖啡因，就更别提能量饮料中的咖啡因含量了。

↘ 提示2：为他创造锻炼身体的机会

运动对男孩的身体和认知发展都大有裨益，因为保持活跃可以激发大脑发挥最大的功能。在和教育者们交流并使他们理解"休息状态现象"时，我们提倡经常休息，以及让男孩起立、伸展、做开合跳或俯卧撑，并在教室里走动。这种活动增加了血流量，并对大脑功能进行刺激和强化。在家中，如果你的男孩被作业所困，你也可以采取这个方法。让他"坐好直到做好"可能会对他造成负面影响，不如让他在房子周围兜几圈，玩15分钟投篮，或者在街区骑自行车绕弯（可以为他计时，以让这项运动更有竞争意味），最后再返回书桌去解决另外10道数学题。你可以根据需要重复以上活动。

↘ 提示 3：限制电视和电子游戏

我们知道男孩们想要看电视和玩 PS3、Wii、Xbox 360 这些游戏机，但这些对于他们的大脑来说并不好。有明确证据表明，越长的视觉媒体观看时间，会导致男孩们越差的睡眠、学习和记忆水平。根据德国科隆体育大学（Sport University in Cologne）的一项研究结果，大量接触电视和电脑游戏（每天玩游戏一小时或看电视两小时）会影响孩子的睡眠，并导致他的言语认知能力退化。虽然看电视和玩电子游戏都会对孩子的睡眠造成负面影响，但电子游戏带来的消极影响更大。观看电子产品这样的视觉刺激，被认为会抑制大脑边缘系统和新皮质的发育，它们分别是大脑的情感中心和有意识思维及语言中心。

↘ 提示 4：确保他有足够的睡眠

我们都听过本杰明·富兰克林的格言："早睡早起会使人健康、富有和明智。"这句话在我们当下的时代简直是至理名言。研究人员在睡眠呼吸障碍、打鼾、儿童注意力不集中和多动这些症状之间发现了很强的关联性。在医生治疗好患者的睡眠问题后，他们的注意力不集中和多动的情况通常也会有所改善。注意力不集中和多动的现象在男孩中非常普遍，这些通常会和注意障碍与多动症这样的精神健康问题联系起来，但未知的疾病往往才是引起多动和注意力不集中行为的原因。

↘ 提示 5：教他识别自己的情绪

由于他们的大脑结构特点，男孩在识别、处理和描述情绪方面有着更大的困难，他们需要我们的帮助。那些理解描述"感受"的词汇的男孩，往往也更擅长用语言来表达情绪，而不是通过行动来发泄。作为照顾者，我们需要采用有趣的方式来教男孩理解和使用有关情感的词汇，并帮助他们识别自己的内在情感以及他人表情中传递的情感。我们还必须教他们要有共情的能力。对于年幼的孩子而言，可以通过读故事来打开情绪认知的大门。在讲故事时，可以经常停下来询问他们对角色感受的理解。男孩的另一个强大工具是角色扮演。你可以和你的男孩转换角色并和他一起将故事场景表演出来。

和年龄稍长的男孩一起时，可以让他们接触带有强烈情绪内容的电影和书籍，如《风雨夺标》（*Where the Red Fern Grows*）和《仙境之桥》（*Bridge to Terabithia*），这两本书也都被拍成了电影，或者是《光辉岁月》（*Remember the Titans*）和《真情电波》（*Radio*）等电影。带你的男孩出去吃点零食，并与他交谈。谈论的内容不要局限于故事的情节和寓意，还可以是故事角色的情绪内容。

↘ 提示 6：阅读，阅读，阅读

如果你的儿子年纪还小，无法自己看书，那么你可以念故事给他听。这点太重要了，怎么强调都不为过。如果他的年龄足够大，可以自己读书，那么你可以在他看完书后给他丰富的奖励。他的学校也可能已经有了提供奖励的读书项目。如果他在阅读的道路上步履维艰，请继续和他一起探索，直到他找到能激发他兴趣的书籍。如果他的学校不要求在暑假读书，那么你可以要求他，并用有吸引力的奖品来激励他读完一定数量的书籍。

↘ 提示7：给自己一张评分卡

根据我们上面提到的每个错误，请对自己进行评分。另外，也可以请你的配偶或密友根据他们的观察为你评分。着重关注自己得分较低的领域，然后制订一些措施来避免重蹈覆辙。

↘ 提示8：在家中创造机会彰显他的认知优势

让你的男孩参与需要进行空间推理的项目，开展涉及生动想象的游戏和活动，以及完成需要他发挥能力自己解决问题的任务。通过这些活动来发掘并肯定他的强项。

↘ 提示9：向他的大脑求教

继续收集与男性大脑功能相关的信息。尽管不考虑我们强调的这些大脑差异，也可以轻松地回应男孩，但自主地去了解一些男性大脑的独特特征将有助于你理解和欣赏你的男孩的言行。

↘ 提示10：藏好"绿色指甲油"

第 7 章

男女有别的学习方式

为了庆祝我（戴维）的双胞胎儿子满 4 岁了，我妻子让我的岳父岳母在青少年活动中心为他们报名了体操活动课。这样一来，他们就可以在铺满垫子和悬挂着各种杠子的宽敞场地上做各种所有 4 岁男孩都梦寐以求的事情了，包括攀爬、摇摆、蹦跳、翻转、扭动、俯冲、鱼跃、猛扑、蹿跳等。在上到第四节课的时候，妻子打电话告诉我："下周你得抽空来观察一下，最好带上摄像机。"于是，我带着便携式摄像机来到活动中心，不仅为了录下影像给"赞助商"外祖父母看，还能丰富我们的素材库。最后，我制作了家庭版纪录片，并不时地在"养育男孩"的课上播放。这是一个展现两性间差异的有趣研究案例。

视频伊始，用心良苦的教练为孩子们讲解上午的计划。这是一个 10 人的男女混合班级。接着，教练带领他们做了一些舒缓的伸展运动，为接下来的体操活动做准备。班上的男孩们保持专注的时间只有 92 秒——我没开玩笑，因为我看了时间。先是第一个男孩直接躺在地上并将腿高举起来，眼睛盯着脚看，他旁边的男孩则开始在软垫上打转绕圈，绕圈男孩身旁的男孩则唱起了美国国歌。这些小把戏马上就将我儿子们的注意力吸引走了，他们对这三个"杂耍表演者"十分感兴趣。教练意识到他们走神了，于是站起来宣布开始做拉伸运动。

男孩们继续做拉伸，但看起来和教练的指导并不一样。男孩们的拉伸动作里杂糅了武术、瑜伽还有海豹突击队（Navy SEAL）的训练。

我忍俊不禁，暗自窃笑，摄像机也跟着上下摇晃。妻子碰了下我的胳膊，提醒我保持安静。

随后，全班同学被分成两组，由教练们带着前往房间的不同区域。孩子们需要闯关通过课前设置好的障碍。在每位教练都演示了一遍如何越过障碍物后，他们就让孩子们排成一列，依次闯关。在课程的这一段，我一刻不停地用镜头记录着一切。内容滑稽得让我都在考虑是不是要投稿给《美国家庭滑稽录像》（*America's Funniest Home Videos*）节目组了。

女孩们站成了一条完美笔直的线，而男孩们则四散分布在她们队伍的后面、中间和前面。当第一个女孩开始闯关的时候，一个排在队尾的男孩从边上挤了出去，走向一根横杠。他把杆子从洞中抽出，然后开始像挥动光剑①一样挥动杆子。此时教练正专注于帮第一个女孩在垫子上完成侧滚翻动作，于是男孩的母亲就从边席一个箭步上前夺下了杆子。她责骂了一通手持"光剑"的小"欧比旺·克诺比"②，并将他送回队列中。

随后，轮到另一个男孩失去耐心了，他迫不及待地从队列里蹿

---

① 《星球大战》系列电影中的主要武器。——译者注
② Obi-Wan Kenobi，《星球大战》系列电影中的主要人物。——译者注

了出来——尽管他本来也不算是排在队伍里。他从最后一个障碍物开始，朝反方向跨越障碍。教练大喊着让他回到队列中去，等轮到他时再出来。如果教练瞪着他，他就会停下动作，但只要教练一转头，他就继续进行之前的"反向越障"。而那个小"欧比旺"则开始在队列中做起了类似太极拳的动作，然后用一招空手道劈击作为结束，结果一下劈到了他前方男孩的肩上。被劈的男孩痛得大叫，直接扑向小"欧比旺"，把他打倒在垫子上，看他们这一系列行云流水的动作，和看火力全开的世界摔跤大赛不相上下。他们俩的妈妈都一跃而起，冲上前将他们从对方身上拽下来。

与此同时，另外两个男孩正在房间的另一边进行他们自己版本的障碍闯关。其中一个男孩抓起一个弯月形的垫子并跨坐在上面，他似乎忘记了这个垫子是用来俯身爬过的。他大喊了一句"驾，我是游侠"后，便在房间里"策马奔腾"，沉浸在自己的小世界里。这时，一个典型的长女兼 A 型人格[1]的女孩大喊："珍妮小姐，你瞧，他不听话！还没轮到他，他就到处乱跑！"

录到这时，我已经笑个不停，摄像机在一直摇晃。我想哪怕这些片段不能帮我在《美国家庭滑稽录像》中得奖，至少也还是个优秀的短视频片段。

---

[1]　美国学者 M.H. 弗里德曼等人在研究心脏病时，把人的性格分为两类：A 型和 B 型。A 型人格者较具进取心、侵略性、自信心和成就感，并且容易紧张。——译者注

"小伙子们，眼看手别动！"

在成长早期，大多数男孩都是触觉型和动觉型学习者。探索者阶段的男孩需要通过触碰和感知来了解周围事物。对他们而言，识字的最佳方法不是背诵，而是动手描摹。前文也提到过，男孩们天生就有运动的需求。当男孩有活动的空间和自由时，他们往往能比被迫静坐听课时学得更好。这也是男孩更能从蒙台梭利学校的环境中受益的原因之一。在蒙台梭利学校里，男孩们可以触碰、感受并摆弄教学用具，还可以按自己的节奏去探索学习空间。类似的环境设置在许多幼儿园也能看见，男孩们能够在不同的学习和游戏区域间自由活动，但仍有一定时限的"圆圈时间"①要求他们较长时间地安静坐好。

好景不长，当男孩从探索者阶段进入爱人者阶段时，教学环境会变得非常不同。原本学生上学时间少，并且每天上学时长也比较短，但现在学校的日程变为漫长的五天。学习环境也从灵活自由变得更加秩序井然。在以前的课堂设置中，他们只需要在短暂的、有限的时间里安静坐好，并有自由活动的时间，但是现在却被要求有更久的静坐时间以及更长的注意力集中时间。男孩们一天中只有一或两次机会自由活动来锻炼他们的大肌群，而这些可以不受限制、不受界限束缚地奔跑的时间总共加起来也不过二三十分钟。

我们曾经鼓励男孩用触觉和感官作为学习手段，而现在则会频

---

① 班级活动方式，老师和学生围坐成一个圆圈进行互动。——译者注

频警告他"别再碰了""手别乱动"。男孩们对以下说辞倒背如流。

- 坐着别动。

- 集中注意力！

- 我要你专心点。

- 我在跟你说话时，请看着我的眼睛。

- 把脚放地上。

- 眼看手别动！

- 站好！

- 你在听我说话吗？

- 现在不是玩的时候。

适合男孩的学习方式："动"中学

随着男孩的不断成长，他们的学习方式主要有三种：视觉型学习、空间型学习和体验式学习。而学校所提供的学习方式则以听觉型学习、静坐和智力技能学习为主。这种学习方式不仅对男孩不利，对女孩也不利。根据美国儿科学会（American Academy of Pediatrics）的一项研究报告，"自由和非结构化的游戏"对于帮助孩子达到重要的"社交、情绪和认知发展的里程碑，以及帮助孩子发展更好的压力管理和情绪耐力"，是"健康且必要的"。这份报告还解释了学校减少体育课程和课间休息的缘由，包括家庭结构变化、日益激烈的升学压力以及国家的教育政策等。自由游戏时间的缺失，"加上忙碌的生活方式，成为许多孩子压力、焦虑甚至抑郁情绪的来源"，这样的环境使男孩受到很多的负面影响。此外，一整天静坐听课也不利于男孩学习。

视觉型学习

一般来说，男孩天生对视觉刺激更敏感。男孩中有 67% 是视觉型学习者，他们吸收信息的渠道包括插图、符号、照片、标志、示意图和图表等。换言之，男孩的大脑在看见文字时会被激活，而女孩的大脑则在听到词语时能及时反应。许多研究表明，当孩子被剥夺了常规的生动感官体验时，他们的大脑体积会发育得更小，比同龄人小 20%~30%，而且认知能力也会同步下降。因此，认识到感官体验的重要性对于教育男孩来说至关重要。

我（戴维）和上学前班的钱斯见面已经有几个月了。据他的母亲报告，他上学的五天里没有一天不被"收回小木棍"①。她和钱斯的老师面谈过几次，也和儿科医生咨询过这是否和注意力问题有关。她说在找我辅导前，已经连续哭了好几晚。在辅导的几个疗程中，我对钱斯进行了深入的交流和访问。他说他因为觉得上课很无聊，所以想分散自己和其他人的注意力。从我给他做的测试来看，钱斯其实很有天赋，也是个极为活跃的小男孩。我们也交流了一些关于休息状态的问题。我们还谈到他的大脑有时在学校就想进入"睡眠"状态，所以无法听进上课内容；谈到他其实听得懂老师

---

① 一种纪律管束方式，学生在星期一会分到五根小木棍，如果表现不佳或违反纪律就会被收回一根小木棍，但隔天可以重新取回。到星期五时手中仍有五根小木棍的学生可以获得奖励。还有一种更有效的积极方式，就是通过良好表现来赢得一根小木棍。——译者注

讲的大部分内容，但因为其他孩子无法跟上，所以他就开始分心。最后我们想出了一些解决方法，比如，让他手里有个可以摆弄的东西，他可以利用这个东西让自己忙起来而不去影响他人，而且这也有助于他集中注意力。这之后，他每周都只有一次"收回小木棍"的情况，我们一致认为我们取得了一些进展。

作为视觉型学习者，亲眼看见事情在面前发生有助于他们理解和学习。在课堂上和在家中出现的图表、示意图、日常表格和其他视觉刺激都能使男孩受益匪浅。如果指令只是简单地通过口头传达，很可能到了男孩那里就是左耳朵进右耳朵出。

在陪伴探索者的旅途中，我们鼓励父母和教师绘制示意图，包括将他需要做的家务和承担的责任绘制成图片（图片上可以是小男孩将玩具放回篮子、小男孩刷牙或小男孩将脏衣服放进脏衣篮等场景）。

对于处在爱人者和更高阶段的男孩而言，我们建议给他们一张写有简短任务清单的索引卡。请注意，我们之所以强调"简短"，是因为太多的文字会让他们迷惑或手足无措。他们可以把这份清单贴在任何他们能看见的地方（如衣柜门的内侧、学校文件夹或储物柜的内侧、浴室镜子上）以得到提醒，还可以考虑多复制和塑封几份索引卡，并放在不同的地方。

我们可以运用视觉型学习的策略来帮助男孩们掌握抽象的概念，也可以在他们展示某个事物的运作时教授他们新的概念。男孩们虽然语言能力有限，但是他们天生就是视觉型和空间型学习者，因此对他们而言，视觉型学习是一种强有力的辅助性教学手段。

这也是为什么电影和其他艺术形式能有效地推动男孩的道德发

展。观看一些引入并强化正直、怜悯和共情概念的电影是吸引男孩注意力的绝佳方式。你可以参考迈克尔·古里安撰写的 *What Stories Does My Son Need?* 这本书，是为不同年龄段孩子推荐的电影和书籍清单，并且带有注释。书中还有针对每部电影和书籍提出的问题，你可以根据这些问题与你的男孩展开对话。

另一个视觉型学习的有效方法是艺术。许多经典的绘画和雕塑都蕴含着丰富的视觉表现，这些可以刺激男孩的大脑，并教授他们信仰、历史、文化和情感等重要概念。例如，埃玛钮埃尔·洛伊茨（Emanuel Leutze）在1851年创作的《华盛顿穿越特拉华州》（*George Washington Crossing the Delaware*）就是一幅可以用来讨论美国独立战争、暴政和贵族的画作。爱德华·蒙克（Edvard Munch）的画作《呐喊》（*The Scream*）可以用来讨论恐惧和焦虑，因为画中血红天际线下惊恐扭曲的人像是不错的讨论素材。米开朗基罗创作的雕塑《圣母怜子》（*Pietà*），展现了玛丽亚抱着受难后的耶稣的景象。借由它，不仅可以与孩子发起关于宗教的讨论，还可以进行关于苦难、父母亲情、爱和牺牲的对话。

空间型学习

男孩也是空间型学习者，当他们全身心投入一项任务中时就会取得成功。男性的大脑天生就更擅长理解空间关系。这一天赋也解释了为什么探索者和爱人者擅长拼装乐高积木和搭建林肯积木，以及为什么普遍来说男孩更能在数学和科学方面取得成功。因为这些科目涉及大量的问题解决、模型建立、动手实验以及配平方程式等技能。不论何时，只要我们能将学习设计成以空间概念为导向的作业，男孩就能从中受益。其中一个巧妙的例子就是给男孩布置一份建立模型或搭建立体模型的任务，并要求他们配上解释说明，而不只是简单地让他上交一份书面报告。当然，我们并不是说男孩不该学习写作和发展其他与空间技能无关的能力，只是这些被大多数学校环境采用的学科设计其实更适合女性大脑的自然取向。因此，我们只是建议：为了男孩的发展，他们学习的天平应该加入更多的空间型和视觉型学习以达到平衡。

空间思维必须成为基础教育（幼儿园至高中）阶段的基本组成部分，以帮助男孩取得成功。然而，由于许多教育工作者是女性，因此她们在空间学习和问题解决的课程计划上需要多费些心思。

六年级学生达伦很喜欢上课时在黑板上做数学练习。老师把全班同学分成两队进行比赛，看谁可以先解出方程式。比赛过程中，老师坐在教室后面，大声宣布方程式并为每位参赛选手计时。如果有一方选手抢先算出正确答案，就可以为自己的队伍累积分数。这一策略十分适合男孩，因为它呼应了男孩的空间导向思维以及对竞争的渴望。

不论是要教导、抚育、训练，还是要辅助视觉型和空间型学习者，我们都需要考虑到男孩在语言表达上较女孩弱这一事实。要理解这一点，就想想应该如何教育、抚育和训练有听力障碍的孩子。当你说话时，空间型学习者听到的可能是一串没有意义的声音信息，就像第6章里的普尔曼女士，满嘴"哇啊、哇啦、哇呜、哇哦"。空间型学习者需要"眼见为实"的学习方式，通过视觉刺激才能沉浸其中。男孩们的学习往往更全面，而当他们被要求按顺序学习时会尤为吃力。这就是为什么阅读、拼写、基础数学和写字这些科目往往让男孩们头疼不已。以下是一些帮助男孩通过空间型学习在学校和生活中取得成功的技巧。

- 在老师和父母教给男孩一个新的概念时，可以请他闭上眼睛并在头脑中想象一下。
- 教男孩在看到每个标点符号的地方闭上眼睛，并在脑海中重现刚才所读内容的画面。
- 在学习单词拼写时，请男孩回想单词的样子并发挥天马行空的想象对字母进行联想。请他边看图片边将图上的单词倒序拼出。如果他能倒序拼单词，就能正序拼出单词。
- 帮助他发挥想象力，从而让一节课或一项作业变得更有趣。他能将这些信息资料绘制成图表吗？他能把它画出来吗？能不能编出一个故事并讲出来？
- 如果他在背记数学基础知识（如乘法表）方面有困难，那么可以请他试着画一幅图将他认为最困难的部分表达出来。
- 建议他用视觉方式来构建论文的大纲。制作思维导图，或者画出图片并通过移动图示来组织信息。此外，还可以尝试借助思维导图工具软件来帮助他以视觉型的方式厘清思路。

体验式学习

　　除了上述视觉型和空间型学习，男孩还可以通过实践来学习。在亲身体验和动手实践一项任务、技能或概念，且谈论他们所学的东西后，他们就可以获得最好的学习效果。从这一角度来看，男孩是体验式学习者。对他们而言，通过实践才能出真知，才能真正积累经验。男孩对生活中大部分课程的学习都来自实践和体验，而不是听别人告诉他们。亚里士多德曾说："对于那些我们学了才能做到的事，我们得边做边学。"

体验式学习是"自然的学习方式"，它是"通过对生活事件的直接参与而进行的教育"，它是由对生活经验的思考和反思而进行的学习。体验式学习强调的是参与者与教学材料之间的互动和接触。

这对男孩而言至关重要。我们常常将男孩视为冥顽不化或者固执的人，但其实对他们而言，记不住事有时是因为没有得到机会去进行实验，或者没有得到机会去解释自己的经历。

为了辅助男孩的学习和成长，父母和其他照顾者需要把自己的角色看作体验式教育者。体验式教育者的责任是安排材料、环境和事件并促成男孩与它们的互动，期待以此能带来有意义和持久的学习体验。

如果一位橄榄球教练每天只是在教室里与队员高谈阔论橄榄球理论，那么你觉得这样的练习方式能否有效呢？答案是否定的。教练需要让队员从重复性的练习中学习他们所需的技能。如果你观察过成功教练的做法，你就会发现他们只会在赛后及训练间隙和球员交谈并讨论活动的各个方面。一旦比赛或练习开始了，他们就会发挥"沉默是金"的美德，退居一侧，用活动体验来进行教学。

你能从中看出这和典型的教室教学有何区别吗？教师的主要目标是传授知识，因此他们的角色通常被认为是以口头指导和布置作业的方式向学生传达信息。试想，如果学校能更多地进行体验式教学，那么课堂将会多么适合男孩啊！

对于父母而言，体验式学习可以真正改变他们养育男孩的方式。与其试图口头传达父母想让孩子知道的每一件事，不如将精力放到创造一些教育机会上，让生活环境成为他们的老师。

如果现实生活的情况不适合教授某些特定概念（或由于某些原因不合适），那么你还可以进行角色扮演，这个方法总是奏效的。例如，当我（戴维）的儿子们处在探索者阶段时，我通过角色扮演向他们介绍了什么是"合适的身体触碰"的概念。我和儿子们玩了一个角色扮演游戏，扮演遇到有权触碰他们身体的成年人（比如父母和儿科医生）和无权触碰他们身体的成年人出现的不同情况。我还用他们最喜欢的毛绒动物玩具和家里的宠物狗做示范，告诉他们哪些身体部位属于隐私，不能让别人看见或触碰，也不能同别人分享。我们还用毛绒动物玩具来表现一些身体被不恰当触碰的情况，并预演了在这样的情况下孩子该如何向可信赖的成年人倾诉发生了什么事。这些小剧场的结尾都是可信赖的成年人关爱着孩子们，并称赞了他们说出事实的行为。

对于年龄很小的男孩，与其口头批评或给他们建议，不如利用角色扮演和给予反馈这一有效工具作为指导。在角色扮演中，可以请男孩扮演自己，然后转换角色去扮演同伴、父母、老师或者其他成年人，越戏剧化或者越有"角色感"越好。男孩可以通过这种方法学到一系列的概念。

对于青少年来说，体验式学习是引入新概念的重要手段。例如，男孩可以在工作和劳动中学到金钱和财产的价值。如果你想教会他们关于金钱的知识，那么他们在正式找到第一份工作前就要有机会早早地开始打工挣钱，学习如何储蓄、安排消费和奉献社会。

如果你想教会他们关于贫穷和特权的概念，他们就要有机会亲眼观察。你可以通过参加旅行或者外联活动让他们获得关于文化差异的第一手经验。

在卡特 10 岁的时候，他的父母并没有空谈"无家可归"这个议题，而是径直带他去了当地的流浪者收容所，那是一个为无家可归的人或家庭提供食物和住所的非营利性组织。家人带着卡特为那些住收容所的家庭送饭，并且作为志愿者在收容所过了一晚。他们还通过远足来为这个组织筹集资金。想想你这样说过多少次或者听过其他成年人这样说过："非洲有很多孩子都吃不上饭，而你没有吃完盘子里的食物，这多浪费啊！"这种说辞只会让男孩感到羞愧，却无法真正帮助他理解饥饿的痛苦。

作为男孩的父母和导师，我们需要少说话、多做事。我们需要停止说教，应该让他们接触一些就发生在身边和所在城市的人、事、物，这些将向他们传递我们所希望他们拥有的价值观。在每次体验之后，可以问你的男孩与这次经历有关的问题，也可以鼓励他向你提问。请记住，大多数男孩都不是语言高手，而且他们也需要一些时间来归纳问题的答案并表达出来。以下是一些让你的男孩参与体验式学习的建议。

- 报名参加当地流动厨房（施餐处）的送餐活动。
- 去城中村或其他国家旅行。
- 当你的朋友或家庭成员身体欠安时，可以请你的男孩和你一起煲汤，并将汤送到他们手上。
- 请他为全家人选择一项慈善事业并参与其中，或者挑选一个他愿意为之努力筹款的团体。

● 在他第一次撒谎或偷东西（他可能会这样做）后，让他经历忏悔、改正错误和恢复关系这一系列过程。

● 为了提升他的领导力，可以请他和你一起创作一个电影、戏剧剧本或设计一个游戏、活动，创作完成后可以和家人一同表演或录制。

电影《真情电波》中有一个很好的体验式学习场景。这部电影改编自美国南卡罗来纳州一所高中的一名橄榄球教练和一名绰号为"收音机"的有智力缺陷的学生的真实故事。"收音机"的事迹改变了这个社区。"收音机"对橄榄球充满了热情，下午时他常常推着一辆购物车在球场外徘徊，盼着能看见橄榄球穿入球门。

电影中有一个让人揪心的场景：教练哈罗德·琼斯来到橄榄球训练场时发现球员们竟然把"收音机"绑进一个储物棚内，从棚外朝里扔球折磨他。琼斯教练喝止了他们的行为，并为"收音机"松绑。随后，他质问球员们："有谁要解释一下吗？"

男孩们都沉默地站在那里。教练等了一会儿，说："告诉你们的爸妈，明天的训练会晚些结束。"

接下来的一幕以男孩们在球场上跑圈开场。他们跑了几小时，直到筋疲力尽。这就是我们所介绍的体验式学习概念的完美写照。

首先，琼斯教练明白要想让这些年轻人承受自己行为的后果。在他为"收音机"松绑后走到棚外质问球员们时，可以看得出他怒火中烧。然而，他的回应方式并没有因为自己的怒气或者球员们的无动于衷而改变，他并没有开始关于虐待或欺凌的慷慨陈词，他甚至没有立即管教他们。可能是因为他意识到立即进行惩罚是源自自己的愤怒，这样一来球员们可能会认为是因教练的怒气而受罚，而意识不到自己行为后果的严重性。他只是简单地说了几句话就离开了，然后让体验成为他们的老师。

体验式教学通常包括三个阶段：准备、参与和处理。家长需要注意的两个部分是前期的准备和事后的反思时间，而中间的"参与"会自然发生，无须顾虑太多。通过设置让男孩体验学习、成长、冒险、成功或失败的情境，我们为他们创造了自我教育的机会，他们就能在从数学到道德等各个方面给自己上重要的一课。当生活是他们的老师时，男孩的学习效果最好。

给养育者的提示

通过实践一些针对男孩独特学习风格的具体策略，我们可以为他的成功做好准备。以下提示可以帮助你思考，并为你的男孩量身打造合适的学习方法。

↘提示 1：少说话，多做事

对男孩来说，这个原则可以运用在很多事情上，比如打棒球、遵守纪律和学习代数等。

↘提示 2：促进主动的动觉学习

因为男孩是触觉和动觉型学习者，所以当你的男孩还小的时候，可以在家里放满像乐高积木、林肯积木、磁吸积木、拼图、弹珠滚动轨道和其他搭建工具等玩具。随着他的成长，可以为他寻找与其年龄相适应的玩具、游戏、材料和辅助用品，来帮助他积极主动地参与学习、实验和创造。同时也要确保有足够大的空间来让他舒展身体和锻炼大肌群运动技能。

↘ 提示 3：安排好他的暑假

待他进入发展的第三阶段（独立者），就要给他的暑假安排一些指标任务了。因为这个年龄段的男孩还不够成熟，无法很好地安排自己的时间。你的男孩很可能想在电子游戏和其他电子产品上花很多时间，但重要的是要拓宽他的视野。哪怕 9 岁的他因为年龄太小还不能找工作，他仍然可以通过做一些零工散活来了解工作的价值并赚些零花钱。利用指标任务来帮他规划一天的活动也是个不错的选择。比如，安排他每天应该花几小时参加户外活动、几小时看书、几小时做家务。在遵循一些普遍准则的前提下，他可以安排这些事情的先后顺序，也可以灵活地选择户外活动的类型和读什么书。

↘ 提示 4：带他体验生活

如果年龄太小的男孩也想工作，那么可以去做所谓的"免费工作"，即利用暑假去做志愿者，进行体验式学习。很多夏令营都提供针对小学高年级和初中阶段男生的咨询培训项目，或者以家庭为单位去做志愿者。

↘ 提示 5：计划家庭电影之夜，轮流选择电影

电影结束后，花 15~30 分钟谈论电影内容。轮流选择电影会给男孩一个贡献点子的机会，而观影后讨论可以与视觉型学习联系起来。关于如何选择好的、适合孩子年龄的电影，你可以参考迈克尔·古里安所著的 *What Stories Does My Son Need?* 一书。

↘ 提示 6：提升参与度

请他选择一个自己热衷的组织或事业，并鼓励他立下为此服务一年的承诺。服务方式包括参加志愿活动、教育活动或筹款活动，以唤起他人的关注。

↘ 提示 7：使用提醒卡

与其在每个具体的任务上反复耳提面命，不妨尝试在家里不同房间放置提醒卡或图表，然后只需要简单地提醒他查看厨房或浴室里的卡片。如果能成功完成任务他就会获得奖励，反之则是小惩罚。

↘ 提示 8：让他体验自然后果

记住，在他承担自然后果后，你不再有说教义务。试着让体验来教导他，不必再添油加醋。

↘ 提示 9：在他的学校做志愿者

抽出时间制作更多的视觉辅助教具或准备体验式学习的实践，

也可以大方地让老师知道你有兴趣帮忙让教学环境更适合男孩发展。例如，如果他在课堂上即将学习关于埃及的课程，那么你可以询问老师是否能让你帮忙提供一些学习材料，比如可以让男孩们自己动手制作金字塔模型套件。

↘ 提示 10：示范服务

考虑在利用春假、秋假或夏季旅行时，全家一起参与一个外联活动。这可以让男孩看到你对服务他人是多么重视，以至于会利用自己的休息时间来做这些。

第 8 章

"坐着别动！集中注意力！"

不久前，我（斯蒂芬）收到了妻子希瑟发来的一段情绪激动的语音留言："这些臭小子们简直了！你快给我回电话！我不是在开玩笑！"

她听起来满腔怒火，于是我深吸一口气，回了电话。当她接起电话时，她正在儿子房间旁的浴室里以手撑地跪着。

"你猜猜我在做什么？"她问，"我在清理我们儿子制造的烂摊子。"

"你还好吗？他们干了什么好事？"我问。

她告诉我，在她听到浴室里的骚动后赶忙过去查看，结果发现里面都是水和排泄物，儿子们拍着水花大笑。她愤而将儿子们送回他们的房间，也让她自己冷静一下。

"我走进浴室发现，那三个臭小子又笑又闹地在踩水花，水是从马桶里满溢出来的。"

我禁不住扑哧笑了出来。

希瑟生气地说："这不好笑。"

"对，当然不好笑。"我尽量用富有同情心的声音回应道。

当她质问三个男孩时，才知道起因是其中一个男孩出于只有他自己才知道的原因将一条毛巾塞进了马桶。马桶被堵后，没过多久我们的大儿子去"上大号"。当希瑟问他"当时难道没有看到毛巾吗"时，他回答："看是看到了，但臭臭还是要拉啊！"根据希瑟的猜测，我们的小儿子显然不仅看到了事情的全过程，还怂恿了这一切。

当时是一月中旬，被寒冷潮湿的天气困在室内好几天的男孩们都憋坏了。祸不单行，这一天还发生了很多事情，可谓"高潮迭起"：一个儿子的脚趾差点儿骨折，并去看了医生；另一个儿子在午睡时将床单扯出来，并把床垫蹬下了床。遍地狼藉，可悲的是这一切并不陌生——这些事常常在我们家发生。当被困在室内时，我家的三个"困兽"就会积聚一种能引发混乱和破坏的能量。还记得动画片《乐一通》（Looney Tunes）里头脑简单、四肢发达的"大嘴怪"（Tasmanian Devil）吗？乘以三就是我们家。

那天晚上，希瑟和我聊天时说："你听说过有个父亲和孩子一早醒来发现妻子也就是孩子的母亲不见了的故事吗……现在我能明白了。"她并不是在说妻子和别的男人私奔的故事，而是说她能理解那种想远离三个"混乱制造机器"并从乱局中抽身的想法。

这个故事不仅是和男孩共同生活的现实缩影，也可以反映出他们对运动的需求，以及他们调皮捣蛋的倾向，特别是"久在樊笼里"或被要求长时间坐着不动的时候。哪怕大多数学龄男孩已经学会了"坐着不动，集中注意力"，但这些需求和倾向不会消失，静坐不动对他们来说也并不是好事。

事实上，这还可能对他们造成伤害。在学校里，年纪较小的男孩会不安分地扭来扭去，年长些的男孩则会变得叛逆和喜欢对抗。

事实上，学校的一些要求与他们的天性相悖，这样的学习环境对男孩来说是种挑战。

统计数据表明，在特殊教育班级里有学习障碍的学生中，男孩占了 73%。这个数据比你想象的更严重，却带有更强的主观色彩。如果学习障碍是以诊断标准来判定的，那么男女之间的性别差异并不明显。然而，哈佛大学研究人员纳斯利·A. 巴迪安（Nathlie A. Badian）博士发现，当评判者变为教师时（无论是普通教育还是特殊教育领域），被判定为学习障碍的男孩数量是女孩的两倍之多。

这一问题不仅反映在特殊教育领域。高中男生的学习投入程度往往低于同龄女性，而且他们在高中毕业后继续接受高等教育的可能性也较同龄女性小。"30 年前，男性占本科生总数的 58%，但时至今日他们却成了少数，只占 44%。"美国教育部前部长玛格丽特·斯佩林斯（Margaret Spellings）说："……不断扩大的成绩差距对经济、社会、家庭和民主影响深远。"

在小学教育阶段，男孩在阅读和写作方面的表现往往不如女孩。例如，在 2002 年美国国家教育进步评价（National Assessment of Educational Progress，NAEP）的写作评估中，不论哪个年级都是女孩成绩优于男孩。而男孩往往在发展早期就显现出行为问题的迹象，这令人摇头的学业表现往往和较高的辍学率与青少年犯罪率相关。"2004 年，16~24 岁的男性中有 12% 在高中辍学，而相对而言，女性只有 9%。虽然男性约占总人口的一半，但他们却占了这个年龄段辍学人数的 57%。"

这些统计数据只展现了值得警惕的冰山一角，说明了男孩在学术环境中的状况。在芝加哥进行的一项始于 20 世纪 60 年代的研究表明，"在一年级学业表现被评估为中下或严重不佳的男孩中，将近50% 的人在 10 年后都报告自己出现了严重的抑郁症状"。

对男孩有弊而无利的现代教育模式

就如我们所见，大多数学校的课程设置并不以帮男孩发挥潜能和优势为目的。事实上，这种情况对男孩有弊无利。

- 大多数学术环境都高度依赖书面和口头表达，而这两方面通常是女孩的强项，她们能获得更高的分数。
- 下课铃每隔一段时间就响起，这要求只能专注于一件任务的男孩快速切换模式：迅速走到储物柜旁，思考下节课需要什么物品，然后将心思转换到完全不同的科目上。这往往是男孩的梦魇。
- 在课堂上，男孩被要求端正坐好不乱动，并长时间保持全神贯注。
- 小男孩一天中最多只有两次自由休息时间（往往只有一次）。在他们长大一些后可能会有体育课，但并非每天都有，更何况未必恰逢其时可以让他们燃烧过多的精力，然后在余下的一天都好好坐着。

这种已经沿用了 100 多年的教育模式就是所谓的义务教育。如果你对教育史有过一番研究，就会发现义务教育的模式脱胎于工业革命。学校的日程安排和结构（包括每天上学的时长、一节课的时长等）都是为了培养在工厂里工作的优秀工人而设计的，而不是为了培养学生。这些设计也并没有将孩子的认知和情绪发展考虑在内，并且和男孩的大脑发育缺乏关联；相反，假如这些设计考虑到男孩的大脑发育，那么每天就该有四节体育课，男孩每周只需要在学校待 3~4 天，每天只待 4~5 小时。男孩将利用其他不上学的时间参加实习或当学徒去学习和实践所学的技能。

解决之道

有一点毋庸置疑，那就是如果我们想更好地培养、教育男孩，就必须做出一些改变。不过，我们并不一定要全盘摒弃现行的教育制度。我们可以在现有的教育制度中开辟出一条帮助男孩的可行之路，但这离不开父母和教育者的通力合作。

让家校密切合作的方法之一，是了解男孩独特的学习情况。这并不一定需要在找学习专家进行正式测试上斥巨资。尽管当你有任何关于学习障碍的顾虑时的确应该这样做，但是你还有一些既简单又实惠的方法，如从幼儿园阶段起，每次家长会都提出好问题和做好笔记。一开始，你可以先提出这样的问题：

- 他是否有注意力难以集中的问题，是否有与其年龄不符的冲动行为？
- 他看起来最喜欢什么科目？
- 你认为他有哪些表现突出的领域？
- 他喜欢合作还是独自完成任务？
- 他在一天的哪个时段更能投入学习，是上午还是下午？
- 他是一个喜欢讨论解决方法和想法的外部信息处理者，还是一个偏爱先想清楚再分享想法的人？

在美国，从幼儿园开始，每位老师都有一个基础教学检查表，用于评估孩子是否达到了不同教育阶段的目标，以及是否和其他同龄孩子的发展相当。你可以向儿子的老师询问这个问题，并请老师给你坦率的回应。虽然老师们未必都接受过诊断学习障碍或发展障碍的培训，但他们拥有丰富的教学经验，可以让你深入了解哪种学习方式对你的儿子最有利。如果发现你的儿子有学习或行为方面的问题，老师可能就会建议你和学校的教育顾问见面，或者进行心理或学习能力的测试。

父母、教师和学校之间相互支持是提升、改善现有教育制度的另一个方法。对父母而言，这意味着当儿子对教师、学校行政人员或政策持反对意见时，不要跟着他起哄。作为父母，如果你不认同课堂上发生的一些事，那么你可以带着好奇心和求知欲去和老师谈谈，而不要预先带有主观判断。如果你无法和儿子的老师有效交流，那么你可以试试邀请校长加入对话。

最近，我们当地的公立学校系统提出了统一着装的规定，要求男生穿卡其色或藏青色的裤子，或可以扎皮带的短裤；女生穿裙子，上衣是指定颜色的有领衬衫且必须塞进下装里。可以想象，这一规定既有人支持也有人反对。当地报纸《田纳西人报》（*The Tennessean*）在开学前一个月刊登了一篇文章，其中援引了一些学生和家长的意见和对新规定的回应。

第一个家庭中的母亲说，她准备让孩子自主决定是否要穿校服，并且就算儿子不愿穿，她也不会让学校惩罚他。而第二个家庭则选择创造一个有教育意义的机会，带着儿子为当地一家福利机构做义工，去服务那些负担不起学校要求的人——接收衣物捐赠，分拣、挑选衣服，以便机构能提供符合标准的衣服给需要的人（如那些买不起符合公立学校着装标准的新衣服的家庭）。

真是天差地别的回应！我猜，在听到自己要舍去喜欢的牛仔裤和 T 恤而换上新卡其裤、有领衬衫，还要扎皮带上学时，第二个家庭的男孩是不会欢呼雀跃的。但这不重要，因为这就是规则。既然是已经决定了的学校制度，那么为什么还要反对呢？这样的立场怎么可能对你的孩子有利呢？

另一件需要父母们记住的重要的事是，尽管在校外你可能是最了解儿子的人，但在教室内老师才是最了解他的人。孩子们在不同的权威面前和不同群体中发挥的作用和角色也不尽相同。我（戴维）还记得第一次参加家长会时，我女儿的幼儿园老师说我那羞怯内向的女儿在教室里最喜欢做的事情居然是跟着卡拉 OK 唱歌。作为父母，我们可能无法知道孩子在不同权威面前会发展出什么样的能力（不论这能力是好还是坏）。

对于教师和学校来说，为家长创造友好、方便和有意义的机会来辅助男孩的发展是十分必要的。这些机会包括举办诸如"家校开放日"、艺术展、戏剧或音乐剧表演、社区活动和公开会议等活动。举办这些活动有助于学校成为社区活动的中心。此外，学校还需要邀请专家来为教师和父母授课，讲解男性的发展和学习有何不同之处。许多学校还会通过一系列举措（如让父母可以更方便地在网上查询成绩，随时和父母沟通学校活动和事件安排，以及为教师和父母创造公开对话的论坛），朝着方便家校沟通的方向发展。这些都能让男孩从中获益良多。我（斯蒂芬）的一位朋友是六年级的语言艺术教师，他会定期在博客上写文章来让家长和学生了解上课情况。博客上有一个专门的板块用于让学生聊天，家长们也可以在上面就课堂内容进行互动。

尽管有研究表明，男孩（和女孩）在同性学习环境中会有更高的成绩，但这些环境并不是男孩能获得成功的唯一场所。许多男女同校的学校都在尝试在特定年级或特定科目以同性课堂的方式授课。

最后，教育者还必须明白，男孩有着健康的体魄，并且会时不时地表现出攻击性。因此，教师可以将课堂环境调整得对男孩友好一些，以适应男孩发展的特点。以下是关于如何调整的一些建议。

- 教师可以在教室里四处走动并活跃气氛。
- 清理教室。过多的图表、海报、物品或快速移动的图像都会使男孩分心并过度兴奋。良好的照明条件至关重要。
- 不论何时，只要有可能就尽量将学习变成游戏或竞赛。
- 为男孩推荐适合他们的书籍，并向他们介绍男性作者。
- 让男孩将他们喜爱的电影中的一个场景或自选一项体育赛事写成日志，要是让他们组队表演出来就更好了。
- 为男孩创造起身活动筋骨的机会。
- 体力活动和运动不仅可以释放他们积聚已久的男性能量，还能活跃他们的大脑，为学习做准备。
- 允许男孩在合适的时机站起来，或是用非写字的手捏住小物件（如橡皮泥或压力球）。这能帮他们在常规的休息状态中激活大脑。

- 考虑在某些作业、项目或科目教学中使用单一性别策略，让男孩和女孩分开进行这些学习。
- 确保生活经验和价值观成为大部分学习内容的中心。使用与多元化、人际关系、领导力和服务有关的书籍进行教学。分享介绍同情心、共情和正直、诚信这些概念的书籍和影视片段等。
- 让男孩们阅读连环画和漫画书。为他们指定一些科技与机械主题的书籍，以及一些刊载在汽车、航空航天或滑板杂志上的文章，让其阅读。
- 邀请学校辅导员或心理学家加入课程的设计开发。
- 尽可能将艺术、体育和学习相结合，也可以利用音乐这一强大的工具。尽可能进行体验式教学，例如，在物理课上进行大受学生欢迎的"高空坠蛋"[①] 或"鸡蛋弹射"[②] 实验。

管教与引导双管齐下

当男孩行为不当时，我们强烈提倡让他体验"身体后果"。这里所说的让男孩体验"身体后果"并不是对其拳脚相加，而是让他们进行体力活动，包括让他们拔除杂草、搬动木柴、整理车库、清扫车道、捡树枝和废弃物，或者做俯卧撑、仰卧起坐和开合跳。

有一位母亲在汽车后备厢中常备着一件反光马甲、一包垃圾袋和一沓家庭生活杂志。如果她的儿子行为不当，她就将他载到一

---

① 核心任务是设计一个保护装置，使鸡蛋能安全地从高空坠落且不碎。——译者注
② 测试不同的发射装置并努力将鸡蛋／蛋形玩具发射得更远。——译者注

条乡间小路上，让她的儿子沿路捡垃圾，而她则将车停在路旁，阅读车里的那些杂志。如果他没能装满一个或两个垃圾袋，就不能回到车里，而垃圾袋的大小和数量取决于其不端行为的严重程度。一位父亲采取的方法是，让儿子像部队的军人一样跑圈，或是做俯卧撑、仰卧起坐，然后替被他的言行伤害的人做家务或承担责任。例如，如果弟弟被他的言语伤害了，而原本弟弟当晚需要负责将餐具从洗碗机里拿出来并布置餐桌，那么这个男孩就要替弟弟做这份工作，以弥补和修复他们的关系。

如果你是一位单亲母亲，或者你的丈夫对育儿工作撒手不管，那么我们建议你向一位男性家庭成员（如祖父、叔叔或舅舅），或者导师、教师、教练等人求助，请他们在某些男孩需要管教的环节帮忙监督。我们曾听一位母亲和我们讲过教练对她儿子说的话："如果你们在场外不能像一个真正的男人那样尊重你的母亲，那么你们就不能上场打球。我会每周请你们的母亲给我一份报告，而你们是跟团队一起练习还是绕操场跑圈，甚至将来能否穿戴整齐地参加比赛，都取决于你们母亲的报告内容。如果你没有在这方面下功夫，就没有机会上场训练或比赛。"对于那些十分在乎运动的男孩来说，在团队训练时独自跑步或比赛时坐板凳是很严重的后果。

不过，这个建议也有需要注意的地方。将男孩的运动训练或体育活动当作管教手段往往是错误的，我们很少提倡这样的做法。男孩迫切渴求其中的竞争、友情和活动。因此，一旦这些被剥夺，他们的行为往往只会更糟糕而不会更好。

出于同样的原因，我们建议调整管教方法，以符合男孩空间型学习和体验式学习的特点。我们在传达指令或传递信息时也要符合他们的天性。除了我们提过的让事物视觉化、空间化及具有体验性外，我们还推荐利用男孩天生对活动的渴望，在他们参加活动时进行教导。

一旦男孩渡过了最初的两个发展阶段（探索者和爱人者），我们和他们之间的最佳对话就都将在活动中开展。年纪较小（约8岁以下）的男孩在运动中可能会失去谈话的方向，但是年长些的男孩会在这样活跃的情境中大有收获。一旦他们进入独立者或更高的阶段，他们可能就会感觉到眼神接触时产生的压迫感，因此可能更偏好于并肩而坐或在活动中进行交谈。我（戴维）在和男孩们的咨询中，一些最有价值的对话都发生在办公室以外或者办公室地板上，比如，在楼后空地扔橄榄球或投篮、席地而坐下国际跳棋、玩"叠叠高"或"异形积木"。

我们的一位好友决定带儿子去森林里共度周末，顺便好好跟儿子谈谈进入青春期后他的身体和情感上将发生的变化，即我们之前说过的"鸟与蜜蜂谈话"。他们在森林里租了个小木屋，然后整个周末就在钓鱼、划独木舟、远足和一起做饭中度过。在他们一起做一项活动时，常常会谈及一两个概念。整整一个周末他们都在交谈，但不是那种大眼瞪小眼的尴尬"谈话"。这位父亲深知和儿子对坐在桌前谈论这些话题的做法，对他们中的任何一方来说都行不通。

我们和男孩相处时越积极主动，成效越好。如果我们能更多地将他们的道德、情感、智力和精神发展寄托于活动、运动和体验上，他们就能更好地接受。如果我们想培养他们的性格，促进他们的道德发展，训练精神上的敏感度并照顾他们强烈的生理需求，就需要提前做好计划，从他们的需求出发，打造一个有助于提升参与度、便于管教和指导的环境。然而，太多的家长、教师和教练所提供的指导都是建立在当下的反应而不是提前计划的基础上的。

如果男孩言行不当或进行反抗，这时并不是教育或者适合他们学习的时机，而应该将他们召集起来，调整方向并进行管控。对男孩而言，最行之有效的教育和指导时机是在体验式教学之前或之后——"之前"是指在计划的时候融入教育理念，"之后"则是指在反思体验的过程中进行指导。

给养育者的提示

正如我们一再强调的，男孩所需要的学习和信息处理方式通常和女孩有所不同。以下这些建议有助于你思考如何帮助你的男孩成功。

↘ 提示 1："身体后果"

列出一份劳动清单，便于你需要凭空想出"身体体验后果"时使用。经常更新这份清单，随时添加新项目。

↘ 提示 2：言简意赅

教师或父母的用词越多，男孩无法理解的概率就越高。男孩对符号、图片和体验反而更受用。此外，请尽量将口头指示控制在一分钟以内，确保不要接二连三地下达指令。

↳ 提示 3：保存好笔记

你可以将对儿子学习过程中的了解列成清单，并将这些年来从老师那里收到的反馈记录下来，从中分析并找出他的优势和不足之处。

↳ 提示 4：让他动起来

使用在运动中教学的方法让男孩在更宽阔的空间中做事，因为他们需要足够的空间来学习。计划一些让他们动起来的活动，并将你想让他学习的主题作为活动的中心。如果你们之前的大部分互动都是被动采取的反应式互动，那么你需要重新考虑并尝试提前计划。

↳ 提示 5：引导他的大脑

心理学家芭芭拉·格林（Barbara Green）说："成年人的工作就是作为青少年体外的额叶，因为青少年是非常容易受情绪波动影响的生物。"因此成年人需要准备好通过帮他们考虑各种情况来引导他们。例如，用一些假设情境来对青少年进行启发式提问："如果你去商场闲逛，那么你的作业该怎么办？"

↳ 提示 6：协同合作

与儿子的老师协同合作，而不是和他们唱反调。向他的老师寻求建议，指导你如何更好地支持他在你儿子身上投入的心血和付出的努力，没有老师不欢迎这样的做法。

↘ 提示 7：整理好汽车后备厢

买一件反光马甲，并在汽车后备厢里准备好垃圾袋和杂志。

↘ 提示 8：动起来

计划一些适合与儿子进行交谈的活动。

↘ 提示 9：做好笔记

每次参加家长会时，都要留心做好笔记并寻找新的主题。

↘ 提示 10：竖起耳朵，然后快速行动

如果你的儿子还未满 6 岁，且当你听到浴室里传来阵阵笑声时——快过去看看！

第9章

父母养育方式对男孩的影响

在 J.D. 塞林格（J.D. Salinger）所著的《麦田里的守望者》（*The Catcher in the Rye*）一书中，主人公霍尔顿·考尔菲德（Holden Caulfield）是一个刚刚被东海岸的潘西精英寄宿学校开除的男孩。在这个以第一人称叙述的故事里，读者可以随着霍尔顿走进他的内心一窥究竟，看看其中的脏话连篇、性欲冲动、焦虑迷茫、傻里傻气，还有渴望被爱和随之产生的失望。在通过他的视角来看待这个世界时，我们可以更好地体会男孩们在挣扎着通向男人阶段的过程中的感受。

虽然让霍尔顿来代表所有男孩可能有些牵强，但就像许多文学作品中的人物一样，他是帮助我们理解男孩的一个不错的原型。霍尔顿是一个充分体会到青春期迷茫的高瘦少年，他只是在努力维持自己的生活。在他被学校开除后，霍尔顿来到了纽约。在那里，他制订了计划并尝试着解决问题，却越活越郁闷。他常常将批判他人和说服自己变得冷漠作为应对郁闷、失望的方式，同时也时时自省、乐于助人并满怀希望。

在小说临近结尾时，霍尔顿与深爱着他的妹妹菲比重新开始了联系。通过他和菲比的关系，我们得以更深入地了解霍尔顿所具备的成熟和爱人的能力。他们散步到公园，霍尔顿为妹妹买了一张旋转木马的票。当他看着妹妹坐旋转木马时，他内心充满了遗憾、对亲人的渴望和喜悦之情，不一会儿他几乎快要哭了。

男孩的内心既复杂又让人迷惑，霍尔顿就是活生生的例子。他有聪明、敏感的一面，同时又愤世嫉俗、倦怠疲惫。在他的眼里，身边世界的矫饰虚伪和伪善残酷几乎令人难以忍受，但他也在同时戴上了拒人于千里之外的面具。

透过小说生动的描写，我们不难看出霍尔顿将自己内心的矛盾和幻想破灭的失落投射在周围世界里。仿佛不管他身处何方，都能找到一块画布并将男孩时代的失望挥洒其上。正因为他身上这种对自己生活的失望和矛盾情绪，霍尔顿成为男性青春期的绝佳写照。

在书中一段比较重要的章节中，霍尔顿提到自己正在被"精神分析"，最后他说："千万别跟人说事儿，说了你就会想念起每一个人。"

在前途未卜的时候，霍尔顿仍心怀希望，但他又无法忍受自己需要别人以及需要为别人付出的现实。他迫切渴望能向外拓展、走出小我，但却因为让他失望的人、事、物而身心俱疲。

失望，是许多男孩从孩提时到青春期再到青年时期面临的令他们苦苦挣扎的一大难题。大约从 10 岁起，男孩们就难以很好地应对失败。他们无法具体地形容失败的原因并找到解决办法，只好选择用失望填充自己。不仅如此，男孩比女孩更少地谈论自己的感受并更多地封闭自己。他们会回到自己的房间里踹东西，一言不发地生闷气并将自己正经历的所有情绪都隐藏起来。

如果我们没有及时采取重新引导行为、情绪辅导和关系示范等方式进行干预，那么这些习惯很可能会被他们带入成年生活中。这也是对社会和自身实施暴力的群体中男性占了很大比例的原因，以及男性在药物滥用、性成瘾、情绪暴躁、傲慢自大、婚外情和观看色情影像等方面出现问题的原因。有些没有学会如何有效地处理情感生活的男孩，在长大后便成了挣扎在各种"瘾"中的男人。

那些从未被教导过该如何应对失望情绪的男孩只好将痛苦深埋心底，将自己的弱点隐藏起来并试图弥补自己的无能。等成大长人后，他们容易在情绪上出现自我防御，或将成就表现为驱动力，或兼具以上两种特征。那些不知道如何处理失望情绪的男孩将认为其自我价值是建立在个人成就或所提供的物质上的。他们只能通过将自我价值建立在成就或行为上，以此试图建立自尊，他们对自己的成就锱铢必较。

不论是有意还是无意，这些男孩以及在成为男人后都对"自我价值是建立在他人看法之上"这件事深信不疑，因此他们会为了得到他人的认可或喜爱而心力交瘁。这种为了自我感觉良好而殚精竭虑的追求，往往会产生对外在物质和行为的需求和渴望，用于减轻难以控制的失望所带来的痛苦。这些渴望通常会转化为欲望。那些无法处理好失望情绪的男孩和男人们，最终会对性、金钱、权力、玩乐、毒品、逃避、电视、假期或其他一切能缓解焦虑的东西产生强烈的欲望。

过度保护的直升机式父母与过度控制的教官式父母

随着这些男孩成长为男人并有了自己的家庭，我们能看到他们试图弥补那些自认为有的缺点。由于他们从未学习过如何应对生活中的失落感，成家后的他们在教孩子应对失望时也会觉得力不从心，只好试图减轻下一代受到的打击。这些父母们费尽心机、不遗余力地避免孩子经历痛苦和挣扎，且他们采取的方式无非两种——保护孩子或控制孩子。然而，事与愿违的是，这两种方式都只是教会了孩子在恐惧和羞耻的基础上行事。《爱与理智：如何养育有责任心、爱心和自信心的孩子》的作者福斯特·克林纳和吉姆·费将这样的父母称为"直升机式父母"和"教官式父母"。

直升机式父母指的是他们在孩子头顶盘旋不去，并将孩子们从"不友善的世界"中拯救出来。有些直升机式父母甚至警觉过头了，他们不仅过度干预孩子的生活，甚至越过了诚信的红线（如替孩子做作业、为他们写大学入学论文，或者一旦觉得成绩不如意就给教授和院长打电话）。这些带有过分保护欲的父母被以美军的军用武装直升机命名，被称作"黑鹰"。来自美国佛罗里达州立大学（Florida State University）的迎新项目主任帕特里克·希顿（Patrick Heaton）亦将这些父母称为"绳索父母"，他说："学生们就像被绳索绑手绑脚，在没给家里打电话前都不敢做任何关于课程或其他事情的决定。"这些父母往往时刻紧盯他们的孩子，并随时准备俯冲而下，去阻挡任何可能的伤害、心痛或失败发生在孩子身上。

另一种对孩子不利的养育方式则是父母充当了军训教官的角色，这些父母指挥并要求孩子按他们的安排生活，他们会提出许多要求并将责任奉为圭臬。教官式父母会给孩子下指令，指挥他们应该如何承担责任、他们应该有什么样的感受、他们应该做什么决定以及该在何时完成。教官式父母常常会借助情感或身体上的痛苦连同羞耻感来试图激发孩子的积极性并控制孩子的态度。他们用连珠炮般的言语来威吓孩子，尽管他们有时并不觉得这是威吓。如同一位父亲谈起儿子时所说："我只是想要像培养一个男人那样培育他。"

虽然直升机式父母和教官式父母会有不同的养育方式，但往往会培养出同一类孩子。这两种养育方式——不论是在空中盘旋还是操纵控制，都无法让孩子有机会从失败中学习。直升机式父母会在孩子可能失败前就将他们救起，或者让孩子免于承受自然后果；而教官式父母则根本无法容许任何失败。因此，当今的整个社会文化都充斥着对痛苦和失望的避忌。遗憾的是，我们为了避免孩子痛苦并让他们生活得更好所做出的不懈努力可能只会适得其反，原因在于，教导我们的孩子如何应对痛苦和失败的滋味是帮助他们准备好面对生活的重要一课。

在当下这个凡事讲效率、求速度的社会里，我们已经基本上消除了各种等待时间，同时我们也致力于消除痛苦和失望。从带有即时消息功能的手机，到咖啡店、快餐店以及免下车药店服务，再到产房里的硬膜外麻醉术，以上种种发明都是为了消除身体上的痛苦或等待的"痛苦"。

然而，无论我们有多么努力，失望、痛苦和挣扎都是生活中绕不开的一部分。当我们不允许我们所爱的男孩在生活中经受失望时，我们就是低估了他们身上男人的那一面，并在告诉他们："你没用，你没办法独自面对生活。"不论我们是否有意，我们这样的言语和行动都在无形中向男孩传递了诸如"你缺乏能力或责任感"的信息。

当我们保护着男孩，想使他们免于经历生活的自然后果或异想天开地要求他们十全十美时，我们最终往往只能备感内疚和羞愧，因为这些目标对男孩而言实在难以达到。直升机式父母和教官式父母常常埋怨儿子无法好好地负起责任，但直升机式父母采取的回应却只是怨天尤人和唠叨不停，而教官式父母则是求全责备或出言威胁，举例如下。

- 我已经为你全安排好了，你现在去……（直升机式父母）；
- 我到底要说几次你才能去……（教官式父母）；
- 我让你打扫卫生，但你却从来都不做（直升机式父母）；
- 我要你立刻去把你房间整理干净（教官式父母）；
- 为什么你就是不能让我的日子好过点（直升机式父母）；
- 要是你不把成绩提上去，那你三个月都别想出门（教官式父母）。

这些话是不是耳熟能详？虽然风格不同，效果却相同。它们的效果就是打击甚至彻底毁掉男孩的自信，引发他们的羞愧感和内疚，并导致对关系破裂抱有长期的恐惧。

男孩需要什么样的父母

养育男孩最大的任务和最艰巨的挑战，就是放手让男孩自己去摸爬滚打和奋斗，这样的经历会使他们痛苦，也教会他们承担责任，学会渡过难关并提升自信。父母作为向导，应该去引导男孩应对生活中的损失和困难，让他们做好成为兼具坚强和柔情的男人的准备。父母必须想清楚物质的充裕和人格的完整孰轻孰重。我们常常见到，父母、教育者和教练将大量注意力放在规范和矫正男孩的行为上，而在品格培养上花费的力气却远远不够；我们常常见到，父母往往选择支配或压制儿子的情绪，而不是将他的情绪引导出来；我们常常见到，父母们将儿子犯错视为失败，而没有意识到犯错其实是学习的机会，他可以从中学会如何面对自己的选择产生的后果并明白生活的艰难。如果连父母都无法适应生活中的痛苦，那么很可能会培养出缺乏远见、欠缺成熟的男孩。

如果我们专注于培养男孩完整的人格，那么生活中一时的挫败就会成为一片沃土，男孩们可以从中发展出共情的能力并学会处理悲伤情绪，将希望深深扎根并积蓄力量进一步发展。诚然，看着孩子承受失败和失望的痛苦并不好受，毕竟每个父母都深爱着孩子。然而，那些看似不愿让孩子直面生活风雨的父母，其实更在意的是自己的痛苦，而非关心孩子本身。因为他们想让自己避免因看到孩子受苦而难受。父母所能做的最困难却又最有益的事情之一，就是在孩子悲伤痛苦的时候与他坐在一起，同他一起感受那份触碰心灵柔软处的痛苦。我们将在第三部分对男孩的内心世界这一问题进行更多的阐释，但现在你可以先思考以下几个方面的问题，来理解艰难困苦是如何帮男孩成长为有力量、有担当、勤恳、有洞察力和同情心的男人的。

男孩靠在逆境中挣扎来发展力量

在教授"养育男孩"课程时，我（戴维）时常邀请一些曾辅导过的年轻人到场参加最后一节课，来分享他们故事的点滴并回答在场成年人的问题。这些年，我邀请过几十个男孩，他们都乐意分享自己的生活并表露男孩的内心世界。

在困境中挣扎，可以培养男孩巨大的毅力。每一个我邀请来的年轻人都尝过苦苦挣扎的滋味。不论是被抛弃、分居、离婚、父母一方去世，或是与酒精毒品及色情内容作斗争，又或是被同龄人疏远和欺凌。这些年轻人在发言中分享了他们的痛苦经历，也展现了他们在困苦中挣扎着生活而获得的耐挫力和复原力。他们从痛苦中体验到了美，也是自我救赎的鲜活案例。我们希望孩子们能了解并相信用血泪浇灌奋斗之花的美，但又害怕他们经历这样艰辛的自我救赎。

男孩从反省中学习负责

我们对男孩学习的关心更甚于他们自己。我（戴维）曾和优秀毕业生代表、国家级奖学金获得者和其他获得过全额或部分奖学金的男孩们一起工作过，但是他们中的许多人却不知怎么在大学的前一两个学期就因成绩不佳而退学。这些年轻人就智商而言都是佼佼者，他们有着很好的认知能力，什么事情只要他们想做就一定可以做到。然而，他们却无法避免收到留校察看的警告[1]，对这个现象，你怎么看？

当我几年前辅导一名19岁的国家级奖学金获得者时，我开始逐渐理解了这一现象。这名优秀学生在大学一年级结束时收到了留校

---

[1] 留校察看是美国大学生成绩过低（即总成绩绩点低于0）时会收到的警告信。——译者注

察看的警告。有一天，他的母亲眼含泪水地告诉我："在他的各种荣誉中，我付出的努力远比他付出得多。12年来，我一直盯着他的学习，直到他高中毕业那天。等他上了大学，我却发现他几乎没有任何内在动力去激发他的主观能动性。当我没有在他身边盯着并要求他全力以赴学习时，他就选择去玩电子游戏和看毫不费脑的真人秀节目。我觉得追根究底正是我将他训练成了一个总是需要外力推动的人。"

虽然她用心良苦，但好心办了坏事。儿子被她养成了一个需要她的唠叨、她的组织能力和她的管教规范的人，而一旦不在她身边，儿子就不知道该如何激励自己。他完全不知道如何在母亲不在场时调动自己的主观能动性。

我猜大多数读到这里的父母都会信誓旦旦地说："我才不会这样呢，我不会让自己过度插手儿子的学习生活。"还有的父母可能会说："照你这样说，如果我不关心儿子的学习，家里其他人也不关心，那他自己肯定也没动力去好好学。"

不论你的回应是什么，重要的是你要明白，你的儿子必须成为自己的主人。这不仅事关他的学业表现，还关乎他的生活技能。每个男孩都需要体验到为了一件事倾尽全力并收获回报的满足感，不论这件事是他自己喜欢的还是不那么在意的。

当然，每个男孩在生命中时不时都会有感到缺乏动力和兴趣的时候，这是人之常情。此时，你不该对他抱有幻想般的期望，而应该基于他的能力对他有合理的期待，并接纳他没有达成期待时的后果。如今，美国许多学校都提供了一个在线成绩系统，父母可以登录系统并在上面追踪孩子的学习进度。我们建议你每周选定一个时间和你的男孩一起坐下来看看这些线上报告，让他给你讲解。对于年龄稍大的男孩，星期四晚上是个不错的时间，因为可以帮助他根据当晚的发现安排周末计划。这样一来，他就能在星期一有一个崭新的开始。为了成绩而将男孩关在家里学习并不是一种有效的方法，因为有些男孩内心缺乏动力，于是破罐子破摔。我们听男孩们这样说过："我的父母因为我的成绩而连续 6 个星期不让我出门，那 6 个星期对我来说就像 6 个月一样。有什么用呢？到了那时我连自己喜欢做什么都不记得了。"

请记住，没有哪所学院或大学会看重孩子在小学或中学时的成绩单。在男孩的成长过程中，在小学或中学阶段尝到失败的滋味对他们来说是有益的，他们可以从中学会如何激励自己，发挥主观能动性。不妨将这些阶段视为训练场，视为男孩练习成为自己学业主人的时机，并且利用自然后果（而不是絮絮叨叨的说教）作为灌输这一核心价值观的方法。

男孩从履行职责中学会勤勉

强迫一个孩子参与他兴趣以外的活动是一件好事。对，你没有看错。有效的育儿方式有时意味着不讨喜甚至被看不起。我们知道，当你将儿子第一次从医院带回家时，医生们并没有告诉你这些事，再加上怀抱着这个娇小、美好、熟睡着的婴儿时，你也无法理解这个观点。当他还是个初生婴儿时，你根本想不到他会成长为一个毛发浓密、情绪烦闷、一身臭气和满腔愤怒的青少年，在各种鸡毛蒜皮的事情上都要与你唱反调。

男孩在情感和关系上都比女孩弱，所以你会用媒体和运动来转移他的注意，占据他的时间。然后你就会好奇为什么他只知道做两件事——不是走神就是竞争。我们俩辅导过不少年轻人后发现，他们其实需要的只是在暑假花一两个月时间参加工作或投身社会服务。我们这里指的是劳动活动和外联活动，不管他们愿不愿意都要让他们去做。

如果你无法理解这个概念，那么可以读一读《超级礼物》（*The Ultimate Gift*）这本书或者看同名电影，这样你就能明白我们的意思了。《超级礼物》讲述了富二代贾森·史蒂文斯（Jason Stevens）的故事。当他的富翁祖父去世时，贾森原以为能顺理成章地继承一大笔遗产。但事与愿违，他的祖父只给他留下了由 12 个"礼物"（或者是任务）组成的生活速成课。"礼物"旨在用难以完成的任务让贾森接受挑战，将他送上自我发现的旅途并迫使他想清楚这个问题：生命中最重要的东西究竟是金钱还是幸福？

我们实践这一观念的方法其实因男孩而异。例如，当我们看到一个男孩在情感或人际关系上犯难时，我们可能建议他的父母在保证他的大肌群得到一定锻炼的情况下，让他有一段时间能远离激烈的竞技运动，并转而参与一些能促进他情感和关系发展的活动。与身处高度竞争性的环境相比，参加露营、远足、攀岩或骑行都可能有所帮助。

因此，我们建议父母在暑假时将男孩送去野外进行体验或是参加服务性质的项目，以此帮助他调整自己的视角或焦点。

我们还建议将男孩送去农村看望他们的亲戚，在春假或暑假用一部分时间去农场工作。

对于那些出色的男孩们，我们也建议他们的父母暗自祈愿儿子

会被运动队除名或在某次考试中失利，这样他们就不会等到大学时
才第一次品尝失败的滋味。

男孩从了解不足中获得洞察力

你需要帮助你的男孩发现并承认他的不足之处。这个说法听起
来似乎有点争议，或者和你曾听过的关于孩子自尊的一些观点相对
立，但其实这两种观点是相互呼应的。只有在遭受失败和感到无能
后，男孩才能获得智慧和谦逊。真正对男孩有益的不是对他的弱点
避而不谈，而是让他对薄弱部分多加锻炼。

电影《光辉岁月》就为观众展现了一幅精彩的画面。它讲述了
20 世纪 70 年代弗吉尼亚州一所非裔高中和一所白人高中被迫合并
后的故事。作为合并过程的一环，一位来自北卡罗来纳州的非裔橄
榄球教练取代了原本的白人教练，并开始执教威廉姆中学的"太阳
神队"。这一决定在社区中引发了巨大反响。虽然当不同种族的球
员被迫在同一支橄榄球队里并肩作战时，难免会加剧紧张气氛，但
这支球队正和更大的社区一样努力地团结起来。在赛季前的训练营
中，由丹泽尔·华盛顿（Denzel Washington）饰演的新任球队主教
练赫尔曼·布恩（Herman Boone）使球员们直面自己的不足并迫使
他们在自己的弱势领域加把劲。

在一个场景中，布恩在食堂中将一名球员叫了出来，让他对
全队谈谈他对另一名不同种族队友的了解。在这名年轻人站在那里
讲话时，布恩问有没有人自愿第二个发言，但是没有人愿意。然
后，他叫了队里的一名非裔队长和一名白人队长，结果他们也都拒
绝了。布恩说："接下来，你们每个人每天都要结识一名不同种族

的队友，去了解对方和对方的家庭，还有对方喜欢和厌恶的事物。你们需要向我汇报你们了解的结果，直到你们把所有队友都认识一遍。在那之前，我们每天做两次这样的报告。如果你们继续对其他队友视若无睹，就每天做三次这样的报告。"

教练希望帮助球员专注于弱势方面，通过练习建立更强大的球队，这是一个有意而为的明智策略。当球队在星期五晚上输球后，他们就会知道下个星期一的训练将围绕着比赛中的不足之处展开。他们可能会回看比赛录像，或者就"哪里有失误"而展开讨论。之后，球员们将利用剩下的训练时间着重改善这些薄弱之处。

布恩深知，在球员们学会场内、场外团结一致之前，比赛结果并不会有什么区别。然而，一旦团队拧成一股绳之后，差异就将反映在比赛记分牌上。

这也很好地为我们展示了教练更关注的是球员的品格培养，而不是其比赛表现。我们需要更多这样的教练，不仅能指导男孩赢得比赛，也能在输球时教导他们。

男孩从周围人身上学会共情

教你的男孩拥有共情的能力，并理解男孩在拓宽情感范围时需要你的帮助。在 *I Don't Want to Talk about It: Overcoming the Secret Legacy of Male Depression*[①] 一书中，泰伦斯·雷阿尔（Terrence Real）介绍了男孩在成长过程中情绪消沉的经历。男孩在出生时拥有全方位的情感，既生动又富有表现力。然而，随着他们不断长大，在社

---

① 书名大意为：我不说代表我不痛？克服男性抑郁症。——译者注

会环境和生物因素的共同作用下，男孩开始限制自己的情感体验和情绪表达。有研究结果表明，大多数男性都难以准确地识别自己的情绪并将其表达出来，这在临床上被称为"述情障碍"[①]。

就生物因素而言，男孩的情感调色盘中的色彩通常不如女孩的丰富。由于他的大脑结构和处理过程的差异，他难以区分自己的情绪。就社会环境而言，男孩们的情绪表达是不受鼓励的。相对女孩，人们难以接受男孩表达悲伤、受伤、孤独和恐惧等"软弱"细腻的情感。如果我们无法帮助男孩发展全方位的情感，他们就可能成长为一个只带有双色情感光谱的人——既怀有愤怒，又带有羞耻。

如果我们想好好地爱护和引导男孩，就必须有意地为他们树立榜样，教给他们共情、友好和关心等关系中需要的能力。这不仅可以帮助他们在大脑中建立必要的神经通路，还可以帮助他们的情绪发展成熟，这对他们成年后维持健康关系是必不可少的。

男孩在辨别自己的感情时也需要我们的帮助。我们可以教他们一些丰富的描述情感的词。在他们年纪尚小时就开始帮助他们用词语将自己的感受联系起来，这一做法在任何年龄段都适用。你可以说："你的表情看起来很受伤，你是不是觉得很失望？"或者说："你看起来很难过。"又或者说："我能理解你为什么现在会感到沮丧。"

男孩天生就擅长发脾气，但他们需要我们帮助他们识别其他感受。例如，当你的男孩说他很生气时，你首先要肯定并确认他的感受，然后帮他识别其他可能被愤怒所掩盖的情绪。

[①] alexithymia，心理学术语，指缺乏理解、处理和表达情绪的能力。——译者注

儿子："妈妈，教练让我很不高兴，因为他不让我比赛，我几乎没什么机会上场。"

妈妈："我敢说你现在一定很生气。他的做法很糟糕。要是我是你，我也会感到很受伤，而且可能还会尴尬，你是不是也很伤心？"

只要别让他觉得要为你的情绪负责，和你的男孩谈谈你的感受也是大有裨益的。你可以说："我当时很害怕，你呢？"或者说："看到电影里的父亲去世，我真的太难过了，你当时是什么感受？"男孩能以你的情绪分享为契机，去感受并表达自己的情绪。尽管你可能并不想向他抛出各种问题，也不想让他承担过多的情绪负担，但哪怕只是这样简单的情绪交流也能介绍一些描述其他感受的词汇供他参考。

另一个同样重要的方法是示范好奇心并要求他照做。当他为你讲故事时，仔细聆听并问一些关于他的内心世界的问题。诸如"那让你有什么感觉""你当时怎么想"和"你觉得对方有什么感受"等问题可以教会男孩内省，去关注自己和他人的感受。你也可以在和他看电影时，就其中的人物提出这类问题。这样，你就树立了积极倾听的榜样，并教会你的男孩也这样做。这是他情感发展的重要部分。

还有一个培养男孩共情的方法是在管教他时以身作则。你可以保持礼貌的语气，专注于用词语将情感表达出来，并明确指出自然后果。

儿子："我讨厌这个食物，妈妈！为什么你要做这个？"

父亲："听到你对妈妈说话这么不尊重，我很难过。现在你不能吃晚饭了，然后我们也不会一起看电视里的比赛了。因为你现在要回房间里待着了。"

儿子："不，爸爸，这样一点也不公平。"

父亲："我也很失望，儿子，我本来很期待今晚和你一起玩的。"

这种方式可以达到以下几个效果。

- 教会男孩情绪是生活的正常部分。
- 允许男孩有自己的感受，而不是将自己的情绪归咎于成年人。
- 强化并维护了成年人在亲子关系中的权威。
- 显示了父亲温柔和坚定的一面，而不是因儿子的行为大发脾气。
- 向男孩展示了父母对他的关怀。
- 向男孩表明父亲是不会让步的。管教是坚定的、严格的，也是饱含爱意的。

我们越是让男孩挣扎，就越能让他学会如何应对困境，他日后的生活也会更顺利。只有在困境中，我们的精神和情感才会得到升华。与肌肉技能相比，男孩在发展情绪技能方面需要更多的帮助。只要我们注重栽培他们的品格，他们就更有可能成为有品格的男人。作为父母和照顾者，我们需要深入地省察我们的生活，看看我们在逃避痛苦时倾向于做什么。同时，我们必须学会用语言来表达自己的情感，否则我们教导儿子时的出发点就不是爱，而是内疚、羞耻和恐惧。

给养育者的提示

让男孩学会更开放地面对自己的情感是我们真正需要帮助他们成长和发展的领域，这可以使他们最大限度地发挥自己的潜能。如果我们能在这个方面做得很好，他们就会受益终身。以下是一些提示。

↘ 提示 1：让他对小狗说"你好"

让男孩学会共情的方法之一是养一只宠物狗或其他家庭宠物，然后让男孩承担照顾狗的大部分责任。例如，让他负责喂狗，并让他知道在完成任务前他不可以自己先坐下来吃饭。不过，很可能会在某一天他先饿了，想不喂狗而先吃饭，这时你可以温柔地说："我敢打赌，小狗也和你一样饿了，它这时如果吃不到东西也会很难过。"通过养宠物来培养共情的另一个方法，是和儿子一起带宠物去看兽医，借机谈谈小狗害怕和紧张的感受，然后让儿子想想在去兽医诊所的路上、在诊所里和在回家的路上，他可以如何安抚小狗。

↘ 提示 2：别等到他上学前班再行动

可以考虑在他三四岁时送他去幼儿园。大多数幼儿园的课程涵盖了基础的人际关系结构的学习，包括分享、意识到他人需求、轮流、耐心和个人空间等，这些涉及集体生活的内容有时在家里比较难教授。

➘ 提示 3：让他面对风雨

不要遮蔽他的双眼，让他去发现生活中的苦难。正如我们提到的，服务他人是男孩学习共情的好方法。不论是在流动餐车（施餐处）服务，或通过救济机构资助另一个孩子，还是去旅行，或是参加童子军服务项目等，这些都是帮助男孩学会共情和关心他人的好方法。让你的男孩亲眼看到生活中的艰难和生命中的苦难，让他发现自己能对此产生积极的影响，此时他的内心就会和其自我意象[①]一同成长。

➘ 提示 4：不要主宰他的生活

反思并评估你对他学业表现的哪些方面存在过度插手的现象并造成了适得其反的效果，然后作出让步。为了避免当局者迷，你可以鼓起勇气去找他的班主任、你的伴侣或见识过你参与儿子学习的朋友，向他们寻求反馈。

➘ 提示 5：帮助他进行自我评价

在男孩发展的各个阶段，请帮助他列出其自身优势和不足之处的清单。帮助他先准确地识别这些优缺点，并注意观察他能否在此

---

① self-image，心理学概念，即自我认知和想象，包括对自己能力和价值的评价。——译者注

过程中进行准确判断。例如，如果他能列出 10 件自己擅长的事情，却连一个不足之处都找不出，那么他的自尊就可能有点膨胀。与之相反的情况也不好，如果他只能说出自己做得不好的事情，却找不到自己的长处，这也令人担心。常见的情况是，男孩们在真正的弱项上反而会觉得自己有优势；反之亦然。因此，你需要注意看看他的自评报告是否准确。

↘ 提示 6：提醒他的情感优势

请确保你和儿子都找到并确定了情感上的优势领域。男孩很可能只列出了自己生理上的优势（如"我篮球打得不错"），但其实他需要你帮忙识别出他在情感关系上的优势。你可以告诉他你所观察到的情况，以此来提醒并帮助他。比如，你可以说："当你姐姐在学生会竞选中落选时，你对她展现了同情心。"或者说："当雅各布没有被选进球队时，你还是能和他做好朋友。"

↘ 提示 7：不要忽视不足

你可以和儿子一同制订策略来解决他的一些不足。例如，你可以对他说："我注意到了你把 × × 列为不擅长的事情，你觉得怎么做可以使你在这方面做得更好呢？"如果他一时想不出好办法，那么你也可以为他提供一些自己的想法来为他加油鼓劲。

↘ 提示 8：心存善意

男孩会在摸爬滚打中变得坚强，这是他要承担的一份责任，认识到这一点非常重要。你要做的，就是努力使他有一颗柔软的心。

男孩难以避免要遭受生活中失望和困难的打击，因此在他经历这些磨难时，你对他最好的帮助就是给予他同情、支持和温柔以待。

⬎ 提示9：深吸一口气，然后数到10

由于男孩容易控制不住脾气，因此在你处理问题和实行管教时，保持冷静和尊重是一个上上之策。如果需要，可以使用"积极的暂停"的方法或者花几分钟或几小时来思考该怎么应对。重要的是，要避免对男孩大吼大叫或出言羞辱，因为这样做只会让局面更紧张并激怒他。

⬎ 提示10：放自己一马

人无完人。没有哪个父母、教师或教练是完美无缺的，他们也会犯错。作为成年人，他们也免不了脾气失控，用言语使男孩羞愧或是用内疚来操控支配男孩。不过，最重要的是，当男孩情绪崩溃时，一个负责任的成年人应该努力修复他们之间的关系，否则就会产生更大的情感隔阂。有一点我们必须明确：一旦成年人和男孩之间的关系出现裂痕，那么修复关系永远是成年人的职责。如果连成年人都无法放下身段，不愿低头认错，那么又凭什么指望男孩这样做呢？

WILD
THINGS

THE ART OF
NURTURING
BOYS

第三部分
**走进男孩的
内心世界**

这时候，迈克斯国王觉得好孤单，他想回到最爱他的人身边。

——莫里斯·桑达克《野兽国》

《能言马与男孩》（*The Horse and His Boy*）是著名作家 C.S. 刘易斯（C.S.Lewis）的畅销小说集《纳尼亚传奇》（*Chronicles of Narnia*）系列中的一部。故事描述了逃跑的奴隶男孩沙斯塔和一匹会说话的公马"布里"共同经历的奇幻旅途，途中同行的还有女孩阿拉维斯和她那会说话的母马"赫温"。他们带着对自由的向往，朝着纳尼亚出发。在书中，沙斯塔和伙伴们攻克了包括狮子和军队的追杀等重重难关，奋力捍卫自己的自由和尊严，因为那是他们活着的意义。

《能言马和男孩》从不同方面折射出每个男孩经历的情感和精神成长之旅，他们从童年时傻里傻气和依赖他人的男孩，成长为拥有男性威严和责任感的男人。书中大部分叙事都和沙斯塔的成长有关，旅途中他的不安全感和愚蠢想法逐渐退去，并慢慢发掘出自己的自尊感和智慧。每个男孩也都会经历类似的、危机四伏却美妙非凡的成长旅途。对他们而言，这段从孩提时期到男人阶段的旅程不仅仅是一系列身体上和社会学上的改变，更像是一场心灵之旅。这次旅行只能有两种结果：他要么确立自己的男子汉身份，要么成为一个心灵未成熟的、被困在男人身体里的男孩。

如同我们的儿子踏上从男孩成为男人的征途时会做的那样，沙斯塔征服荒野的探险既是一场对自由的追寻，也是一场从无知到智慧、从傲慢到谦卑的旅途。但是，就像沙斯塔一样，我们的男孩也无法自己孤身突破难关。尽管旅途奇妙美好，但荒野的试炼毕竟是残酷无情的。在缺乏适时和恰当帮助的情况下，男孩们可能会迷失自己，并最终如梭罗所说的"在沉默的绝望中度过一生"。

理查德第一次来找我（斯蒂芬）咨询时正值 35 岁，当时他已经结婚 8 年并有两个孩子，分别是 5 岁的儿子和 2 岁的女儿。待他坐定后，我问他因为什么来见我，他说他感觉自己快被"压垮了"。

"我的老板在工作上压榨我，我的妻子说她感到孤独，我的孩子们也不再那么讨人喜欢，常惹我生气。我觉得自己的状态很不正常，好像行尸走肉。"

我问他："你的正常状态是什么样的呢？"

"更激情饱满，感觉更自由自在，能更好地投入事务中。"

"你记得上次有这样的感觉是多久以前吗？"

理查德低头盯着他的古铜色平底鞋，手指扒着椅子扶手，沉默良久才开口说道："其实我也不清楚。小时候我喜欢打棒球。"

"我对这个挺感兴趣的，你愿意多跟我分享一下吗？"

理查德开始讲述故事，他的脸上逐渐有了光彩。"每年我最期待的就是夏天，我迫不及待地想赶快结束一个学期，然后开始棒球季。我的父亲是我们球队的教练，每天晚餐后，我们都会去后院练习接球，一直到天黑看不见球才停下。"

"听起来真不错，那你什么时候开始不再打棒球了呢？"我问道。

"大概在我七八岁的时候吧。"

"为什么？"

"我父亲离开了家。"

随着当天谈话的深入，理查德为我逐渐铺开了一个其实我在数十个男人身上听过数十次的故事：一个关于男人心灵受到伤害、迷失方向的故事。在理查德的故事里，他的心灵伤害始于8岁时父母离婚那件事。他的父亲搬去另一个女人那里，而他的母亲陷入了长达十多年的抑郁。作为三个孩子中的大哥，理查德不得不尽他一切所能来弥合这个破碎的家。高中毕业后，他逃离原生环境进入大学，并试着自己努力解决问题。

在大学时，虽然他"真心喜欢历史学"，但出于"实用性"的考量，他最终遵循了传统道路，获得了商学学位。他也在大学遇见了后来成为他妻子的贝姬，然后他们开始了约会。毕业后，虽然他们分开了一段时间，但到后来还是复合并结了婚。没多久，贝姬生下了他们的第一个孩子扎克，后来女儿埃米也出生了，理查德也在工作上升了职，他们还买了房子。

这一路走来，理查德一直做着自己最擅长的事，那就是勉强度日。他的生活可谓"一地鸡毛"，满是各种任务和责任。对于旁观者而言，理查德的日子过得不错，但他的内心感到迷茫困惑，并越来越绝望。

就像许多男人一样，理查德其实还未在旷野中真正找到自己的道路。当他转身回头时，没有任何路标为他重新指引方向。由于父亲的缺位，理查德的成长旅途中没有家族的支持，没有来自父亲的智慧、关爱和有意的指导，没有接受合适的挑战和启发，也没有值得纪念的庆祝活动。

男孩要想成功，他们就需要在一个比自身更广阔的环境里成长；他们需要有人帮助他们发现自己的天赋和不足，并学习如何对待优劣势；他们需要有人引导着完成各种试炼；他们需要温和的管教和强大的爱的力量。

即使没有这些帮助，男孩当然也能在身体上成长。他们会随着年纪增长变得更壮、更高。他们的精神和社交能力会在和周围世界的互动中得到发展。他们也具备了阅读、写作和算术能力，获得了理解能力、技术和社会生存能力。然而，就算有这些能力，男孩也未必能成功地越过荒野，成为一个真正的男人。如果他们的心灵没有得到照顾，他们就会在自我中心和不成熟的荒芜之地徘徊，而无法进入真正具有男子气概的应许之地。男孩需要有正确的价值观来对不良事物产生"免疫"，也需要接受道德方面的指导，还需要有人引导他们的精神发展。

最重要的是，男孩的心灵需要得到滋养。他们的情感需要有所准备，他们的精神也需要指引；他们得憋着一口气，不断努力。为了好好爱男孩，我们必须了解他们的性格，这样才能更好地激发出他们更优秀的一面。我们还必须理解我们作为父母和照顾者在他们生活中扮演的角色，并帮助他们找到走出这条艰险之途的办法，帮他们穿越男孩时代的荒野，进入真正的男子气概的应许之地。我们需要帮他们和他们的内心建立起联系。

那么，我们一直在说的"心灵"究竟指的是什么呢？我们讨论的"心灵"不仅仅是心里的情绪感受，还是男孩的内在核心，是他们内心深处的感受、需求、欲望、渴求和希望。男孩之所以被创造为男孩，精髓就在于他们的心灵。

在接下来的四个章节中，我们将从以下四个不同角度来了解如何培养男孩的心灵。

- 培养独特的心灵，活出心灵的深度与广度（第 10 章）；
- 母亲与儿子的相处模式（第 11 章）；
- 父亲与儿子的相处模式（第 12 章）；
- 给男孩的成人启蒙（第 13 章）。

在这些章节中，我们会用粗线条去描绘男孩的内心。因为每个男孩都是独特的创造，所以我们既不能也不该只给出一种"灵丹妙药"来解决所有和男孩心灵有关的问题。在描述男孩的内心活动时，我们试着在统揽全局时抽丝剥茧，以尽力展现一幅清晰的图景。不过，这些细节将以何种程度或如何应用在你的男孩身上，完全取决于你自己。

由于男孩心灵的许多部分都可以透过他的身体和社交发展得以窥视，因此此时回看第一部分，可以帮你更好地回顾并熟悉男孩发展的五大阶段（探索者、爱人者、独立者、徘徊者和战斗者）。随着你的男孩在这些阶段中稳步前进，他的心灵也会随之一同成熟。有些男孩看似有超龄的成熟，有些则是大器晚成；有些男孩温柔和善，有些则脾气暴躁；有些男孩勇气十足，有些则小心谨慎。作为父母、教育者、教练、导师、青少年服务工作者、咨询师和成年人领袖，我们的工作是发掘每个男孩独特的心灵，并鼓励他活出心灵的深度和广度。

第 10 章

培养独特的心灵，
活出心灵的深度与广度

小男孩是用什么做成的，做成的？

小男孩是用什么做成的？

剪刀、蜗牛和小狗的尾巴，

小男孩就是由这些做成的。

这首小诗被收录进 19 世纪脍炙人口的《鹅妈妈童谣》（*Mother Goose*）中，为我们展现了男孩内心的一个方面，其作者是 1813 年被封为"桂冠诗人"①的英国诗人、历史学家罗伯特·骚塞（Robert Southey，1774—1843）。这首小诗捕捉到了男孩淳朴单纯和动个不停的真实面貌——男孩们总是活泼好动，玩得脏兮兮的。虽然这话没错，但如果想要好好地爱男孩，我们需要明白不能局限于此。骚塞也明白这点，因此他的诗还延续了不少节，只是许多人不知道罢了。

---

① 受英国王室封禄的优秀诗人，在当时有"宫廷诗人"的雅称。——译者注

（第四节）

年轻男人是用什么做成的，做成的？

年轻男人是用什么做成的？

叹息、睥睨和鳄鱼的眼泪；

年轻男人就是由这些做成的。

（第六节）

我们的水手是用什么做成的，做成的？

我们的水手是用什么做成的？

沥青和焦油，猪尾辫子和伤疤；

我们的水手就是由这些做成的。

（第七节）

我们的士兵是用什么做成的，做成的？

我们的士兵是用什么做成的？

白黏土和钻头，还有等待对战的敌人；

我们的士兵就是由这些做成的。

　　骚塞精妙地刻画了男孩成长中的心灵状态。男孩就是为野性、敏感、坚强和勇气而生的。他们的内心充满了各种各样的矛盾：既神秘未知又单纯直白，既贪玩又机灵，既自主又依赖，富有创造力但破坏性也强。

　　当我们思考"心"这个字时，不妨像古希伯来人那样思考。对犹太人而言，"心"写作"led"，意思是"意识、感情和情绪的所在地"。心是感受、思想、记忆、决心、勇气、热情和动力互相交融的根源，心是"意志和目的、领悟和智慧"的中心，也是生命之源。

古希腊人对"心"也有类似的看法，他们和古代犹太人一样都是虔诚和注重精神世界的民族。对他们而言，心是一切精神生活的中心和基础。他们认为心是"思想、热情、欲望、食欲、情感、目的和努力的所在地和源泉"。

由此可见，虽然感受和情感是"心"中的重要成分，但"心灵"的概念显然比它们更宽泛。在这些章节中，当我们提到男孩的心灵时，我们所讨论的是他们的整个内在世界以及他们是如何被创造的。

将男孩看成小狮子有助于我们的理解。它们是野性十足的高贵王子，如果小狮子毫无尊严地成长，它们可能就会成为离群的狮子，死于饥饿或疾病；如果小狮子被抓起来并囚于笼中，它们就会被驯服，变得懒惰和捉摸不定。每个男孩都需要受到如何遵从内心来生活的教导。为了帮助他们，我们必须做好以下三件至关重要的事。

- 我们必须看见他；
- 我们必须为他正名；
- 我们必须帮他敞开心扉。

爱他，就学会"看见"他

要好好地爱一个男孩，就得先成为他的学生。要想"看见"他，就必须观察他、想着他、感知他并学习他。这需要倾注大量的聆听、耐心和体贴关怀。本质上，"看"结合了三个要素：（1）对"他是谁"的好奇心；（2）对"他是谁"的欣赏；（3）对"他将成为谁"的愿景。

我（戴维）见过一个初中三年级的男孩托比，他的一项作业是选择一种动物观察36小时。在这段时间里，除了睡觉，他必须时刻记录小动物的每个活动。托比选择观察自家的金毛犬霍斯。他在上午看着狗吃东西并记录下他的观察，还记录了霍斯喝了几次水、咬了多久网球，什么时候吠以及对谁吠，它的排泄时间，还有它对人类接触的回应。托比需要根据他的观察，回答一系列关于霍斯的问题，并根据观察作出一些假设。

后来，托比和我进行了一次有趣的谈话。当谈起这件事时，他说："你绝对想不到我现在对霍斯有多了解，因为我每天从早到晚都看着它。我的狗过着特别优哉的小日子，它总是在打盹后就起来吃东西，再玩一会儿。大家都关注它、爱着它。它有时可以睡好久。"

托比之所以能得到这么多信息，全是因为他成了霍斯的学生。当主角变成我们所爱的男孩时，这就是我们作为父母和照顾者的任务。我们并不需要对男孩的生活进行科学观察，并如记日记般记录，但我们需要关注他们生活中的平凡细节；我们需要倾听他们说了什么、保留了什么；我们需要大量的时间来与他们相处，观察他们并听取他们的想法，哪怕他们不会表达太多。当他们讲故事时，我们需要聆听其中他们关于自己的想法，也要试着去辨析他们的言外之意。当他们和伙伴互动时，我们需要观察他们，并且从其他关心他们的成年人那里收集反馈信息。

我们还需要好奇他们为什么如此独特。以下是一些"看见"男孩时你可以问自己的问题。

- 他喜欢做什么事？
- 他害怕什么东西？
- 他喜欢和谁共处？他觉得谁避之不及？
- 你不在他身边时他是什么样的？
- 他在教练和老师面前表现如何？
- 他最喜欢吃哪一款早餐麦片？
- 他最好的三个朋友是谁？
- 漫画中的英雄，他最喜欢哪一位？为什么？
- 当他失望沮丧时，他会怎么办？
- 他胜利时会如何庆祝？如果他失败了，他会祝贺获胜的人吗？
- 他有共情的能力吗？
- 他最喜欢和最讨厌的电视节目、汽车类型和音乐分别是什么？
- 他最想去哪个地方旅行？
- 什么会让他大发脾气？
- 他是如何握笔的？
- 他喜欢比萨饼上的什么配料？
- 他的信仰是什么？

你需要看到你的男孩在哪些方面是独一无二的，包括他身上好的一面和不好的一面、优点和缺点、感兴趣和不感兴趣的事物。设想一下，如果这些特征没有得到发展和完善，男孩将被带往何方呢？"看见"你的男孩，还意味着你对他将成为什么样的人怀有愿景，并期待得知他在遵循内心的情况下将去往什么地方。对男孩怀有愿景，有助于你根据他独特的个性来帮他规划生活。他的生命是如此生机勃发，以至于你有时难以明白该如何应对。一旦你对他是谁和将成为谁怀有愿景，你就能更好地和他互动，并指引他走上应走的生命道路。你对孩子的希冀将成为他不偏离航线的指南针。

不要给他随意贴标签，要为他正名

培养男孩心灵的另一个重要方式就是为他正名。所谓"为他正名"，并不是指那种呼唤他来吃饭时喊的姓名，而是你可以运用自己在他生命中的权威性来为他正名，向他宣告关于他的真相。

为一个人正名，意味着我们和那个人有深厚的情感和亲密的关系。昵称就是名字力量的一个很好的例子。昵称通常是亲近的家人、朋友或粉丝对一个人所使用的爱称。虽然我（斯蒂芬）这辈子已经尽力避免被叫成"斯蒂维"，但这些年来我还是有了一些不同的昵称。在我的成长过程中，我的家人叫我"热土豆"；高中时，我的好兄弟叫我"斯蒂沃"；而当我和妻子独处时，她叫我"小邋遢银客"①，不过别问我为什么。我的另一个最亲密的朋友奇普也极具创意地给我取了一串昵称，包括"斯蒂维·詹""旅馆詹""假

---

① 流行于 20 世纪 70 年代反叛青年中的一种特定的穿着和生活方式，追求舒适和特立独行。其明显特征是除了夏天，其余时间都穿皮革外套、黑色牛仔裤和黑色 T 恤。——译者注

日博士"和"斯蒂维・吉他・詹姆斯"——叫我什么，取决于我们谈论的话题。我记得并回应着每一个昵称，因为其中有力量也有感情。这些昵称意味着我为人所知，并且对某些人来说非常重要。如果我花些时间给你讲讲这些昵称背后的故事，你就会发现这些名字简直是为我量身定制的。

如果你已经好好地观察过你的男孩，对他充满好奇，欣赏他的独立性并对他寄予期望，那么你可能会产生一种冲动，想要描述并定义你所见之事。这其实就是正名的过程。准确地说，我们为一个男孩命名的方式与他的身份认同、声誉、承诺和荣誉息息相关。为一个人正名，意味着我们已经读懂了他，并且激起了一步步朝他走近的热情。

但是正名未必都是符合事实的，它的力量也有一个弊端，因为其中可能有警告、吼叫或责骂的成分。正名有祝福的力量，也有诅咒的力量。就像被人"指名道姓"通常是不留情面的，而且经常是挨骂的时候。20 世纪 30 年代末关于宣传的名言这样总结道：

> "恶名"在世界历史进程和我们的个人发展中都发挥着巨大的作用。这些恶名毁坏了声誉，让男人、女人卷进争名夺利的斗争中，将别人送进监狱，并使人们陷入疯狂的战斗并屠杀他们的同胞。污名化或者为他人定下"恶名"的行为已经并正被用于他人、团体、帮派、部落、学校、政党、邻里、地区、国家、民族和种族上。

当这种负面命名被用在一个男孩身上时，可能会对他的心灵造成毁灭性的影响。有首我们熟悉的儿歌唱道："棍棒和石头可能会打断我的骨头，但是言语永远伤不到我。"我们都知道这是骗孩子的话。棍棒和石头的确能伤筋动骨，但言语也能在一个人的内心留下永久的伤疤。

我（斯蒂芬）和丹在我工作的教会里见过几次面，一起喝过咖啡。我们年纪相仿，我们的话题从工作、家庭到信仰，无所不谈。有一天，我们谈到了少年棒球联盟的话题。丹告诉我，他曾经是一名明星球员。这令我钦羡不已，因为棒球从来都不是我的强项。

我问他："高中时你还继续打棒球吗？"

"不怎么打了，我在高一就停下了。"他耸了耸肩，脸上愉悦的神情一扫而光。

"啊？为什么不继续了？"

丹继续为我讲述了他对棒球的热爱和天赋是如何在 14 岁那年消失的。在他升入高中前的那个夏天，他通过激烈的竞争得以加入一个巡回棒球队。他打的位置是二垒，在阵容中是第二个击球的人。他将自己形容为可靠的击球手。"我几乎总能上垒[1]，要么是安打[2]，要么是被保送上垒[3]。"

开学后，丹积极地为参加高中棒球队做准备。他并不是个不懂事的孩子，他知道只有全力以赴才能入选。所以当高中棒球队开始选拔时，丹已经准备好了。他整个秋天都在做力量训练，并和私人

---

[1]　棒球比赛的术语。在比赛时，进攻方击出球后，球落在边线以内，防守方未能及时回传，使进攻方跑上垒包，称为上垒。——译者注

[2]　打击手把投出来的球击出到界内。——译者注

[3]　投手投出四个坏球，则击球员保送上一垒。——译者注

击球教练一起练习，强化训练他的挥棒动作。

终于到了选拔赛的最后一天，教练将所有球员召集起来，宣读入选球员的名单。首先宣布的是校棒球队的球员，主要是高二和高三的学生，所以丹觉得没听到自己的名字也不奇怪。然后，教练宣读入选后备校队的男孩的名字。丹的心几乎快从喉咙里蹦出来。当听到自己的名字被念出时，他简直欣喜若狂。

结束训练后，丹解下鞋钉然后回学校拿写作业需要用到的书。当他回到更衣室时，一个人也没有。他在角落的长椅上坐下，换上普通鞋子，并收拾好剩下的东西，准备到停车场跟妈妈一起回家。这时，教练们从侧门进来，坐在教练办公室外面的角落里。从他们坐的地方看不到丹，但丹则能听见他们的说话声。他们正谈着球队的情况。丹紧张得大气也不敢出，生怕被发现，只好屏息静气，按兵不动。

他听见两位教练谈论着后备校队的球员和接下来几年他们在棒球俱乐部的发展潜力。

"这群新生是我们见过的最优秀的一批球员。"助理教练说道。

"完全同意！"主教练大声赞同。

然后，他们开始讨论名单上的每个球员。当丹听到他们开始谈论自己时，心怦怦直跳，几乎无法集中精力听清他们在说什么。"丹是个不错的球员，"主教练说，"但他永远练不出进入主力校队的体格。"

"是啊，他太瘦弱了，他无法胜任。"助理教练附和道。

丹的心瞬间跌落谷底，心碎不已。他哽咽着，直到教练们结束了对话，关灯离开更衣室，他才起身。

丹讲完这个故事时，他的眼眶早已湿润："我从来没有跟人提起过这件事。"

"后来怎么样了？"我问他。

"我退出了，在接下来的那周就没有参加训练了，"丹回答道，"我当时给队友们的托词是我必须找一份课后工作来帮我的妈妈。我对妈妈的说法则是，打球花了我太多时间，所以我不想继续了。我就这样放弃了梦想。"

那天，丹被贴上标签，被"命名"了，一直延续到如今。时隔20年，在他和我边喝咖啡边聊天时，我们谈到他的生活时发现，他仍或多或少地受到教练当年那句"他无法胜任"的评价的影响。不论是工作、家庭，还是朋友，丹一辈子都在许多方面努力地向教练证明自己有能力做好。

被贴上不好的或负面的标签会使男孩心中产生极大的耻辱感。错误的命名所带来的无形伤害可能会伴随男孩一生。当一个男孩成为负面印象的接受者时，他会备受伤害并暴露在羞愧的情绪之中。面对如此之深的伤害和如此之重的羞耻感，男孩最终会轻视自己的情绪。他会将痛苦看作自己"太敏感"的证据，并相信当下所经历的羞耻感在一定程度上是自己的错。如果我产生这样的感受，那我一定会崩溃。

给予他心灵指引，以帮他敞开心扉

除了看见男孩和为他们正名，我们还需要帮男孩敞开心扉。男孩需要接受挑战，我们要用好言邀请，引导着他们朝真诚、正直和建立亲密关系的方向发展。

不论一个男孩是否愿意，他的生理发育都会逐渐成熟，并最终成为男人。然而，男孩们的心理发展不同，因为男孩的心无法自己找到方向。正如我们在之前的一本书 *How to Hit a Curveball, Grill the Perfect Steak, and Become a Real Man*[①] 中提到的：

> 在通往男人阶段的旅途中，没有一个十七八岁的男孩能幸免于承受应有的打击。当大多数男孩拿到驾照时，他们就已经经历了足够的情感和精神上的激荡碰撞，他们的心就像经历了车祸般满目疮痍，心中的自我形象也在这几年里伤痕累累。
>
> 痛心的感受并没有太多分别，却广泛存在于不同的男人身上。作为咨询师，我们听过成千上万的男人述说他们的伤心往事。每个男人都会在某些时候失去自己的单纯——有些人是突然消失，有些人则是逐渐遗失。
>
> 可悲的是，男性心灵受伤引发的后果远不止是青春期烦恼。当一个男人的心灵受到伤害时，后果是很明显的：他会开始自我保护，不信任他人，怀疑自己的信仰，并且强烈地依赖“自足四骑士”——训练、天赋、智慧和意志力。

男孩从小就学会了控制自己的心并掩饰真正的自己，但事实上，他们渴望能为人所了解。问题在于，他们害怕将自己的心敞开给那些可能会评判或拒绝他们的人。欧文·麦克马纳斯（Erwin

---

① 书名大意为：如何打出曲线球，烤出完美牛排，成为真正的男人。——译者注

McManus）在他的 *Soul Cravings*① 一书中很好地阐述了这一点："我们都在挣扎着想弄明白自己的身份，我们害怕自己的灵魂暴露在那些可能会评判我们的人面前，同时我们又非常希望能有人引领我们走完这段旅程。稍有不慎，我们就会对这个世界提供的一切照单全收，然后发现自己彻底迷失在混乱之中。"

虽然麦克马纳斯在这里指的是所有人，但可能也是在形容男孩的内心。在追寻真正男子气概的过程中，男孩需要心灵的指引。父母和照顾者有责任直面他们的矛盾心理，将真实的他们引出来。

希伯来语"hiphil"是"引出"的意思，但令人称奇的是，这个词也可以译为"被救赎"。由此可见一个有趣的事实：引出男孩的真实自我就是在拯救他。如果一个男孩的真实自我没有被引出来（即没有最充分地敞开心扉，表达最真实的想法），那么他的心灵就会被那些生活中时常发生的梦想破碎以及失望的废墟所掩盖。

有太多时候，我们为了保护男孩免受生活的痛苦，选择对他们的心灵避而不谈（我们甚至会连自己的内心都逃避）。我们不仅没有教他如何应对自己的损失，进而从中获得作为一个男人应有的智慧和正直崇高的品格，反而还教他压抑自己的痛苦并努力不失败。如果我们没有允许男孩依靠、遵从他的内心去生活、成长，那么我们所有的"成功策略"都将一文不值。男孩的确能做对所有的事并遵守全部规则，但事实是，如果他们没有把心放在这些事上，他们的生活最终会变得漫无目的且失去意义，如同从火焰里升起的烟雾轻易会被风吹散，他们也将成为缥缈稀薄的水蒸气。我们需要引导

---

① 书名大意为：灵魂渴望。——译者注

男孩参与和自己、和他人建立长久亲密关系的活动。帮他们敞开心扉并保持本心就是我们的工作。

保持本心，勇敢追梦

男孩要想保持本心，就要了解自己的感受如何、自己需要什么、渴望什么、期待什么，以及该将希望放在哪里。我们有责任知道他无法独自解决这个问题，他需要我们帮助他将内心的经历和体会用语言表达出来。学会充实地生活这件事无法仅靠自己来完成，而是需要基于关系来生根、发芽和成形。为了在迈向男人阶段的旅途中保持本心，男孩需要梦想来指引方向，需要在内心矛盾时获得帮助，需要按自己的方式交流，并需要协助来回答关键问题。

男孩需要梦想来指引方向

我们的好友奇普博士有两个快成年的儿子。当他们还小时，他就试图将以下两个重要的想法植入他们心中。

- 攀登梦想的山峰。
- 举起勇敢和真实的大旗。

虽然乍一看这些说法有些空洞，但奇普其实意在唤醒儿子的心灵。他鼓励儿子敢于做梦，从而引出他们的高尚品格、热情、希望、创造力、渴望、正义、想象力和冒险精神，这些品质的养成是每个男孩成长的核心。奇普这样教育儿子："你们的梦想是重要的，并且你们值得为可以指导生活的标准和价值观而奋斗。"

奇普也为儿子设计了一些沉重的痛心时刻，因为生活并不总会如人所愿。在人生的战场上，不合常规的人是场上唯一不需要武器的人，换言之，他就是众矢之的。不过，奇普也明白，他必须为儿子作出遵从内心生活的决定。如果我们所爱的男孩想保持本心生活，他可能就会成为别人冷嘲热讽的靶子。他们不仅可能因为怀抱希望、勇于向外拓展、朝着自己想成为的人的方向努力而遭冷眼相待，还会因为拥有看似愚蠢、不切实际、理想主义、难以实践和不可能的梦想而遭到讥讽嘲笑。

我们常常想保护我们的男孩免于遭受失望、灰心和沮丧。虽然表面上我们认为这是为他们好，但我们的潜意识却是想保护自己的心。我们不愿看着所爱的人痛苦地生活在破碎的世界里，因为我们会因此而痛心。于是，我们掐灭了他们的希望和梦想，也不再对他们完全坦诚，这一切只是为了避免让自己失望。于是，我们帮他们定下符合实际的目标，这样他们就不用苦苦奋斗或因为和胜利失之交臂而感到沮丧。然而，我们真正想避免的是看着儿子与失败、挫折和痛苦作斗争时自己内心产生的无力感。我们不想为他们心中的火焰煽风助力，因为我们不愿意或者没能力在他们失败和崩溃时陪伴他们。

当我们试图保护孩子以免绝望和心痛时，常常会将亲子关系由亲密关系转变为指导关系。亲密关系和指导关系是截然不同的：亲密关系是共处、了解和用心感受另一个人，而指导关系则旨在表现、执行和掌握一项技能。在生活的跌宕起伏中和男孩建立亲密关系与指导他如何生活有很大的不同。

如果男孩想在成长为男人的过程中保持本心，就必须有能力和意愿认识自己，并在和他人的关系中使自己为人所了解。男孩会被问到这样的问题："你感觉如何？你需要什么？你的梦想是什么？"他们需要我们尊重他们发自内心的回答，哪怕我们不认同或害怕这些答案，或觉得这些回答很愚蠢。他们需要有人帮助他们将梦想用语言表达出来。他们需要我们为他们的梦想买单并倾注我们的心血，哪怕我们对这些梦想心存怀疑或认为它们注定会失败。而当他们真的失败时，我们必须愿意和他们一同承受伤痛和感受悲伤。

喜剧电影《阳光小美女》(*Little Miss Sunshine*)中有一个很好的例子，可以体现亲密关系和指导关系的对比。电影讲述了充满各种问题的胡弗一家，为了送最小的孩子奥利芙参加选美比赛而长途跋涉的故事。当他们乘坐大众迷你面包车一同旅行时，这一家人不仅逐渐找到了自我，也学会了如何彼此相爱。

电影中，这家正值青春期的儿子德维恩有一个开喷气式飞机的梦想。他极度自律，执着地追寻着梦想，以至于近乎狂热地锻炼并立下"沉默九个月"的誓言以表决心：所有交流只能通过在便笺本上写字进行。在 800 英里的长途旅行中，奥利芙为了打发时间，开始用路上学到的方法给德维恩做视力测试，故事也在此时出现了转折。

> **奥利芙**："现在我要测测你是不是色盲。圆圈里是什么字母？"
>
> 她举起一张印有绿色圆圈的图表，圆圈里是一个鲜红色马赛克图案的字母 A。德维恩比了个手势，表明"那里什么也没有"。
>
> **奥利芙**："不，在圆圈里面，就在那儿！"

德维恩又摇了摇头，奥利芙瞥了眼舅舅弗兰克。

奥利芙："是个A！你看不到吗？是红色的！瞧，就在那儿！"

德维恩拿过图表，盯着上面看。

弗兰克："你看不到A吗？是鲜红色的。你能看出绿色和红色的区别吗？"

德维恩拼命地摇头，弗兰克转过脸来。

弗兰克："我的天哪！"

德维恩看着他，掏出便笺本写道："什么？"

弗兰克一言不发，德维恩用力指着便笺本上的字。

弗兰克看着他。

弗兰克轻声说："德维恩，我想你可能是色盲。"

德维恩不明白，又指了指便笺本上的"什么"。

弗兰克："如果你是色盲，你就不能开喷气式飞机了。"

德维恩慌了，他开始拍打车窗和前面的座椅，猛地向上撞车顶，并试着打开车门。当面包车停下时，德维恩从车里挣脱束缚，冲下山坡跑到沙漠里，他开始放声尖叫、咒骂，像野兽一样咆哮。因为一切都结束了，他的梦想和希望都破灭了。他的家人一时不知该如何是好。德维恩的爸爸理查德向妻子雪儿看去，然后指了指他的手表。

雪儿："我们给他一点时间吧。"

过了一会儿，雪儿走近德维恩。

雪儿："德维恩，你还好吗，亲爱的？我很抱歉。"

德维恩："我不跟你们一起去了。"

雪儿："德维恩……"

> **德维恩**："我不去！我不管了！我不要回到那辆车里。"

对话越来越激烈。德维恩和妈妈交谈了几句，雪儿试图说服他回到面包车上继续前行，否则他们可能就赶不上选美比赛了。最后，她无可奈何，只好爬上坡回到其他家人身边。爸爸和妈妈争吵了一番后，奥利芙走下山坡去陪伴哥哥。当她来到哥哥身边时，她蹲在他身边一言不发，只是将头靠在哥哥的肩膀上，陪着他一同悲伤，一同休息。片刻后，德维恩给出了回应。

> **德维恩**："好了，我们走吧。"

两个人沿着碎石斜坡往上走，回到了家人和面包车旁。

奥利芙为我们展示了一幅如何爱一个男孩的美好画面。他们需要被无条件地爱护，他们的梦想也需要得到鼓舞、支持和激励。当他们最终丧失了梦想或是梦想被破坏时，他们需要我们的陪伴，而不是解决方案；他们需要我们的关心，而不是指导意见；他们需要我们事后及时的鼓励来重新振作精神，再次拥有梦想。

男孩需要在内心矛盾时获得帮助

在男孩的成长过程中，他们几乎在每个转折点都会经历温柔和力量之间的深度冲突。许多男孩还会因自己的敏感和攻击性之间的冲突而困惑迷茫。我们担任的角色是他们生活的引导者，需要帮助他们实现温柔如水和热情似火之间的和谐。

哈珀坐在我（戴维）的办公室里，谈起他在一周前经历的所谓"一生中最为屈辱的时刻"。他所在的六年级班级正在轮流朗读《通往特雷比西亚的桥》（*Bridge to Terabithia*）这本小说，每个学生读三段。

小说讲述的是孤独的男孩杰西和女孩莱斯莉创造了幻想中的森林王国"特雷比西亚"的故事。早在一年前，哈珀的父母就在家为他读过这个故事，当时他对于故事的悲剧性结局已经产生了强烈的情绪反应。听着教室里一段又一段的朗读，他暗自希望轮到自己时不会再出现类似的反应。快要轮到他时，他意识到自己将要读的段落就是杰西发现最好的朋友莱斯莉死亡的悲剧部分。哈珀的眼泪已经开始在眼眶里打转，他不得不分心去努力止住泪水，以至于老师叫他名字两次才回过神来，知道轮到自己朗读了。他刚读第一句话，声音就哽咽了，视线也被泪水模糊了，连字都看不清。

全班同学都从桌前转过身来，想看看他是不是真的要哭了。然后，他强撑着一直念到段落结尾处，声音又哽咽了，他还感觉到自己的呼吸在变化。他站了起来，跑到教室前请求老师允许他去厕所，但泪水早已经被同学们发现了，刚走到门口，就听到两个男孩低声窃笑他"娘娘腔"。

哈珀的这段经历并不罕见。到了初中，大部分男孩都已经被训练得以表露自己的情感为耻；等他们上了高中，许多男孩已经完全失去了情绪的敏感度，他们在心的周围竖起了高墙。

男孩需要我们的帮助和支持，这能赋予他们感知情感的勇气，并学会如何将情感很好地表达出来。他们需要明白，产生情感体验并不是"娘娘腔"。我们作为照顾者，应该培养和保护男孩的情感生活，使他们有力量又不失关怀的温情。

在《该隐的封印》（*Raising Cain*）一书中，作者丹·金德伦（Dan Kindlon）和麦可·汤普森（Michael Thompson）提出，我们必

须"允许男孩拥有内在情感世界"。

（他们需要）拥有人类全部的情感，也需要有人帮助他们发展描述情感的词汇，以便他们可以更好地理解自己，并能更有效地和他人沟通。

有这样一个简单的说法：无论他能否意识到，你都需要时时刻刻、有意地和男孩的内在世界沟通。你要尊重、考虑、参考他的内在世界，也要分享你自己的内在世界。如果你默认你的儿子拥有内在世界，那么他很快也会意识到这点。

我们需要再三强调这点：男孩需要一个榜样，帮他们学习情感表达和深层次的男性友谊。男孩会看到许多隐忍克制、没有情绪和戒备心强的男人，然后会模仿这些人。在我们的咨询实践中，我们所遇到的大多数男性都是从高中或大学起就独来独往，没有一个亲密的男性伙伴。从来没有人教导他们如何发展和维持真正的男性友谊。

我们必须向男孩展示，真正的男子气概可以用不同的方式来表达。我们也需要告诉他们，表现勇敢的方式有很多，表达关怀和同情的方式有很多，冒险和创造的方式有很多，坚强的方式也有很多。我们必须歌颂男孩天生的创造力和冒险精神，以及他们的活力和勇气。我们要赞美艺术家和艺人、传教士和运动员、士兵和男护士、商店老板和环球航海家，还有教师和首席执行官等。这会让男孩理解，人的一生有不同的活法。

我们除了需要鼓励男孩发展友谊，培养他们维持友谊的能力，还需要教他们如何处理男性关系中的冲突。因为学会与其他男孩建立良好关系和学会与女孩发展关系同样重要。

除了鼓励他们要有内心的温柔情感，我们还需要培养他们的情绪和精神力量。金德伦和汤普森写道，一个弥合温柔和力量之间差距的方法是帮助男孩理解"情感勇气也是一种勇气，这种勇气和共情能力就是生活中真正力量的来源"：

> 许多以男孩为目标受众的流行电影似乎只推崇一种面对比自己强壮的对手时挺身而出并与之对抗的勇气。愿意与敌人搏斗、用计收服恐龙、打败外星怪物、被反派用枪指着的时候直视对方的眼睛……这些都是媒体对男性勇气的定义。
>
> 然而，男孩不该只在媒体中寻找情感勇气，还需要在生活中有情感勇气的榜样。我们需要在周围人群的生活中教男孩识别和分辨情感勇气。我们需要为男孩提供男性英雄主义的模范。这种模范不只是肌肉发达、专注自身和简单化的英雄主义。许多成年人在他们的工作和私生活中都表现出了情感勇气，但是很少让孩子见证这些道德和勇气，其实男孩们可以，也能够很好地回应真正的勇气所具有的复杂性。

如果要男孩带着情感的力量生活，我们就必须正视他们的被动。但问题是我们的文化已经对男性的被动习以为常。在由莱瑞·克莱布博士（Dr. Larry Crabb）、唐·赫德森（Don Hudson）和阿尔·安哲斯（Al Andrews）所著的《沉默的亚当》（*The Silence of*

Adam）一书中强调了这样一个现实：许多男人在面对世界混乱时都变得软弱了。作者以亚当和夏娃的古老故事作为透视男子气概的一个角度，指明了一条重获男人阶段全部潜能的道路。作者以亚当作为男性的原型，指出男人身上普遍存在的被动性："亚当是一个沉默的男人，一个被动的男人。就像历史上的许多男人一样，他空有躯壳存在，在情感上却缺席。他逐渐消失在故事的背景中，而不是站在舞台的中心和前方。他是被动的，他选择了沉默，选择了缺席。"

男孩和男人的被动性是危险的，因为当他们不能或没有用勇气和共情的方式将自己的内心主动表达出来时，他们就会用攻击性、抑郁或自我隔绝的方式表现自己。这样的被动就会造成戒备姿态和捉摸不定的情感状态。当面对生活中包括学校、竞争、荷尔蒙、运动、学习、家庭、朋友、女孩、未来、兴趣等在内的混乱局面时，很多男孩的应对方法是封闭自己或大发脾气。如果我们希望所爱的男孩能与凶险、残酷和混乱的世界抗争，就必须从每一天的挑战开始，教导他们鼓起勇气去面对这些挑战。

男孩需要按自己的方式交流

和男孩建立关系难吗？答案显而易见，因为男孩是最让人头疼的，他们往往冥顽不化、不善言辞和毫无头绪。当我们要求他们跟我们分享哪怕是关于他们的一点小事时，他们都会恼怒。当他们需要哭泣时，他们选择生气。当他们被指出错误时，他们会为自己狡辩到底。这是怎么回事呢？

当涉及温柔的情感时，男孩反而会害怕，他们会被自己的敏感吓到。因为他们不知道如何处理和应对自己及他人的感受，所以他们需要我们从字里行间破译他们的密码，读懂他们的言外之意。这也是看见他们和帮助他们敞开心扉的一部分。要做好这部分，我们就不要缺席他们的成长，既要持之以恒，又要有耐心。每个男孩在情绪健康方面都有很大的潜能，但是这无法仅靠他们自己做到。除非我们能耐心地指导、培养他们，引出他们的真实自我，否则他们可能会止步不前并变得沉闷呆板。和男孩进行建设性交流有四个关键点，我们称为"4P"：陪伴（presence）、坚持（persistence）、耐心（patience）和时机（picking your spots）。

陪伴。在男孩 8 岁前，他们还是非常温柔的，并且在不断地学习情感词汇。此时的他们还没有被文化中关于男人该如何表现的苛刻观念所影响或误导，激素也尚未开始起作用，因此他们的情感更加单纯，也更能自由地表达自己真实、准确的情感。在男孩成长的这几年里，我们不能缺席他们的成长，要陪伴在他们身旁与他们建立亲密关系。我们需要花大量的时间和他们聊天，陪他们读书，因为男孩们需要听到我们的话语。我们需要和他们一起拼拼图、搭建乐高积木等，因为男孩需要和我们共处的时间。父母需要和他们一起玩游戏，因为双方都需要纯粹地享受玩乐，为了玩而玩。仅仅是和小男孩一同出游就能为彼此的陪伴奠定亲密和舒适的基调。

坚持。当男孩大约 9 岁时，他们进入了独立者阶段，此时情况就发生了变化。许多男孩对家庭生活开始表现得缺乏兴趣。我们需要破译密码，读懂其背后的意思：这充其量是一种行为表现，不代表他们真的不在乎家庭生活。在这个阶段，家庭仍然是主要的影响因素。但在 9 岁、10 岁的年纪，不少男孩开始将自己的主要感受

（如受伤、孤独、恐惧、羞耻、内疚和难过等）以愤怒的形式输出。他们开始更少地谈论自己的感受，也不再经常掉眼泪，而是选择躲在自己的房间里，或是踢打、喊叫，或是挑起事端，又或是郁闷地沉思。不管我们问他们什么问题，他们的一连串答案基本都不会超过三个字。但作为父母和照顾者，我们不能放弃他们，他们需要我们坚持不懈地付出。这个阶段，我们需要给予他们温柔和爱护，同时也需要给出坚定、一致的界限和期待。这个阶段，我们还需要帮男孩联结起他们的主要感受并学会用准确的词语描述出来，以便他们成功地处理情感。

比起不停地提问，或是逼着男孩搪塞，更为合适的做法是鼓励男孩和我们一同面对并解决情绪问题，描述我们所见的："儿子，你好像被难住了。很明显你产生了一种很强烈的感受，但是出于一些原因，你没办法或者不愿意谈谈那个感受。没关系，如果你想自己待一会儿，我不会打扰你。不过，我很愿意帮你，帮你变成一个能明白并描述自己感受的人。"

有一位我（戴维）非常尊敬的父亲使用了一个叫"拿罐可乐"的策略。他在他的儿子9岁时第一次使用这句话。在很长一段时间里，他的儿子对90%的事情都看不顺眼，而当父母问他是怎么回事时，他却只是简单地说"没什么"。有一天，这位父亲对儿子说："要不然，你去冰箱里拿罐可乐吧，然后去后门廊找我。"儿子到后门廊时，父亲温柔而坚定地宣布，只要儿子能给出真正的答案而不是问什么都回答"没什么"，就可以结束谈话离开。他告诉儿子，他们本可以一同坐在门廊下，喝着可乐，大眼瞪小眼一整晚，但因为他实在太在乎儿子，所以不忍心让他一直困在未被认识和未表达的情感之中。这位对儿子十分上心的父亲曾在不同的情况下使用过同样的策略，比如在湖中央关掉小船的马达，坐在船上直到儿子准备开口说话。现在他的儿子一听到"拿罐可乐"就会心一笑，因为他清楚自己需要做什么。

耐心。一旦男孩在青少年时期进入了徘徊者阶段，对他们坚持不懈地付出就会更加困难，因为此时他们会花大量的时间和精力推开成年人。他们将产生抵触情绪，有时会不尊重人或提不起兴趣。他们的许多行为仿佛都在说"离我远点"。此时我们仍需要破译密码，读懂言外之意。通过他们的行为，青春期的男孩其实都在问两个重要的问题："我被爱着吗？""你对我有兴趣吗？"他们有时会表现得令人生厌，这只是在试探我们的爱是不是无条件的。这是一个需要始终如一的耐心的阶段。我们可能需要陪他们看大量的亚当·桑德勒的傻气电影，和他们一起参加一些我们反感的演唱会，以及在车里听烦人的音乐。与其要求男孩褪去童真并在有序的成人世界里和我们见面，不如让孩子在他们所处的阶段成长，这样的意愿能帮我们在最终取得胜利。养育青春期的男孩需要大量的陪伴、坚持和耐心，这是毋庸置疑的。

时机。养育处于过渡期的男孩就像是学习排舞[①]，有很多向前和向后的步伐。要想做好这件事，就需要找准时机。比如，入睡前就是一个"前进一步"介入的好时机。在入睡前，男孩通常会比较脆弱，他们的情感防线会降低，因此这是和他们互动的好机会。

而"后退一步"的时机也很重要。如果你的男孩从放学后一上

---

① 起源于美国（20世纪70年代）的一种美国西部乡村舞蹈形式。——译者注

车就一直烦躁不安，或者他表态"我今天过得很糟糕，我不想谈"，那么此刻你的首要任务就是尊重他。当男孩明显不愿意说话的时候，用问题来烦他可不是个好主意，这只会让他封闭自己并对我们失去信任。我们应该给他一些空间，让他在回家的路上保持沉默，或按他的想法播放喧闹的音乐，然后等他自己愿意开口。如果我们能给他一些时间来处理自己的情绪，他可能就会在之后做好跟我们谈谈的准备。

如果他在接下来的时间里都情绪低落、少言寡语，或是暴躁易怒，那建议在他入睡前走进他的房间，坐在床沿然后温柔地创造对话机会。这里就体现了陪伴、坚持和耐心的优势。可以这样说："听到你放学一上车说的话，我就知道你今天过得不怎么好。但是我只想跟你说，只要你需要我，我就会一直在这里。如果谈谈能让你好受点，那么我很愿意听你说。如果你现在还是不想说，那么我也会支持你。因为我爱你，我相信你。"然后就无须多言。这就是所谓的介入。

虽然他也有可能不会接受你的好意，但很大概率他愿意开口聊聊。只要知道我们不会逼他们做超出他们意愿的事，而是足够尊重他们，他们就将自在地释放情感并向我们倾诉。这样的安全感，加上入睡前的脆弱心理防线，都有利于男孩敞开心扉。有时，一个温柔的提醒就足以让他们袒露心声，和我们沟通。如果他们真的内心受伤了，就可能会哭泣。此时，我们需要做的，只是和他们坐在一起，不是为了解决问题或提出建议，只是单纯地陪他们经历心痛时刻。这里再次体现出陪伴、坚持和耐心。

要想找准介入和后退的时机，我们就需要成为男孩们的好"学生"，仔细地观察他们，以便更准确地预测他们的下一步行动。有了陪伴、坚持和耐心，我们就能成为了解所爱男孩的专家，知道他们什么时候需要我们说话，什么时候需要我们倾听，什么时候需要我们提出建议和分享人生故事，什么时候需要我们安静地陪伴在他们的身旁，什么时候需要保持距离，以及什么时候需要后退给他们空间。

当男孩不想说话时，就是我们需要后退的时机，虽然这点对许多母亲而言尤其困难。当我们知道儿子内心受伤时，恨不得整个人扑上去找出原因，全心提问……然后问更多的问题……然后再问更多的问题。

母亲们很擅长提问，也很擅长在情感方面唠唠叨叨。母亲们会揪着男孩不放，追根究底地提问，以为这样可以让他们感受到爱。诚然，将关注点一直放在男孩身上会让他们感觉被爱和受重视，但这对青春期的男孩而言是一种被侵犯的感觉。当一个少年的母亲开始向他提问时，他的心中会响起一个警报，告诉他："小心点，兄弟。告诉她太多信息的后果就是她会将全力投入在你的事情上；而一旦你告诉她一件事，她就会开始问更多问题；如果你表现出情绪……那你就完了，她会追问更多细节！"

母亲们，当你不愿后退以给儿子留出空间时，你的儿子就会担心他所说的任何话以后都可能被用来对付他。他知道回答你的问题会让这个过程更加漫长，他也害怕自己无法逃离你的追问。

而父亲们的挑战则与"前进一步"的介入有关，因为他们在"后退一步"方面不存在什么困难。作为父亲，你的挑战是在孩子挣扎时和他们接触，然后等待他们说出口。坐下、倾听和等待，对于大多数父亲来说都不太擅长。他们往往将妻子视为"情感救生员"，认为在孩子遇到困难时妻子会主动出来应对。然而，男孩其实非常渴求父亲的关注，他需要知道父亲相信自己有处理事情的能力。

男人往往是问题解决者和实干家，他们专注于分析和解决方案。因此，他们免不了过多地谈论个人解决问题的经验，但这其实是在迂回着给出建议。父亲们需要明白的是，当你急于提供建议时，男孩独立解决问题的能力就会被削弱。当你提供的不是支持和倾听而是解决方案和建议时，你其实就是在告诉儿子："儿子，你还没能力自己解决问题，所以让我告诉你该怎么做吧。"

现在，父亲们，请仔细听清：你的儿子需要你介入，而不是后退。虽然有时你不想过度干涉，但这不意味着你可以全然不管不顾。你的男孩需要听你讲述你的经历，但未必全都得是成功和胜利的经验，还需要你讲讲你在哪里挣扎、跌倒和失败过。每一个故事未必都要有大获全胜、皆大欢喜的结局。因为如果你将自己表现得无所不能，总有解决办法，总能克服恐惧、羞耻、困惑和悲伤，男孩就可能会感到自己有所欠缺、无能，甚至会产生挫败感。毕竟生活并非总是一帆风顺和井然有序的，如果你只展现故事好的这一面，就会让男孩觉得他永远不合格，永远做不好。

男孩需要协助来回答关键问题

在迈向男人阶段的旅途中，大多数男孩会开始自我怀疑。他们逐渐意识到自己不是功夫片中的冒险英雄，也不是第二个篮球传奇迈克尔·乔丹（Michael Jorden），或是第二个橄榄球巨星布雷特·法弗（Brett Favre）和威利·梅斯（Willie Mays）。大部分男孩身材不高，不擅长和女孩相处，也不是出色的运动员，有着社交焦虑且偶尔胆小。因此，当他们将自己和文化中盛行的狭隘、极端的"男子气概"定义进行比较时，难免会得出自己"没有能力、不达标"的结论。为了弥补"不足"，他们学会了伪装。

无论男孩有什么样的技能、创造力、智力、个性和其他运动能力，他们都无法摆脱作为男孩的羞耻感和自我怀疑。这种羞耻感令人难以承受，表达出来就更难了。以下问题毕生都萦绕在男孩和男人的脑海中。

- 我有能力吗？
- 我是真正厉害的人吗？
- 我重要吗？

作为男孩身边的成年人，我们几乎没有听到过他们大声地问出这些问题；相反，他们会通过一些不易察觉和平静的方式提问。比如，在行为中表现出来，在他们的其他回答里彰显出来，暗藏在其他问题之中，或者有时我们会听到修改过的、拐弯抹角的问题版本。我们大多数时候需要深挖问题，并试图探索、理解其中的言外之意。

当我们对男孩说话时，必须非常小心，不要让我们的言语破坏了关系。我们应该以一种搭建沟通桥梁的方式说话，让他们有足够的安全感，然后将他们的心带到我们面前。对男孩而言，几乎所有的叛逆和麻烦都源于两个因素：一个是无法表达内在情感的波动，另一个是无法成熟地回答内心的核心疑问。当男孩无法说清道明自己内心的真实想法，或解答不了核心疑问时，他们往往会采取一些毫无逻辑的行动。

- 我考砸了，所以我要偷这张 CD。
- 我被篮球队开除了，所以我要挑事打架。
- 我爸爸从来不在家，所以我会和这个女孩上床。
- 我的女朋友出轨了，所以我要用钥匙划老师的车。
- 我连一个朋友都没有，所以我要表现得像个怪胎。
- 我奶奶刚去世，所以这周末我要灌醉自己。

培养男孩品格和道德良知的管教

男孩在成长的过程中难免会遇到麻烦，此时他们需要的不是出言羞辱和暴力，而是明确且一致的管教。这种管教必须以成熟、智慧和爱为前提。

我们必须通过管教来培养男孩的品格和道德良知，而不仅仅是为了调教顺从的行为和服从的心理。真正的顺服是爱的产物，而不是恐惧的结果。真正的顺服是以信任和忠诚为基础的，是对信任的回应，而不是对伤害和威胁的反应。和出于恐惧的服从相比，当一个男孩相信我们是为他的最大利益着想时，他就会心甘情愿地顺服；相反，如果通过操纵或威吓来管教，就只会让男孩的心灵被羞耻埋没，最终他会觉得只有叛逆才是做自己的唯一选择。

男孩需要的是坚定的爱和温柔的管教，最好的管教蕴含着温柔而坚定的力量。要想将男孩培养成有勇气又不失情感敏感度的人，我们就必须用爱和尊重进行管教。如果他感到羞耻，会被惩罚、被恐吓或被贬低，那么他就不再信任身边的权威了，并学会了否认自己的敏感天性，以及安于被动或不停地唱反调。

管教和教育的关系比惩罚和教育的关系更为密切。不妨想想耶稣和他的门徒的故事，他主要通过榜样、行动和温和的指正来教导，偶尔才会指责他们。为了管教我们所爱的男孩，我们需要以诚实、公正、爱、荣誉、怜悯、同情、热情、冒险、希望和信心为榜样来引导他们。

《箴言书》里这样写道："教养孩童，使他走当行的道，就是到老，他也不偏离。"不管我们有什么期待，这都不是男孩幸福的保证，这也不意味着"如果父母做的所有事都正确，儿子长大后就一定会幸福"，也不意味着成功可以被归纳为一个简单的公式。

因为每个男孩都不一样，所以我们需要用独特的方法来引导。任何一个好老师都会告诉你，用相同的方法来指导一个安静、内向或害羞的男孩和一个外向、吵闹或好斗的男孩的做法是愚蠢的。要想有效地养育和管教男孩，我们必须看见他们独特的内心并调整我们的方法。

培养男孩需要我们根据他们的独特个性，用充满爱意的管教来帮助他们将自己的力量和勇气展现出来。在管教男孩时，不论何时我们都应将他们视为独特、高尚的人，并尊重他们和他们的男子气概。我们不该用羞辱的方式来管教他们，而要尊重他们对力量的渴望，提高他们的情绪敏感度，以及鼓励他们变得勇敢。如果我们的男孩想在生活中大有作为，他们在进入男人阶段时就要抱持着自己会是个好男人的信念，否则他们一开局就将处于不利位置。

给养育者的提示

我们大都知道养育男孩需要大量的体力，但谁曾想男孩也需要我们投入那么多情感精力呢？按我们所学的，不是只有青春期少女才需要这么多情感付出吗？对于男孩，要观察他们，为他们正名，帮助他们敞开心扉，要找准时机介入和后退，还要陪伴、坚持和耐心，这一切都让人精疲力竭。以下是一些建议，可以稍微帮你减轻情绪负担。

↘ 提示 1：阅读关于男孩的书

我们强烈推荐约翰·艾杰奇的 *The Way of the Wild Heart* 一书。

↘ 提示 2：根据其他孩子来练习

练习读取言外之意的能力。可以通过观看《完美的世界》（*A Perfect World*）、《十月的天空》和《一路上有你》（*Simon Birch*）等电影，并把其中男孩们提出的问题列出来思考，以此训练自己。

↘ 提示 3：在他的舒适区见面

选择一个儿子感兴趣的话题或活动领域，并在一周内多花点时间和他一起参与这项活动。

↘ 提示 4：思考并打分

用 A 到 F 为你在"介入"和"后退"方面的技巧打分，也请你的伴侣为你打分。在九周内跟进你在这方面的进展。

↘ 提示 5：练习好奇心

记得第 2 章提到的"托马斯罐"吗？你也可以准备一个装满问题的罐子，在饭桌上传递，开启对话模式，并让每个家庭成员轮流回答。这可以成为晚餐时间的一个仪式，或成为周末早餐时的固定节目。

↘ 提示 6：分享故事

不妨利用吃饭时间跟男孩分享故事。你可以借由自己的经历引入复杂的主题，比如和同事的冲突、可能要离婚的朋友，或是和疾病、死亡有关的问题，然后了解他的想法如何。谈话内容可以延伸到男孩生活中发生的故事，比如他和朋友的矛盾、和同龄人的竞争或身材问题。请记住，他的智力和精神能力正在不断发展中，你可以利用这一点来促成更多的交流机会。

↘ 提示 7：抓住他放松防备的时机

在入睡前进入他的房间，并利用这个他情感防线下降的时机和他聊聊，听他说话。借此机会你可以打开他的心扉，扶持他、鼓励他，并让他知道你不仅爱他、尊重他，也欣赏他、支持他。

↘ 提示 8：要求他用语言表达情感

不要用"男孩就是男孩"的思维方式来作为对他手软的借口。愤怒和攻击行为可能是他疏导情绪的主要方式，但你也需要鼓励他通过一些有效的、身体上的发泄方式来排解强烈的情绪，之后再帮他学习如何用语言来表达自己的感受。

↘ 提示 9：用亲昵的肢体动作来表达爱

不管处于哪个年龄段，男孩都需要充满认可、温柔和友善的身体接触。他需要拥抱、晚安吻，需要温柔地揉揉头发、轻拍脑袋，需要击掌、秘密握手①，需要和他勾肩搭背。男孩需要在摸爬滚打中锻炼，当他允许时，他还需要你的拥抱和有爱的亲昵接触。他需要你用口头言语来表达肯定，也需要肢体接触来获得认可。

↘ 提示 10：教他控制自己的情绪

在男孩发展的不同阶段，你都可以帮他列出一系列建设性地释放愤怒和宣泄攻击性的方法清单。这样一来，当他深陷激烈的情绪中无法清晰思考时，就可以直接参考这份想法清单。这份清单也能帮你更容易地在他情绪失控的边缘重新引导他去做一些有意义的事。以下是一个 9 岁孩子想出来的清单，他将它贴在了他衣柜门的内侧。

---

① 指男孩与熟悉、亲密的人之间像对暗号一般打招呼的方式，通常包括复杂的手势、各种触碰手指的动作，或不同握法的握手。——译者注

当我觉得很生气时，我可以：

去投篮；

做俯卧撑或仰卧起坐；

在院子里挥舞塑料球棒；

一遍遍将网球扔到车库门上；

绕着房子跑圈；

去地下室放声大叫；

练习引体向上。

等我气消了，平静下来了，我可以：

把事情写进日记里；

和妈妈或爸爸聊聊；

打电话给我的朋友乔希，告诉他发生了什么事。

第 11 章

母亲与儿子的相处模式

当我（戴维）埋首于家附近的一家咖啡馆的桌前写作本章时，隔壁桌坐着一位母亲和她的儿子。这是个星期天的早晨，想必他们是要一同出门逛逛。儿子看起来大约 14 岁，穿着运动裤、球鞋和一件领子立起来的黑色 POLO 衫，在昏暗的室内也不摘下太阳镜。我本来还想描述一下他的发型，但恕我实在无法作出客观的描述。这位母亲点了满桌的食物，不得不说这真是位聪明的母亲，因为食物越多，就能让男孩在桌前坐得越久。他们在交谈……但是其实她才是主要在说话的人，儿子只发出些嘟囔声，偶尔才插一两句话。这里不是他任何一个哥儿们出门时喜欢来的地方，所以这位母亲选择的谈话地点是正确的，避免了他被朋友发现和母亲一起吃饭而感到尴尬的风险。

我想为她鼓掌，其实我更想说："坚持住，妈妈，再过几年他就会好起来的，只要再坚持一下就好。"

这个场景为我们展现了一位母亲在男孩生命中所扮演的中心角色。男孩最初关于温柔、仁慈、关怀和爱的学习都来自母亲。在这一章中，我们将讨论母亲在男孩生命中扮演的两个重要角色：帮助男孩安全停靠的船锚和男孩男子气概的镜子。此外，我们还将提供一些在男孩成熟的过程中，可以用来衡量母子关系质量的参考标准。

母亲的角色之一：帮助男孩安全停靠的船锚

正如 *Real Boys* 一书的作者威廉·波拉克所说："母爱并不会让男孩变弱，反而会使他们在情感和心理上都更加强大。"母亲在男孩的生命中扮演了至关重要的角色，她们就像船锚一样帮助男孩安全靠岸。在这个混乱、残酷和复杂的世界中，母亲就是为男孩提供爱与支持的避风港。

当男孩年纪还小时，他们还会在两种心理世界中徘徊——他们充满野性，天生喜欢冒险和探索，也需要有成年人来护他们周全。

我（斯蒂芬）还记得我儿子泰迪蹒跚学步的样子。我和妻子会带他和其他孩子到离家几个街区远的室外游乐场，然后他就离开我们，在游乐场里跌跌撞撞地走向秋千。每走几步，他就会回过头来看看他妈妈，脸上的表情仿佛在说："我能继续往前走吗？你看着我吗？我是安全的吗？"有时候，他会走回来抱抱妈妈，然后重新出发。

现在，将这幅画面快进到 18 年后。这时的他已经整装待发准备去上大学，但他仍会做差不多一样的事。他将离家上学，成为校园里的风云人物，然后每隔几个周末他都会回到家里，吃父母给他做的饭菜，并再次感受被照顾的感觉。

男孩进入男人阶段时所拥有的大部分自尊和自信，都来自成长时家庭生活的质量。母亲在这个过程中发挥着重要的作用。她们让男孩感受到被接纳，并意识到自己的重要性，而这些感受只能由母亲给予。牢固和亲密的母子关系为男孩提供了一个平台，供他学习日后作为成年人发展成熟安稳的人际关系所需要的品质，包括情感的亲密、关系中的共情和敏感度等。

更重要的是，男孩和母亲的关系会在很大程度上影响他对女性的看法，包括：他会尊重女性吗？他会赞美她们吗？他会用自己的力量为女性造福吗？他有能力和意愿与女性分享自己的柔情吗？在教育男孩关于女性的问题和他自身的男子气概时，母亲都是具有影响力的导师。

母亲的角色之二：男孩男子气概的镜子

在大部分最基本的方面，男孩都和母亲不尽相同。不仅因为两者存在年龄差异，还因为存在着性别鸿沟。然而，正是这些差异凸显了母亲在男孩生活中的重要性。真正有爱的母亲会在男孩发展出完全的男子气概的过程中有所助益。男孩的力量和温柔所带来的影响可以借由母亲反馈出来。母亲能在许多方面教会儿子男子气概，她们所教的往往是男孩无法从父亲身上学到的，因为一个男孩能借由自己与异性的对比，体会到身为男人的真实感受。帮助男孩坦然无惧地接受自己的男人身份是母亲的责任。如果她愿意支持、拥护儿子走上从男孩到男人阶段的成长旅程，他就能从中收获独立性并认识到自己的力量，他将发现自己最大的力量也许来自他对情感的敏感和同情心。

母亲是男孩第一个亲密接触的异性。因此她承担着教导儿子了解女性的巨大责任，告诉他当女性受到关怀、保护、赞美、尊重和珍惜时有什么感受。我们都听过这种说法：男孩倾向于和与母亲的类型相似的女性结婚。这种说法是有一定道理的，因此母亲将自己的女性气质反映出来是非常重要的。作为男孩的母亲，女性首先需要厘清、调和自己对男性和男子气概的感受与理解。统计数据表明，每 10 个女性中就有 4 个曾在 18 岁以前受到过虐待。这意味着，接近半数的女性曾经历过某些形式的伤害，而伤害大多发生在她们和男性的关系中。这些伤害不可避免地塑造了这些女性对于男性的认知和想法。虽然母亲有千百个机会祝福自己的儿子，但她也有责备、诅咒他的能力。接下来是三个关于母亲的刻板印象，都来自我们辅导过的男孩或男人。这三个刻板印象分别是讨厌男人、爱操心、过于黏人。

讨厌男人的母亲

令人可悲的是，许多女性都带着由男性造成的情感、心理和精神创伤。任何一个没有受到男性正向力量对待或被迫学会不信任男性力量和权力的女性，都难免会在一定程度上颠覆儿子对男子气概的认识，并让他们以男子气概为耻。这样的女性所传递给儿子的信息往往会在情感、心理和精神上阉割他们的男子气概。

在咨询实践中，我们已经见过数不清的男人背负着使他们软弱的复杂羞耻感，而这些羞耻感来自从根本上不信任他们的母亲。这些母亲中有许多人在成长过程中或成年后都曾在性、身体和情感上遭受过男性的虐待或骚扰，甚至有更多的母亲是在情感上或现实中遭到被动、缺席的父亲或丈夫的抛弃。还有一些母亲虽然没有被虐待或抛弃，但是婚姻亮起了红灯。

尽管没有人可以要求母亲为自己经历过的创伤负责，但是为了儿子，她必须调整自己对男人的鄙视和对自己女性气质的羞耻感。因为那些对自己的丈夫、前夫、父亲或其他男人心怀鄙视的女性可能会将她们的不满和不悦转移到儿子身上。例如，一个女性对婚姻越失望，她就越有可能对儿子消极，最后可能导致儿子因此对她也越不尊重。

对一个想要把儿子养育好的母亲来说，治愈这些创伤并解决创伤带来的蔑视和怨恨是十分必要的。作为有爱心和同情心的女性，母亲必须学会从自己的天赋出发养育儿子，并愿意信任和给予他们男人的力量。如果她们不这样做，就会以自己的伤痛为出发点来养育儿子，最终会不可避免地将这样的伤痛传递给他们。

爱操心的母亲

我们都知道这个类型的母亲会过度保护孩子，关怀之声始终盘旋在孩子头上，她们喋喋不休地念着"宝贝，别爬那么高"，还会非常焦虑。这类母亲走到哪儿都会一直跟在儿子身后，随时确保他没有意外发生。她们会反复检查儿子的家庭作业以确保他能有好成绩，她们会为儿子安排游戏日并替他指定"对他有利"的朋友一起玩，她们绝对不许儿子吃虫子，她们还会在儿子参加球赛被推倒时径直冲到场上。当儿子开始约会时，爱操心的母亲会坚定地认为没有哪个女孩好到能足以配得上自己的儿子。

当然了，从一定程度上来说，保护孩子是每位母亲的天性。作为男孩母亲的诀窍是，在儿子对冒险、探索的欲望和对分离的渴望，与自身对利于健康安全的育儿环境的渴望这两者间找到平衡，而不是为儿子设置重重障碍来妨碍他成为独立个体。

这种神经质的养育方式在男孩进入小学或初中时都不会停下。那个保护儿子免受欺凌、和难缠的老师交涉、从不让儿子被蚊子叮的母亲，也会是那个在儿子上大学时都不愿意放手的母亲。在儿子大学毕业后，她很乐意让儿子继续住家里，而且她也一定会指点儿媳如何做出让儿子喜欢的饭菜，以及他喜欢的衣物的熨烫方式。爱操心的母亲需要检视自己的内心，看看自己对儿子的保护是出于对他安全的正当、合理的担忧，还是其实这样的反应只是源于自己的焦虑和恐惧。

过于黏人的母亲

也许这是最典型的母亲类型。"过于黏人"指的是在情感和心理上都对儿子存在过度依赖和联系。一个过于黏人的母亲在儿子两三岁前常常要和他睡同一张床。当儿子年纪渐长，她常常坚持让儿子倾听自己遇到的困难，让儿子承受她的情感负担。她还会不断地和儿子进行身体接触，包括总是触碰他、抚摸他的头、整理他的头发和亲吻他的脸颊。过于黏人的母亲还会要求儿子花大部分时间和她共处。

虽然这不是绝对的，但通常来说，这样过于黏糊的母子关系会出现在婚姻不幸福、离异或未婚母亲的家庭中。这些母亲往往会和儿子发展出情感上的依赖，即当一方不开心时，另一方也会不开心。在最糟糕的情况下，这被称作"情感乱伦"。

母亲越是将儿子视为自己的"小王子"，男孩做自己的成长空间就越小，在他进入青春期后，对独立的需求逐渐增加，即便他想和同龄女孩约会，却仍和母亲保持过度依赖的情感关系。这样的情感拉锯战会造成男孩心理上的混乱，并使他心中产生强烈的羞耻感。困在这种母子关系中的男孩对自己是谁毫无概念。他会觉得自己既是个成人又是个孩子，他会觉得自己既是母亲的情感伙伴又是父亲的情敌。许多活在这样内心动荡中的男孩找不到生活的意义，甚至可能会认为生活唯一的意义就是满足母亲的幻想。

在支持与放手之间找到平衡

如果你是一位女性读者，那么我们鼓励你花些时间回顾一下你和生命中的男人们相处的经验，不论是过去的还是当下正在经历的，都可以想一想。如果有必要，那么不妨和一位值得信任的咨询师或导师谈谈，并评估自己的感受，以此保证你曾在男人身上受到伤害的经历不会延伸到你对儿子的养育之中。问问自己，你对于"男子气概"是如何定义的。你认为男人都很懒惰吗？你将男人视为工作狂吗？你认为男人不可信赖吗？你认为男人是不能陪你共患难的吗？你认为男人都喜欢挑毛病和控制别人吗？

此外，也关注一下你和孩子父亲的关系。如果你处于婚姻关系中，那么可以注意一下你和丈夫在儿子面前的互动情况，你对丈夫的看法、你们之间的对话和互动都会在你察觉不到的时候塑造你的儿子。如果你是一位单身母亲，或者是一位经历过"丧偶式育儿"的母亲，抑或是一位没有得到丈夫足够尊重的母亲，你得确保儿子能接触到其他尊重女性的男人。他需要看到那些有着积极和健康互动模式的夫妇。还记得吗？大部分男孩都是视觉型和体验型学习者，他们需要看到生活在面前上演才能学习，而不是靠我们直接给他们信息。

即便一位母亲在情感、心理和精神上都是健康的，没有过度黏人、讨厌男人和爱操心，但她也可能在放手让儿子锻炼独立性这件事上遇到困难。不论对男孩而言是多么轻而易举的小事（如自己挑衣服、穿衣服、做一顿简餐或吃零食等），或者是复杂些的事情（如约会、课外打工、选择大学和搬离家庭独自居住），许多母亲都拒绝或无视了儿子想独立行事的欲望。

有一个关于母亲的影响深远的悖论，就是只要你做得足够好，儿子就能完全离开你实现独立。在男孩成熟的过程中，母亲必须学会在支持儿子和放手让他们自己站起来之间找到平衡。当母亲无法完全放松对儿子的管控时，就会在无形中创造出不必要的权力斗争。尤其是在儿子青春期的时候，这会让本就困难的情况更加复杂。

作为母亲，培养儿子心灵的最好方法就是在早期和他建立并发展出以互相尊重为基础的关系。这意味着她必须表现出对儿子的独立人格、感受、力量和需要的尊重，尤其是在她无法认同儿子的时候更要如此。

母亲也需要尊重自己。不论男孩是完全不敬重自己的母亲还是以不尊重的方式对待她，都是完全不对的。如果男孩想要成长为有能力、有智慧和有爱心的成熟男人，他们就需要受一定的限制，尤其是需要对权威的尊重。母子之间的相互尊重为男孩日后和妻子、女儿之间的关系奠定了基础，也有助于维系一个持久、有效和合适的母子关系。

不同年龄段的母子如何相处

不管怎样，儿子都需要来自母亲的无条件的爱和尊重。他在开始自己的人生旅途时也需要足够的自由。不论男孩年纪如何，母亲的形象都深深印刻在他们心中。如果母亲和儿子的心灵互动良好，她就能帮儿子建立起朝男人阶段迈进的自信和勇气。让我们看看在男孩发展的不同阶段的独特母子关系吧。

探索者和爱人者的母亲

在男孩生命之初的很长一段时间里，母亲都是他宇宙的中心，是地球上最安全的地方。当他脆弱无助的时候——不论是难过、受伤、恐惧还是愤怒，他都会将自己的感受告诉母亲。母亲会看到儿子最好和最糟的一面。

当男孩处在探索者和爱人者阶段时，他的母亲就像是棒球赛里的本垒[1]，是一个只要他愿意就可以随时过去停靠落脚的地方。即便探索者会在寻找独立性的过程中来回徘徊，但他总会回到本垒。在男孩生命最早的发育阶段，母亲就为腹中的他提供了维持生命所需的一切物质，从受孕一直到分娩，并延续到出生后的最初几天。

我（戴维）还记得自己站在一旁见证妻子康妮第一次怀孕分娩时的情景，我当时以为我所能做的就是开车送她去医院，跟她说

---

① 棒球比赛中队员前进所指向的目标。——译者注

"呼吸，使劲，呼吸"，还有为婴儿换纸尿裤。尽管现在我所承担的责任远不止这些，但全家生活的基本需求都是靠着我妻子才得以满足的。她怀胎十月，生下我们的孩子，然后在孩子出生后一年的时间里，她的身体为孩子们提供最主要的营养。她哺育他们，我为他们拍嗝；她抚慰他们，我为他们换纸尿裤。尽管随着孩子们的成长，我也更多地参与了他们的生活，但康妮仍然在他们理解世界的过程中扮演着核心角色。

也许母亲在养育儿子时能做的最重要的事就是意识到他的情感发展。如果她没有关注到这个特定的领域，儿子的心灵就有可能会逐渐坚硬。有研究表明，当婴儿表现出不开心的情绪时，男婴的母亲和婴儿互动的可能性比女婴的母亲更小。威廉·波拉克从这项研究中得出了如下结论："根据社会对男孩传统、僵化的要求，男婴的母亲担心如果她们让儿子表达过多的悲伤、疼痛或脆弱感受，儿子以后就可能会变得不像个'真正的'、完全正常的男子汉。"这种类型的互动实际上妨碍了男孩体验广泛的情绪感受，并让他们为了被社会接纳而走向狭窄的情感表现。

男孩在很早的阶段就在家中和世界中学习，他们明白哪些特定情感是他们的禁区。然而，如果男孩想要充分地实现自己的男性潜能，他们就需要广泛的情感体验。作为主要照顾者，母亲就处于帮助男孩学习这些的前线。母亲可以通过展现温柔和共情、允许儿子充分表达自己的内心，引导他成为一个情感丰富的人，从而全方位地表现出自己的男子气概；相反，母亲不该做的是当儿子感到受伤或不开心时给他灌输羞耻感。

母亲还可以通过和儿子谈论他的感受来帮助他们在男孩阶段

的前三分之一时间，让他将自己的心和感受联系起来。她可以说："怎么了，儿子？你玩积木时遇到麻烦了吗？你好像因为积木一直倒而很生气。你一定因此而感到很难过吧？"哪怕周围的世界正试图打击他们的心或割裂他们的感受，这类情感对话也可以帮助他们与自己充实、丰富的心灵感受联系起来。对母亲而言，重要的就是要在和儿子互动时提高自己的表达能力。就算她可能会被儿子的难过、受伤、孤单、内疚和羞耻等情绪的强度吓到，她也需要帮助他识别这些情绪。

独立者的母亲

在男孩进入独立者阶段后，母亲仍将在他们的情感、精神和关系发展上发挥重要的作用。事实上，他们在情感和精神方面不断增强的能力也为母亲创造了机会，让母亲得以拓展自己在教育、示范和养育方面的角色。

在独立者阶段，父母也需要专注于性格发展的问题。因为一旦这个短暂的时段过去了，他们就不能再扮演儿子生活中最核心和最具影响力的角色了。在男孩成为少年前，他们需要形成一些关键的性格特征，如同情心、诚实、自我控制力、辨别能力、尊重自己和他人、承担个人责任、做正确事情的勇气以及坚持个人信念的力量等。正是在独立者阶段，父母可以帮助男孩建立起道德价值观的基础，进而塑造他的自我形象、行为和世界观。

因为男孩的母亲往往是在这一阶段和他联系最紧密的人，所以母亲有独一无二的机会对他们进行性格教育，教他们如何发展和维持关系。女性的思考往往以关系为出发点，因此母亲可以自然而然地将同情和共情的想法传递给自己的儿子，进而帮助他们理解其他人是如何看待和体验生活的。母亲也可以通过帮助儿子思考他人在特定情况下的所思所感来促进其共情能力的发展。例如，如果一个男孩对另一个男孩说了一些尖酸刻薄的话（这在独立者阶段并不少见），那么他的母亲可以说"你觉得他刚才听你那样说会有什么感觉？如果他对你说了一样的话，你会感觉如何"，以此来帮他发展共情能力。

作为体验型学习者，男孩会通过练习对他人展现友善、照顾和关怀来发展同情心和共情能力。母亲需要向儿子强调这点有多么重要，并且在每次儿子对他人展现出同情和给予帮助时对他表示肯定。"安迪，我看到你从餐桌旁站起来去为你的妹妹拿了一把新餐刀，因为她的刀掉在地上了。这真是太酷了，你真是一个有同情心又体贴的年轻人。"

独立者会发现他们和同龄人的关系越来越复杂。这个年龄段的男孩常常沉迷于彼此竞争，并且非常在意在等级秩序中的排名。他们会更频繁地经历伤害和背叛，也会因受到诱惑而隐藏自己、将自己隔离起来。当男孩学会如何对他们的朋友、家人和其他人展现共情时，他们就拥有了一个平衡自己竞争冲动的工具。共情能让男孩由衷地为他人的胜利和成就感到开心和兴奋，而不是感到愤怒和嫉妒。

徘徊者的母亲

还记得我们之前说过的，母亲是男孩认为地球上最安全的避风港吗？不过，这样的安全也存在一个弊端，又被称作"橡皮筋现象"。因为男孩在母亲身边感到最安全，所以他本能地认为，不论他说什么、做什么，母亲永远都不会抛弃他。因此，他也认为就算他在情感上将母亲推得远远的，如同拉开橡皮筋一般，母亲还是会马上反弹回来，成为让他感觉安全的地方。他对母亲会展现出最温柔和最抗拒的两面。就如我们之前所说，母亲会看到儿子最好的和最糟的一面，而在独立者阶段，她最有可能看到的是最糟的一面。

通常情况下，一个男孩的自我感觉越差，或者在其他关系中越复杂，他的母亲就越有可能成为他发泄怒气的目标。这公平吗？更糟糕的是，在独立者阶段，母亲还不得不开始放手让他离开。真是令人心痛！

在独立者和徘徊者阶段之间的某个时间点，男孩将根据自己的发展进度开始在心理上独立，并减少对母亲的依赖。这是他男子气概发展过程中的重要节点。为了能更全面地进入男人的世界，他需要离开女性气质的环境。这时的男孩将开始拉开与母亲原有的亲密距离，更少地分享，并更喜欢争辩。

包括出生顺序等在内的一系列因素都会影响分离的过程。如果他是你的第一个孩子或是家里最年长的男孩，那么这对你和他来说都将是第一次分离的经历，可能会让人感到既陌生又困惑。如果他是你的第二个儿子，或他有年长的哥哥，那么这次分离会比较容易，因为你已经经历过和他哥哥的分离，会大概了解即将发生的事情。如果他是家里最年幼的男孩或是你的最后一个儿子，那么这次分离对你而言是最后一次，所以可能会有所挣扎，最终对你们俩都是一件复杂的事。

除了出生顺序，脾气秉性也会带来影响，一些男孩出生时就比其他男孩更具有自主性和挑战性。另外，母子关系的性质，无论是亲密还是疏远，是和平还是冲突，都会影响分离的过程。

生活中的转变也是分离过程中的一个影响因素。例如，如果家庭中最近经历了夫妻分居或离婚，那么此时放手分离可能会让儿子产生困惑，因为这会让他觉得自己好像抛弃了母亲，母亲也可能因为正在解决或解决不了的内心孤独感和被遗弃感而在放手让儿子离开自己这件事上挣扎不已。

我们曾辅导过几个年轻男人，他们在父亲去世后经历了和母亲分离的阶段。一些男孩在这种情况下会尝试着抗拒母亲的放手和分离，因为他们认为自己有义务照顾丧偶的母亲。如果你正经历特殊的情况（如丧偶或离婚），那么向治疗师寻求帮助可能有助于你的儿子顺利完成过渡期，并促进你和儿子之间的对话。

不论在什么情况下，都不要将对儿子放手、让他独立这件事想得太难过。分离，虽然感觉上是非常个人化的，但实际上这是所有男性从男孩阶段进入男人阶段的必经之路。

徘徊者的母亲需要富有创意。我们的朋友和同事梅丽莎·切瓦特桑（Melissa Trevathan）和赛西·高夫（Sissy Goff）写了一本关于青春期的书——*The Back Door to Your Teen's Heart*[①]。这本书的开篇是这样说的："如果孩子能预测到你的下一步，他们就能将你打发走。"因此，在和徘徊者阶段的男孩相处时，应该尽可能地让自己有出其不意之举，而要想做到这点，就需要创意和思考。

你需要以有创意的方式和他保持联结。我（斯蒂芬）认识的一

---

① 书名大意为：通往少年心灵的后门。——译者注

位母亲在一个夏夜做了意大利面和肉丸子当晚餐。吃到半途，她夹起一把意大利面朝 15 岁的大儿子扔去，又夹起一个肉丸子朝 12 岁的小儿子扔去。两个男孩都感到惊奇，瞠目结舌地坐在那里。然后，她又趁机用自己的叉子作为弹射器向他们发射沙拉。当她告诉我这个故事时，她说家人已经很久没有笑得那么欢了。她说当儿子把这件事讲给朋友们听时，没有一个人相信这是真的。这位母亲既难以预测，也无法轻易打发，她是一个英雄。

战斗者的母亲

战斗者阶段是男孩发展过程中能和母亲共同出门喝咖啡的年纪，母子可以有更长的时间共处。到了这个阶段，他对于和妈妈一同出门这件事已经能坦然处之，不怕被人看见了。他已经再次进化为正常的生物了。一位母亲最近在提起自己 19 岁的儿子时，这样说道："我不明白，为什么孩子们不在 13 岁时去上大学然后在 18 岁时毕业回家呢？当他 18 岁准备离家时，我已经非常舍不得他了，所以他离开时我只能哭泣。我一直很想念儿子，也一直期待着他放假回家。"

在这个阶段，母亲可能会再次扮演儿子情感和身体的安全避风港的角色，让儿子可以回家依靠。记得前文提到的那个在游乐场上学步的幼儿吗？此时，寻找安全感的主题再次出现。上大学、服役或开始工作的战斗者需要一个被称作"家"的安全的地方。他们需要能够在那里安全地谈论和处理对外面世界的感受，他们需要一个缓冲的地方让他们讨论曾遇见的危险，让他们测试和旧经验相对立的新想法，让他们表达成就感和希望。战斗者需要一个地方能品尝回味父母做的饭菜，能带着脏衣服回来，并记住那些熟悉和带来安全感的所有事物。这里不仅仅是一个吃饭和洗衣的地方，更是一个有爱他的人、不论他境遇如何都会接受他的地方。

战斗者的母亲在这一阶段需要大量的倾听。她会倾听儿子畅想自己的未来，并梦想自己以后会成为的样子，也会倾听儿子谈论自己的希望和恐惧，还会倾听儿子谈论自己心仪的女孩。在倾听的同时，母亲也需要等待儿子邀请她发表意见，而不是随心所欲地发表自己的看法。战斗者的母亲也需要倾听自己的心声，并注意在看着儿子迈入男人阶段的最后一步时自己内心的挣扎和遇到的困难。

给家有男孩的母亲们的提示

养育儿子是一个女人所经历的最有挑战性也最有价值的旅途之一。几乎没有其他关系能像母子关系这样既复杂又让人有成就感。这和养育女儿的母亲所需要具备的技巧是不一样的，不妨利用下面这些建议来为自己指引方向。

↘ 提示 1：享受他的年幼时光

享受儿子年幼对你依恋的时光吧。可以在你们俩共处的时候拍摄大量的照片和视频。一旦他开始走向独立，你将需要看着这些影像来提醒自己他是谁以及他将成为什么样的人。

↘ 提示 2：不要慌张

在儿子从独立者阶段结束将进入徘徊者阶段时，你可以在自己手腕上套一条橡皮筋，提醒自己"橡皮筋现象"。当他表现得非常糟的时候，如果有必要，就取下橡皮筋朝他发射吧。

↘ 提示 3：保守秘密

和青少年之间的亲密关系可能会很脆弱，摇摆不定。父母要想取得最大的成功，就应该了解儿子不愿意敞开心扉的原因，并努力营造一个让儿子感觉安全的环境，能开口聊聊自己的感受。让儿子知道你尊重他的隐私并保护他的自信，这非常重要！母亲们，这意味着你不可以和你的朋友聊起儿子的秘密。当你展现出能对儿子的秘密守口如瓶时，儿子就会信任你。

↘ 提示 4："绑架"注意力

母亲和儿子，尤其是 14 岁及以下的孩子，保持联结的方法就是将他载在车里，带他去办事，这样你就能抓住他的注意力。试着在外出时加入一些有趣的活动，比如去买冰激凌或汉堡。

↘ 提示 5：出其不意

对男孩恶作剧：在他的门把手（或者是马桶座圈）上涂凡士林或黄油，在他床上铺短于他床的长度的床单，躲在角落里跳出来吓他一跳，在他上床后把闹钟往前调一小时……你懂我们的意思。随着他在青春期不断成长，你必须学会用幽默感来和他互动。如果你用自己的挫折感来应对他的强烈情绪和闷闷不乐，那简直就是风暴的前奏。我们常常鼓励母亲在儿子不听话的时候，在车里播放音乐并大声唱歌。

⬎ 提示6：记住，这不是为了你自己

母亲们，请记住，你正在帮你的儿子为未来和妻子发展关系做准备。你是用一些实际的方式培养他，让他行动起来而不是做个懒汉；还可以用一些情感方法来培养他，让他不受溺爱并独立。你也在为自己做准备，准备好与儿子建立积极健康的关系，这样他也会寻找到合适的妻子，能和你好好相处。

⬎ 提示7：检视内心

如果你意识到自己的内心深处对男性怀有不满和蔑视，那么无论这是出于什么原因，你都需要为了儿子用建设性的方法消除这样的想法。

⬎ 提示8：随时敞开怀抱

有些母亲受到文化中关于"真正男子气概"的说法的影响，从而认为她们在儿子两三岁时就应该在情感上将儿子推开。然而，哪怕男孩已经处于青春期，也仍需要和母亲建立联系。母亲们，你们需要对儿子的隐私领域保持敏感和小心，但过早地和儿子在情感上分离、失去联系对他来说只会弊大于利。

↘ 提示9：每年留出一个周末做母子旅行

在出发前几周，可以请他帮忙一起计划整个周末你们要做的事情。

↘ 提示10：尊重他

哪怕最富有技巧的谈话者也无法强迫一个青春期男孩在不愿开口时进行对话。然而，一旦他开始愿意敞开心扉，你就需要用鼓励的方式和他交流。尊重儿子作为一个独立的个体是一个十分重要的想法。当男孩感觉自己的母亲或父亲总是不同意或批判自己的看法时，他就更不愿意说出自己的想法了。这并不是说你要同意他所说的话，但是无论他的想法有多不成熟，都请尊重他表达不同看法的权利。当你和处于青春期的儿子交谈时，可以试着让他引导对话。还有一点，如果他没向你提出要求，就不要提供建议。

第 12 章

父亲与儿子的相处模式

有一年圣诞节，"圣诞老人"给我（斯蒂芬）的四个孩子送了一套户外游乐设施……只不过不是实体的，而是印在照片上的，然后附上一封信解释说这套设施太大了，他的雪橇放不下，所以他会在几周内让小精灵把它送到家里。孩子们激动不已，他们仔细研究着照片和信，我 7 岁的儿子信誓旦旦地证实了这确实是来自圣诞老人。不久后，在一月中旬的一天，一辆巨大的厢式货车停在了我家门口，两个高大的壮汉从车上搬了 6 个大箱子放在了我们家的后院。箱子不是一般的大，简直称得上是庞然大物。在每个箱子里都有成百上千……哦不，成千上万……其实应该是上百万个小零件，有木板、螺丝、螺母、螺栓、垫圈，还有滑梯、秋千、绳梯和铃铛，以及一面攀岩墙……

一连几周这些箱子都占据着我们家的后院。孩子们会爬到箱子上面，我也试图说服他们其实爬箱子和玩游乐设施一样好玩，以此拖延组装的任务。但 8 周后，我耐不住他们的苦苦哀求和甜言蜜语，开始搭建这些游乐设施。然而，就如同我之前做过的每个家庭装修项目一样（如之前我和妻子打算在厨房里安装新橱柜），这次的搭建比我预想的更复杂，工序更多。

当时家得宝（Home Depot）家装公司的员工告诉我们："这一点儿也不难，我觉得你们俩可以自己动手，用不了几个周末就能完工。"话虽如此，但我们在第一个周末拆掉旧的橱柜后，才突然发现石膏板布满了霉菌，木框架也被白蚁腐蚀，甚至蔓延到了地板和地基。要知道，在此之前我们才刚刚花了几千美元改建了整个厨房。

这个后院游乐场的搭建也出现了类似的情况：从一个简单的游乐设施组装开始，最后组装成一个完整的后院景观。我需要放置新的花盆、移动旧的植被、种下新的灌木、在整个院子中翻土以便铺设新的草坪。

我使用耕耘机翻动着后院有脚踝那么深的土。我的妻子和孩子站在外面观看我和机械角力的场面。过了一会儿，有 3 个孩子觉得无聊，就去和狗一起玩了。我的另一个儿子亨利选择留下陪我。当我操作耕耘机时，他拿着他的玩具割草机一步一步地跟在我身后。当我停下来清理耕耘机的耙齿时，亨利也跟着停下来摆弄他的割草机。当我拉着耕耘机退后转向时，亨利也和我同步而行。他像个小影子一样跟在我身后一个多小时，一脸正经，还带着专注和坚定的神情。我和亨利共处的这个下午是一个展现了父亲在儿子生活中扮演的强大角色的清晰缩影，展示了男孩是如何向父亲看齐并获得方向、启发和身份认知的。

男人们，我们凭直觉就知道成为父亲是一件重要的大事。这是作为一个男人所能做的最有意义的事情。哪怕是"首席执行官""总统""全明星"或"英雄"这样的头衔，也比不上"父亲"这个角色重要。作为父亲，男人不仅有强大的祝福儿子的能力，也有诅咒儿子的力量。男孩和父亲之间关系的质量将对他的余生带来直接的影响，包括他和未来妻子的相处方式以及对自己儿子的养育方式。儿子和父亲的联结是他生活中最具决定性的经历之一，但父子关系的建立、发展和维持并不简单。

父亲和母亲不同，母亲自受孕起就和儿子有着身体上的联系，而父亲必须通过关系、仪式和经历才能和儿子建立联结。在子宫中，婴儿从母亲那里获得高水平的激素，两者被以化学方式联系在一起，但与父亲没有这样的化学联系。

如果说母亲在养育儿子的过程中遇到的困难是源于性别差异，那么父亲遇到的挑战则是他们和男孩之间的"相同之处"。儿子具有展露自己阳刚之气的能力，从而逼着父亲去直面他们。在儿子身上，父亲会将自己作为男孩和儿子身份时的经历重新联系起来，他也常常能在儿子身上看到自己的影子，有时甚至完全忽视了儿子本身。

虽然我们认为化学物质上的联系并不适用于继子或养子，但我们只是想用这个想法来说明男孩和母亲的关系通常比和父亲更容易建立和培养。

父亲是男孩生活的基石，他们在儿子生活中的重要性再怎么强调都不为过。大量研究都表明了积极参与孩子生活的父亲能为孩子的生活带来积极的影响。以下是一个例证。

在父亲缺位的家庭里长大的孩子更有可能（约五倍）生活贫穷。2002 年，美国已婚夫妇家庭中 7.8% 的孩子生活在贫困之中，而在单亲母亲家庭中这个比例是 38.4%。

哪怕我们将人口和社会经济因素都考虑在内，与父亲分开生活的孩子患哮喘或发生与哮喘有关的紧急情况的概率也更高。

生活在单亲家庭中的孩子所遭受身体、情感或教育忽视的风险比生活在双亲家庭中的孩子高一倍。

当父亲参与孩子的教育时，孩子更有可能得到"优"的成绩，也更喜欢上学和参与课外活动，留级的可能性也更小。

有63%自杀的少年和85%的有行为障碍的孩子都是来自父亲缺位的家庭。

没有父亲，孩子将备受折磨。但可悲的是，在我们的文化中父亲的地位无足轻重，这对我们的男孩而言并不是好事。如果男孩的生活没有父亲的参与，他就很可能长久陷于这样的悲剧中。

父亲陪伴的重要性

为了在儿子成为男人的英雄旅途中滋养他的心灵，父亲必须陪伴在侧。这道理看似明显，但有许多父亲却不在状况，不论是情绪上、精神上还是身体上都是如此。由于自身的情感隔离、心理发展未完全以及精神不成熟等原因，有太多的父亲在这个过程中擅离职守。弗兰克·皮特曼（Frank Pittman）在一篇1993年发表于《今日心理学》（*Psychology Today*）的文章中总结了过去两个世纪以来父亲身份的文化转变。

数百年来，父亲传给儿子的东西一代比一代少，不仅权力更少，智慧和爱也更少。最终我们到了这样的地步：许多父亲在儿子的生活中越来越无关紧要。

这是一份措辞强硬的声明，我们也同意这一点：父亲们和孩子的联结比以往更少，权威性更小，参与度也更低。

大约在 1760—1830 年第一次工业革命的时候，社会对父亲的看法有了很大的变化。工业革命标志着人类社会历史的根本性转变，其最初发端于西欧和北美地区并最终影响了世界大部分地区。这些变化对社会造成了巨大的影响。从获得食物的方式、学习方式，到获得衣服的方式乃至养育孩子的方式，几乎生活的每个方面都受到了影响。

随着经济发展模式由农业转向工业，经济中心由农村转向城市，劳动力就需要离开农场到工厂工作，这个责任通常由父亲承担。因为父亲开始通勤到城市里工作，家人要是还算幸运就可以在平时见到他；有些父亲则是长期不在家，只会在周末或一个月的几天中回家。即使举家搬迁到城市居住，离工厂更近，父亲也可能因为工作而全天不在家，和之前在农场附近劳作的情况完全不同。因此，皮特曼认为"男性一家之主的地位不再以家庭参与度来定义"。

随着父亲和家庭生活逐渐疏远，一家之主的地位开始以供给的多少来衡量。因为这些在家庭生活中擅离职守，或是在工作上受雇于人的父亲，无法守在儿子身边教育他们或和儿子建立联系，所以他们就成了家庭供给的主要支柱。这样一来，当他们在家时必须找到其他参与儿子生活的方式。除了提供生活供给，父亲还需要成为管教者（"等爸爸回家看他怎么收拾你"）和观察员（"给爸爸看看你今天做了什么"）。现在，父亲在家庭中的地位是由他的社会地位和经济实力决定的，而不是由他的心性决定的。既然父亲已经离家去"征服世界"，那他在家中就不再是领导者。

随着父亲的重心更多地放在赚钱上，养育孩子的重担就落在了母亲身上，并且"男孩们开始在父亲缺位的情况下成长"。在过去的 150 年中，由于社会和经济情况并没有太大的变化，我们这一代孩子在成长过程中仍然认为父亲就应该专职工作，因此不该或不必期待从父亲那里得到更多工作以外的东西。但问题在于，孩子们的确有更多的期待和渴望。男孩在情感、精神和心理上都渴望父亲的参与，但如果此时父亲不得不离家去讨生活，那么男孩就会认为是自己有问题。他会告诉自己："我不该有这样的感受。如果父亲应该去工作，那么我就不该觉得难过或者一直需要爸爸。我一定是有什么毛病。"这样的经历会让男孩在生活中产生有害的羞耻感。而且男孩往往以此为出发点，发誓不要去感受，不要去索要，不要有需求，也不要表现出任何情感，哪怕这是他们本该有的样子。

我（斯蒂芬）曾在办公室里和一个叫布雷登的男人谈起他与父亲的关系，以及他和儿子们日渐紧张的关系是如何被这个关系所影响的。布雷登告诉我，他的父亲几乎没有去观看过他的高中篮球赛，就算有，"当他到场的时候，大部分时间也是在和客户聊天"。

"你怎么看这件事？"我问，"你对此感觉如何？"

"唔，其实我没有那么难过，"布雷登说，"我希望爸爸能多来看我比赛，但也明白他正忙着养家糊口，就像他整天挂在嘴边的，他如果不工作，我们全都得饿肚子。"

我对他说："我知道篮球对你有多重要，但你爸爸却没空观赛，这确实让你挺难过的吧？"

"倒没那么糟，"布雷登回答道，"我是说，我当然会在意，也会难过。我真的很希望爸爸在身边，但他是家里重要的经济支柱。他其实也总是问起我的比赛，想知道每个细节。"

"听到他对你的事感兴趣，我很高兴。但我还是想知道你的这些感受后来什么样了？"

"嗯，我记得大概在六年级或初中一年级的时候，我在心里告诉自己，我不能再让父亲无法观赛这件事影响到我。这真的影响了我的比赛表现，因为我总是看向观众席寻找他的身影。我记得我对自己说，我不能像个婴儿一样那么强烈地需要父亲陪伴，我只是需要长大罢了。"

"你不想对父亲的缺位产生任何感觉，这可真是个深刻的誓言，"我回应道，"听起来你真的为渴求父亲陪伴而感觉羞耻。但当你的儿子希望你陪他们时，你是不是也有一样的想法？你认为是他们应该长大吗？"

"不，当然不是。是我应该在他们身边，"布雷登强调了他对儿子们的爱，"我的爸爸很伟大，但我想做得比他更好。我本应该处理好，但随着孩子年纪渐长，我和他们的沟通和联系却越发困难。"

"你是不是觉得你当时立下的'对父亲不要有感觉'的誓言使你难以和儿子们建立关系？"我问道，"因为听起来就好像是因为你不想感受自己多么地需要父亲，所以你就将内心中作为男人和产生柔情的那部分封存了。那你现在是怎么处理和应对你的悲伤、失望和孤独的情绪的呢？"

"我只是把这些情绪推开。"

作为一种性别，男性在独处和与家人相处的过程中都很努力地保持存在感，无论是在情感还是在身体上。就如同和布雷登的这次谈话一样，我曾和其他男人有过无数次的对话，讨论他们如何对自己的心痛感到羞耻，从而选择封闭自己的心来应对父亲不在身边而产生的痛苦。戴维也和许多男孩就同样的话题交流过多次，试图帮助他们在成为男人的过程中保持心灵的开放。

大多数男孩和许多男人都在寻找缺位的父亲。有了父亲为他们提供情绪和精神上的滋养、成为榜样并祝福他们，他们就能顺利地进入男人阶段。许多男孩都渴望父亲的陪伴。在童年和青春期，他们一直在等待一个男人在他们身上倾注关怀，祝福他们并肯定他们的能力。男孩们的出格行为、惹麻烦、受伤、伤害自己以及和其他男孩竞争，都是为了得到一个男人的关注。同时，男孩也迫切地需要有一个男人来帮助他们成为男人。但问题是，大多数情况下，男孩生活中的那个男人也在试图和男孩沟通的过程中迷失了。

父与子之间的心灵互动

对于一个想要在儿子的英雄之旅中滋养其心灵的父亲而言，他必须清楚地理解自己心中男子气概的由来。父亲必须问自己："我是从哪里学到了成为'真男人'的含义？"父亲必须认识到自己关于男子气概的认知是如何形成的，是从他自己的父亲、母亲、导师、祖父母那里，还是从硬汉电影中获得的？不论父亲是如何看待"真男人"的，这些看法都会对儿子产生影响。"真男人"是运动健将，还是成功人士？是智商超群，还是长相帅气？是自信十足，还是没有感情？如果父亲都不将自己视为"真男人"，那么他很有可能无法给儿子提供他所需要的东西，去帮助儿子带着完好的心完成走向男人阶段的旅程。

这个问题可以分解为以下三个方面：

- 大多数父亲从没有停下脚步来问自己这些问题；
- 这些问题并不容易回答；
- 对于成为"真男人"有形形色色的定义。

要和男孩的心灵互动，父亲就必须先和自己的心互动，尤其是思考自己和父亲的关系。父亲必须认识到他的父亲在哪方面做得好以及存在哪些问题，并反思这些问题是如何在下一代身上体现出来的。例如，有些男人的父亲在情感或存在上缺位，这样的男人往往也会在儿子的成长中缺位。有些男人的父亲滥用权力和权威，或在控制、训练和管教他们的过程中滥用暴力，这样的男人往往也会以同样的方式养育他们的孩子。这样至少说明了，这些男人不得不对自己的父亲塑造的男子气概做出妥协。不管你如何看待，男人和自己父亲的关系对于他的男子气概和塑造自己和儿子的关系等方面产生很大的影响。

父亲榜样的力量

养育男孩需要父亲以身作则，示范一个真实而完整的男人是什么样的。男孩需要看到男人具有强大、勇气、敏感细腻、有纪律、擅长建立关系、可被教导、有同情心等品质。男孩需要父亲能成为肯·坎菲尔德（Ken Canfield）所说的"参照点"。因为男孩是体验型学习者，父亲的行为对他们而言会比言语更有力。男孩需要看到自己的父亲在生活的各个领域都做得不错。父亲也需要将自己的生活安排好，有意朝着希望儿子遵循的方向前进。

男孩需要父亲树立一个如何处理好关系的榜样。父亲需要向男孩展示一幅图景，自己作为丈夫、父亲、雇员和领导应该是什么样的。当父亲努力建立起强大的关系供儿子观察时，他就为儿子长大后能做同样的事情奠定了基础。

父亲要把和儿子对话作为优先事项。记住，男孩是从榜样身上以及自己的经历和实践中学习的。在提出建议前，父亲们需要先倾听儿子的故事。他们需要关注儿子的心声，并且在倾听的基础之上发表自己的意见。父亲也需要摒弃说教，给儿子足够的尊重和称赞来打开对话的大门。父亲在和儿子交谈时往往像是在独白，而在男孩听来就像是"叽里呱啦"。父亲需要对反馈持开放的心态，哪怕反馈是负面的。重要的是，当关系出现裂痕时，父亲需要主动修复、重建关系。当父亲有承认错误和寻求宽恕的勇气时，就为儿子树立了一个真实男子气概的有力榜样。

父亲还需要为儿子示范如何负责地用健康的方式恰当地表达情绪。男孩需要看到并听到如何辨识、解决和表达各种情绪（如快乐、悲伤、愤怒、失望、敬畏、悔恨、期待、希望、喜爱、渴望、恐惧等）。男孩也需要学习如何表达像愤怒和羞耻这样强烈的情感，以及像悲伤、喜爱和孤单这样更温柔的情感。对于大多数父亲来说，这是育儿的一个挑战，因为他们可能没有从自己的父亲那里学到该如何处理自己的情绪。许多男人忽略了自我情感，因此他们的儿子最终也在成长过程中对于如何处理情绪产生了不健康的想法。男孩们需要明白，情绪是发展和维持健康关系必不可少的部分。他们需要知道，感受并不代表软弱，也不是危险因素，而是生活的自然部分。他们还需要看到，感情是强大和勇敢的人生的重要组成部分。

做儿子的拥护者

因为所有男孩都在被同一个核心问题所困扰——"我是否有能力？"所以他们需要体验父亲对他们的热情帮助和支持。男孩需要父亲参加他的活动并为他加油助威，不论是比赛还是其他非竞技活动。不论男孩喜欢的是体育、音乐、艺术、烹饪，还是山地自行车、滑板等活动，他都需要来自父亲的支持、鼓励、热情、陪伴、肯定、接受和参与。男孩需要和父亲一同体验生活。如果父亲恰好和儿子兴趣不同，或是有不同的兴趣和爱好，那么共同体验生活可能会比较困难。然而，作为父亲，我们需要尽力支持儿子所做的一切努力。这是我们角色的一部分，也是我们的男孩需要我们做的。

男孩需要和父亲在言语和身体上都亲近。如果父亲有爱心、关爱儿子，儿子就更有可能形成深刻的自我价值感。每个年龄段的男孩都需要很多来自父亲的拥抱和亲吻，以及父亲言语上的肯定。父亲每天都需要多次告诉儿子自己有多爱他们。每个男孩也需要父亲肯定他性格和行为上的优点，并听到父亲为他感到骄傲。

要成为男孩的拥护者，一部分工作就是考虑他的未来，为他正名，帮他做好准备，并且鼓励他朝着所要成为的人的方向发展。每个男孩都需要一个男人关注他、研究他，并了解他天生的性格特点。男孩需要一个父亲一样的人物来考虑如何理解他，以及思考他独特的个性将会如何影响成年后的生活。男孩需要父亲来为他着想，关注他的未来。男孩需要父亲能在他违背天性、叛逆生活时给他当头棒喝。例如，父亲可以说："儿子，我注意到你和你的朋友最近对教练的态度已经超出底线了。我想提醒你，你是领导者，那些男孩会跟随你。我也想提醒你，你平时其实非常尊重别人。如果你对教练不满，你就需要直接和他沟通。如果你需要帮助，那么我可以帮你，因为我知道直面成年人可能会让你觉得可怕，但我希望你能真实地面对自己。"

做儿子的精神导师

在滋养儿子心灵时，父亲可以扮演起精神导师这样的重要角色。男孩需要有人指导和激励他们。他们需要像《星球大战》中尤达那样的导师来传授智慧，挑战假设，以及引导他们走向真理。虽然尤达其貌不扬，他却在帮助天行者卢克找到方向并成为男人这件事上发挥了核心作用。尤达扮演了卢克的共鸣板，采取了更多苏格拉底的启发式教育方法，而不是说教或传教的方式。

男孩需要从父亲身上学习如何应对生活中的挫折，以及如何从逆境中恢复。他需要学习什么是"超越自我的生活"。这种向外的关注和男孩天生的自我保护、关注自己的本能是相反的。教导男孩如何向外看，是引出真我、敦促他前行的过程中的一部分，可以引导他向着智慧、高尚、正直和有力量的方向发展。

许多男孩认为信仰是女性化的。对此，父亲应该作为其精神向导，树立有力的榜样来为儿子扫清道路，帮助儿子获得对精神方面修行的理解和欣赏。许多父亲在这方面是被动或者缺位的，因此他们的儿子在成长过程中缺少了阳刚之气的榜样，也没有一个热情、有思想、坚强、温柔、勇敢和谦逊的男性榜样。

父亲也可以通过发起和示范服务他人的行为，教导儿子如何真实地表达精神情感。记住，男孩需要为他人服务的难忘经历。父亲应该为儿子创造尽可能多的机会去服务他人，包括到流动厨房服务、参与人类家园建设项目、为慈善组织募款，或者简单地在当地的社区参加志愿服务。

不同年龄段的父子如何相处

男孩需要通过体验父亲在情感上的陪伴，以父亲为榜样，接受父亲的拥护和精神指导来感受、了解父亲的爱。无论他是 2 岁还是20 岁，他都需要父亲在旅途中相伴而行。当父亲和儿子的心灵互动时，他也在帮儿子了解自己的心，这样能使儿子在生活中免于产生许多男人都会有的羞耻感。这种建设性的参与在男孩发展的不同阶段是不同的。接下来，我们提供了一些具体方法，帮助父亲参与儿子从男孩迈入男人的这一过程。

探索者的父亲

探索者阶段的男孩需要有男人在身边陪伴。他们需要有个男人拥抱他们、搂着他们、亲吻他们，并和他们相互依偎。当然，他们也需要有个男人和他们摔跤。他们需要体验男性温柔的那一面，这可以帮他们建立一种安全感、保障感和舒适感，也能帮他们为更平和地与异性相处做好准备。然而，他们也迫切地需要历练和摔跤，以此感受并测试自己逐渐出现的能量。其实，摔跤活动也是一个建设性地释放他们无限能量的出口。

在我（戴维）为一群教育工作者演讲后，有一位男教师找到我，他有两个处于探索者阶段的儿子。他告诉我，他集结了一群探索者的父亲，在星期六上午一同到学校体育馆活动。在那里，他们把学校摔跤队使用的所有摔跤软垫拖出来，为父亲和男孩们制造了一个宽阔的空间来摔跤、打闹和玩耍。这真是一个与年轻男孩进行建设性交流的好例子！

探索者也需要感受男人的存在和力量对母亲的支持。当父亲支持男孩的母亲时，他就为男孩如何与母亲互动、尊重母亲的行为奠定了基础并树立了榜样。正如我们所提到的，男孩会在整个童年时期因为自己渴求独立而与母亲对抗。男孩需要的是父亲的榜样和投入，以帮助他们在尊重以及不破坏母亲权威的情况下独立。男孩不应该不尊重或贬低他的母亲，父亲在制止这样的行为方面发挥着最为重要的作用。当他们这样做的时候，就在两性关系或夫妻关系方面为男孩树立了重要的榜样。

爱人者的父亲

当探索者成长为爱人者时，他们的喜恶、优劣势、激情和欲望都更容易被看出来。随着逐渐成熟，与此相关的这些个性开始出现和发展，男孩需要父亲来帮助他识别和探索这些领域。在爱人者阶段，男孩会尝试各种表达个性的方式。在他们探索自己的选择时，他们的父亲需要观察并倾听他们喜欢什么。在这个阶段，新的经验应该尽可能地以探索和享受为中心，而不是以竞争为中心。这并不是说男孩们不该竞争，他们将会竞争，也应该竞争。但在八九岁之前，他们的首要事项应该是享受乐趣、探索、发展和掌握技能。如果他们的愉悦感和接受感在生命中过早地与竞争相联系，那么这可能使他们的大部分后续发展脱轨。我们曾辅导过的许多男孩和男人，他们都在年幼时围绕着输赢进行训练。这些在压力下成长的男孩往往对自己的能力和天赋有扭曲的看法，认为自己很难甚至几乎不可能扭转局势。对于年龄较小、尚未进入青春期的男孩而言，绝大多数的训练都应该以掌握技能、提高身体和肌肉技能以及发展性格为目标。在爱人者阶段，教练或导师的首要目标应该是提升男孩的乐趣。他们需要记住，尚未进入青春期的男孩对激烈的竞争缺乏成熟的情感处理能力。因此，训练和比赛都应最大限度地围绕着乐趣和学习技能来进行。

这些信息并不只需要教练明白。有些父亲原本不在场上执教，最终却在场外当起了教练，他们站在铁丝网的后面或是球场边，大声地指导和批评。有一位父亲在和他8岁的儿子进行了一次引人落泪的谈话后找到我（戴维），我便敦促他在和儿子开启下一次对话前用记号笔在手上写下这句话："我的工作是闭嘴，享受我儿子的存在！"

爱人者需要因为他的存在而被喜爱和欣赏。如果你的儿子和你的本性相似，就让他成为他自己吧；如果他的个性和你相异，那就发现、赞赏并享受他独特的存在，而不是让他扭曲成不像他自己的样子。

爱人者希望得到别人的喜爱，也希望父亲和他们互动。和探索者一样，爱人者的互动方式需要包含肢体接触和联系。不过，爱人者还需要在情感上感受到父亲的存在。你可以通过参与儿子喜欢的活动来和他互动。和他一起做项目，完成与否其实不重要。

爱人者阶段是父亲教导儿子和自己的心灵建立联系的关键时期。前文说过但值得再三强调的是，男孩需要看到男人的生活中是可以有情绪的，而且他们也需要学习如何识别、解决并表达自己的情绪。如同许多男人一样，有时一位父亲连自己都不知道该怎么做，那么他就需要学习，这样才能将基于此的智慧传给儿子。如果你发现自己有这样的情况，那么我们鼓励你加入男性互助小组，或是去看心理咨询师，或者参加男性训练营，比如约翰·艾杰奇在蒙赎之心训练营（Ransomed Heart Boot Camps）中提供的那样。不论你做什么，都请去学习如何在情感层面与自己、与儿子相处，你的妻子也会为此感激你。如果你不这样做，你的儿子在成长过程中就可能会错过一项重要技能的学习，这项技能是他日后成功驾驭人际关系所需要的。我们坚信每个想好好爱自己儿子的男人都应该时不时地参与到能够发展、促进和鼓励强有力的情感联结的活动中。

独立者的父亲

作为独立者的父亲，我们需要增加我们的技能。我们必须继续在身体和情感层面都与儿子在一起，继续享受他们的存在，和他们互动。但在这个阶段，我们还必须有意识地让他们感受自我价值。

处于独立者阶段的男孩，需要知道自己有一股不可忽视的力量。作为父亲，我们的工作是唤出男孩的力量。在男孩和父母的力量对抗时，他们能感受到自己的力量。父亲们，当你和儿子玩游戏时，你可能需要多给他一些时间。男人身上的竞争意识有时就是如此可笑，他们甚至会因此压制自己的儿子。但是对你的儿子而言，能让他在你面前测试并验证他的能力，远比你宣扬自己的控制地位更为重要。同时，这个阶段的男孩知道你什么时候没有尽全力，所以故意手下留情也不能太明显，但你也不能玩得好像你是卫冕世界冠军那样毫不手软。

父亲需要引出独立者身上具体的优势，不仅是身体上或者是运动机能上的优势，还有情绪、精神、艺术和关系方面的优势。父亲除了需要创造机会让儿子将自己全部的优势发挥出来，还需要格外注意儿子的优势，并加以肯定和认证。在独立者阶段，男孩并不存在自视过高的问题。男孩需要知道你看见并珍视他们的优势。

当男孩表现出情感上的脆弱时，父亲更需要发现、强调和确证男孩身上的某个优势。例如，如果儿子向你求助，想解决他与同龄人、老师或教练交往时遇到的某个挑战，那么此时你在倾听他和允许他探索解决之道以外，也请对他愿意与你敞开心扉谈论自己的困难这件事予以认可和肯定。这类正面强化将帮助他和自己的情绪保持联结，也能让你们之间有畅通的沟通渠道。同样，这类互动也为你创造了机会去认识并肯定儿子的长处和创造力。你可以有意不替他解决问题，或者不提供未经请求的建议。

徘徊者的父亲

徘徊者的父亲需要有创造力和智慧。"需要像蛇一样机敏"这句话也适用于描述养育青春期男孩面临的挑战。这一阶段的男孩可能很想和哥儿们一起出门，参加他们喜欢的运动或兴趣活动，或者追求女孩。发现了吗？这些活动中没有哪个会涉及父亲。父亲和徘徊者互动时需要一些智慧，他需要想方设法得到和儿子共处的机会，并考虑能和儿子去什么地方以激起他们的兴趣。在这个阶段，父亲需要继续肯定男孩的力量，并呼唤出男孩的勇气。

徘徊者很有可能会抗拒和父亲共处的机会，因此父亲需要放手将儿子交托给其他值得信赖的成年人，那些成年人能以不被抗拒的方式与儿子同行。如果你的儿子处于这个阶段，那你可以帮他找到一位导师或其他指导者。如果他找到了，就鼓励这些关系的发展。

导师指的是关心某个男孩成长并和他相处得来的成年人。他们必须对那个男孩的生活感兴趣，并时不时地检查他的情况，看看他在学习、情感和关系上的表现如何。导师可以在男孩愿意接受的领域提供帮助，但最重要的是，导师要致力于为男孩创造福祉。即使徘徊者有爱着他的父母，在这个阶段，导师也能作为代理父母来关爱徘徊者，这取决于男孩和父母关系的紧张程度。男孩可能会更愿意聆听导师所提供的指导。对于在这个阶段与父母相处时出现真正困难的男孩而言，导师就是他们能寻求指导、帮助和鼓励的为数不多的成年人之一。

战斗者的父亲

做战斗者阶段男孩的父亲要相对容易一些。不过，你仍要牢记在心的是，在这个阶段的关系质量比数量更重要。你可以计划在某个周末去大学看望他，但你需要接受这样的见面只能是他生活中一小部分的事实。要让他过自己的生活，但你要把握住和他一起喝咖啡、吃晚饭或打篮球的机会。这是一个你需要在儿子生活中见缝插针的机会，而不是让他来适应你的时间安排。在你们共处的时间里，你可以不断引出他的真我，并验证他正在成为一个男人。

在战斗者阶段，父亲在儿子生活中的角色将在许多方面发生转变。你仍然是父亲，但不再是教官，更多地像个战友。在这个阶段，父子之间的关系更像是同龄人，哪怕父亲会继续用言语表达儿子的能力和优势来赋予儿子力量。例如，我（戴维）收藏着父亲在我大学时写给我的每一封信，我因为他充满肯定和支持的言语而欢欣鼓舞。我的一位朋友兼同事在年轻时失去了父亲，但是他可以凭记忆背出父亲写给他的信，信中是父亲对他力量的确信，以及对他的肯定。因此，父亲们，即使你在儿子生命的这个阶段和他接触较少，你也可以写信给他，在信中鼓励他和肯定他。

给家有男孩的父亲们的提示

我们曾遇到过一个以拍摄个人在生命中最后阶段的影像为副业的人。他会为他们拍摄一段视频，记录他们想说的任何话以留给后人听。许多人被诊断出患有绝症，生命只剩下几个月或几周的时间了。摄像师告诉我们，他还没遇到过有谁在生命的最后阶段还只想着自己的职业成就，这些生命即将走到尽头的人只想和他们的孩子说话。除了父亲，再也没有其他角色能承担起这个责任，并允许一个人如此直接地在另一个人的生命中留下印记。全力承担起你作为父亲的使命吧，并在努力的过程中考虑以下建议。

↘ 提示 1：传承优秀的遗产

在儿子的整个成长过程中，你不妨扪心自问，你的父亲给了你哪些东西让你非常喜欢，然后你可以为你的儿子做同样的事情。之后再问问自己，有哪些你想要和需要的东西却没有从你的父亲那里得到，然后把这些给予你的儿子。

↘ 提示 2：不要孤军奋战

寻找一个有其他男人和男孩组成的社区并融入其中，不论是体育小组、童子军、社区活动、背包客、模型火车小组，还是其他类型都可以。男孩需要看到他的父亲和其他男人互动，以及有其他男人参与到他的生活中。不妨带你的儿子和你的朋友们一起出游或打高尔夫球，或者让儿子在办公室和你共度时光，这样的环境可以让他看到你和其他男人的交往方式。

↘ 提示 3：经常主动联系

对男孩来说，知道父亲记挂着他是很重要的。例如，如果你在他起床前就要离家工作，不妨在餐桌上给他留一张纸条。如果他带午餐去学校，那么你可以在他的午餐盒里放字条。如果他到了能拥有手机的年纪，那么你也可以在白天给他发一条饱含鼓励或肯定的短信。

↘ 提示4：创造仪式感

你可以和儿子安排定期的活动，形成仪式感。例如，让他的母亲在周末睡到自然醒，然后你和他一起做早餐，或是在晚饭后和他一起散步。

↘ 提示5：为他和他的伙伴烤肉

为他服务也是一种陪伴方式。可以让儿子邀请朋友来家里，并为他们烤肉。这可以为你创造一个在儿子生活的边缘观望的机会，并观察他和其他男孩的关系。

↘ 提示6：起程吧

记住，男孩喜欢冒险，因此可以在星期五中午去学校接他，或是在一个没有其他事的周末给他一个惊喜。叫他上车并递给他一张地图，然后问他"你想去哪里"，并确保将他的个人生活和可能有的计划考虑在内。可以用周末的时间去探索乡间小路，或是去从未去过的市镇看看。

↘ 提示7：玩射击游戏

不论家里是否有玩具枪，你都可以带着儿子去射击场，或者雇一个枪械教练，花半天时间和儿子一起射击。男孩需要机会来感受自己的力量和能力。没有什么比发射武器更能展现力量的了。如果你不喜欢枪械，那么你可以和他去射箭或者玩弹弓。

↘ 提示 8：带他去野外

带上儿子一起去露营吧。当儿子处于青春期时，你和他建立紧密的关系可能会有些困难，但如果你把他带到没有电视、电子游戏或随身听的丛林里，你们就可以共度一段美好时光了。

↘ 提示 9：锻炼身体

安排一个固定的时间，定期带你的儿子去健身房或者是青少年活动中心锻炼身体，一起举重、拉伸，在跑步机上跑动。这不仅能增加和儿子共处的时间，你也能得到需要的锻炼。

↘ 提示 10：给他一把折叠瑞士小军刀

送折叠瑞士军刀这样的礼物就像在对男孩说："你已经准备好踏上旅途了。"一定要教他如何、何时以及为何使用这把小刀。

第 13 章

给男孩的成人启蒙

我（斯蒂芬）在带领一个男性小组时认识了刚加入的马塞尔。他是一位成功的整形外科医生，50 多岁，婚姻却岌岌可危，并对工作感到厌烦。根据我的所见来判断，他正处在抑郁的边缘。不过，这不是他最让我印象深刻的地方，他身上最明显的特征就是不够男人。"不够男人"并不是说他具有女性气质，而是孩子气。马塞尔身上有一些明显的男孩气质，不是不成熟，而是他本身就是如此。他更像是没有被生活磨砺过，一直保持着开阔的心态，兴致高昂。

在数月的小组活动后，我发现马塞尔看起来的单纯其实和纯真本性关系不大，而是和父亲的缺位有更大的关联。在马塞尔 14 岁生日后不久，他的父亲被一辆闯红灯的车辆撞倒并在那次惨烈的车祸中丧生。那是一个星期天的早晨，马塞尔的父亲正在去为自己的咖啡买奶油的路上，3 天后，他在医院去世了。

显然，马塞尔自那以后就变得不一样了。在他的记忆里，父亲是一位和善亲切、爱人如己的牧师。马塞尔最深刻的记忆之一是和父亲一起去医院看望教友。

当马塞尔开始为紧张的婚姻关系自责进而感到沮丧时，他才意识到生活中的动荡大部分来自与自己的男子气概有关的羞耻感。有一天晚上，小组中其他男性劝马塞尔正视父亲死亡带来的影响，接着，马塞尔哭着说："我猜我从来都没有学会'成为男人'意味着什么。我的父亲在一个男孩最需要父亲的时候去世了，在我最需要他的时候他不在了。"马塞尔从中意识到，他仍在为自己没有和父亲好好告别而深感悲伤。当时他的母亲认为他太小了，所以在父亲临终前没有让他去见最后一面，从此再没有人将男人世界介绍给他。在小组成员的敦促下，马塞尔制订了一个计划来完成两件事：和父亲告别、踏入男人世界。

在南加州长大的马塞尔曾经多次和家人到约塞米蒂国家公园（Yosemite National Park）度假，许多他和父亲的珍贵鲜活的记忆都源自这些假期。马塞尔记得父亲在约塞米蒂山谷最高的花岗岩山峰"半圆顶"上徒步旅行。这座雄伟的花岗岩圆顶山海拔8836英尺，离谷底将近4800英尺，可能和伊尔酋长岩一样，都是约塞米蒂公园最有名的景观。马塞尔回忆起当时的感受，他认为父亲能攀登这样一座高峰是一件特别有男人味的事情，他还记得父亲承诺等他长大后就带他一起去徒步旅行。当时还是小男孩的马塞尔，因为太年幼而无法攀登，但现在作为成年人，马塞尔已经准备好迎接挑战了。

我所带领的每个小组在最后一夜都会举行一个仪式，让每位组员带来一个标志物或图标，用来解释团体活动经历对他们的意义。马塞尔为每位小组成员带来了一个相框。相框里是一张约塞米蒂公园老照片的复印件。在每张照片的背面，马塞尔都手写了一份邀请，邀请对方和他一起去约塞米蒂旅行。他有两个目标：一是同父亲告别；二是到"半圆顶"徒步旅行，象征着自己重拾男子气概。

马塞尔已经发现了男性内心对于启蒙仪式、重要典礼和其他仪式基本的渴求。他的父亲还未来得及带他完成男子汉的入门仪式。除了大学和医学院毕业典礼外，他几乎没有参加过什么重要典礼，他的生活中更是没有什么有意义的仪式。

这些仪式和典礼对男孩和男人生活的重要性值得我们再三强调。作为体验型、空间型和视觉型学习者，男孩需要活动和庆典来帮助他们标记一些意义非凡的时刻，以及生命中的过渡转折时刻。在文化上，我们承认这些标志的重要性，并将它们纳入生活的一部分。不妨想想毕业典礼、开学典礼、结婚仪式、就职宣誓和葬礼等仪式的盛况和氛围，或是在体育比赛中唱国歌，抑或是在棒球比赛中投出第一球的仪式。男孩心灵的精神内核渴望着这些类型的纪念之石或者是"帮助之石"。

启蒙仪式对男孩步入男人世界的重要性

在快速变化和全球转型的后现代文化中，男孩正在和针对身份、道德和归属感的疑问作斗争。在这个前所未有、植根于相对主义的世界中，似乎没有什么真理能让男孩的心有所寄托。理查·罗尔（Richard Rohr）指出，只有西方文化"认为没有必要对年轻男孩进行'启蒙'。而其他文化都表明，如果没有人将男孩引进神秘的男人世界，他就不知道如何应对自己的痛苦，而且很有可能会滥用自己的力量"。

尽管许多古老、原始的部落文化都非常重视男孩的成人礼，但我们的做法基本是让男孩自己去探寻真理。我们的社会对男孩的指导仍然不够多，也没有什么人去提醒男孩正视他们的能力。罗尔继续说："对于成人礼，我们已经将其转变为约定俗成的一系列活动，如体育、教育、工作、童子军和战争。我们唯一的导师和成人礼只剩下教练和教官、吸烟和驾驶、金钱和功勋奖章，或是毕业和女朋友。"

如果我们不为男孩创造成人礼的仪式，他们就会自己去找"成为男人"的标志。如果我们没有为他们做好进入男人阶段的标记，他们就会给自己创造体验，让自己觉得已经成为心目中的男人了。男孩为自己准备的成年礼可能是任何事情，从吸食大麻到和女孩上床，再到酒后飙车或其他违法行为。在我们的文化理解中，城市内帮派的出现是父亲缺位的直接后果，男孩未能走上成为男人的正确道路也是由此造成的。帮派其实就有着将一个男孩带入成年阶段的所有核心内容，包括男孩被带入一个男人的社群，信奉共同的意识形态，将自身以外的东西奉为行事准则。但不幸的是，这个社群的共同特点是暴力、冲突、对抗和虐待。

对许多男孩而言，生活最终会带他们进入男人世界，但往往都太迟或者太不明显，没有任何实际意义。因为如果男孩是在偶然的情况下被"启蒙"的，那么他们很少能理解这一刻的神圣意义，因此"启蒙"对他们的影响也较弱。如果没有得到应有的"启蒙"，那么男孩的理想可能会破灭，心中产生不满或不甘。在自身以外，他们会找不到更伟大的意义去投身其中，他们会缺乏道德和精神上的认同感，并且也没有伟大的故事来引领他们。他们可能会成为亨利·卢云（Henri Nouwen）所说的"来历不明的人"，生活在"一个错位的世界……与自己的过去和未来没有任何有意义的联结"。没有恰当的启蒙，男孩对人生方向的探索就缺少了意义和目的。未经启蒙的男孩最终会生活在孤立之中，与自己、他人和世界脱节。理查·罗尔写道："一个缺乏启蒙的男人，必须自己去承担创造所有模式的责任，并且自己去建立任何可能存在的联系。这是一个不完整、不连贯和不安全的世界，也难怪在我们的非神话文化中，典型的年轻人都要花大量的时间装腔作势、向上攀登并过度补偿。他们内心明白，这些都是虚空的，也不是神圣的。"

这就是为什么启蒙仪式对男孩的心灵是如此的重要，因为仪式将他带入了男人的行列。通过为男孩提供成人礼和仪式，我们就为他们创造了值得纪念的过程和标志来帮助他们成长为成熟的男人。经过启蒙的男孩会和比自己更大的外界事物联系起来，长大后，他将明白生命是有意义的。罗尔是这样总结的："一个受过真正启蒙的男人……生活在一个神圣的、有意义的宇宙之中。对他而言，即便是那些看似荒谬的东西，甚至于痛苦，也是有意义的。"

必须向男孩传达的五个基本真理

启蒙，更多的是为男孩提供一个具有神圣内涵的指南针，帮助他去找到真正的方向，而不是仅仅强调关于具体的道德原则。仪式，则更多的是关于体验的，而非直接指导。仪式为男孩提供了一个内在的 GPS 导航仪，帮助他们在困惑或者对周围声音不敏感时，指引他们走向男人阶段。这就是为什么仪式和成人礼对于成为男人的过程如此重要，这不是一场题为"更好地生活"的演讲能做到的。仪式、成人礼和启蒙都会深入到男孩的内心，这是我们人性中带有灵性的部分，彰显了我们"独立于个人功能之外的外在价值"。

启蒙仪式要想有价值，就需要付出代价。对于一个经历了生活熔炉考验并成功通过的男孩而言，未来的生活将有所不同。他会发现自己和比自己更伟大的外界联系在一起，因为从中他已经直面了自己，并发现了生活不仅仅是关于他自己的。在启蒙的过程中，男孩阶段的保护壳消失了，替代出现的是一个充满灵性的男人的心灵。启蒙的核心是痛苦和精神成长。通过启蒙仪式，男孩会和他的前辈建立联系，以后也会和后辈建立联系。当男孩融入比自己更大的世界时，他就会感受到自己的重要性了。

想想加入海军陆战队的年轻人吧。一旦他经过新兵营的训练，就将永远成为一名海军陆战队队员，将美国海军陆战队的座右铭"Semper Fidelis"铭记在心。这句拉丁文的意思是"永远忠诚"。对几代人来说，参军是成为男人的一种启蒙仪式。它教导男孩为了共同的利益而自律，要求他们为比自己更大的意义而牺牲，传递了荣誉和传统等价值观。这样的启蒙仪式为男孩定义了勇气、英雄主义和忠诚，并让男孩明白什么是值得为之受苦和献身的光荣使命。男孩还可以从中学习什么是最重要的，而不是只看到自己。

理查·罗尔在那篇 *Boys to Men: Rediscovering Rites of Passage for Our Time*[①] 的佳作中指出，有五个基本真理是"男性启蒙时必须向年轻男孩传达"的，值得我们在此强调。

生活不易

如果你能在生命的早期就确信这一点，并且也没有浪费时间去

---

① 大意为：从男孩到男人：重新发现属于我们时代的成人礼。——译者注

逃避它或试图让它更容易，那么从长远来看，你将能减少无用的痛苦。因为如果你试图去避免生而为人的难处，就会产生更长期、无意义和绝望的痛苦。

你终会死去

死亡的确定性和现实性是非常真实的。年轻人必须活得如同"死过一次"那样，而不是保护自己免受"第二次死亡"。一个人的"第一次死亡"必须经过试炼和具有仪式感，去直面失去或害怕失去的恐惧。比如，基督教的洗礼就是利用浸入水中来象征溺水后的重生。然而，现在我们却缺乏练习，对任何形式的失去都没有做好准备。

你没那么重要

对宇宙和个人心怀谦卑，是在这个世界上获得真理和幸福的重要核心品质。接受启蒙仪式的人必须在这个要求尊重他人的世界中找到正确的自我定位，否则他可能会自我膨胀或自我贬低。正确的自我认知需要不停地得到确证。这几乎和后现代的"我很特别"的观念完全相反。渺小并没有什么好去否认或掩饰的，因为这样的谦卑实际上为所有社区、家庭和服务奠定了基础。

你无法掌控事情的结果

认为自己能掌控一切的幻觉，只有在深刻体验到自己的无力感之后才会消失。通常只有经历过苦难才能完成这一任务，特别是遭受不公或遇到自己无法改变的事情时。现实是无法被我们控制的，而我们通常要等到弹尽粮绝了才能接受这一点。

你的生活不是只为自己

"你的生活不是只为自己"是一个基本的总结性经验。你必须知道自己属于更大的世界和群体，你是其中的一部分。你的生命不仅关乎自己，还关乎自我之外的更广阔的世界。在认识到这点后，整个人类的经验就有了明显不同的特点，我们称为"神圣"。

启蒙仪式向男孩展示了生命的精彩和美好之处。我们将在本章结尾提供一些关于启蒙仪式的具体建议，还会提供如下框架来引导你进行思考。

- 启蒙主要是精神上的。男孩在找寻一种精神层面的体验，并且渴望一些能打动其内心深处的东西。
- 启蒙仪式必须具有集体属性，并且植根于传统。启蒙必须为男孩的家庭、"部落"或社区所重视，并将其视为积极的、值得信任的、经得起时间考验的经验。
- 启蒙仪式绝不是为了证明自己，而是为了发现自我。启蒙能帮助男孩回答"我是谁"这个问题，从而帮他了解自己，并接受自己在所参与的活动中扮演的角色。每个男孩都渴望了解自己是谁，也渴望有机会加入一个集体，并体验其中的归属感和目标感。
- 启蒙仪式不可能是随机发生的，男孩必须为此做好准备并期待它，准备的时间越长越好。启蒙并不是由男孩自己选择，而是作为家庭传统，由老一辈传承给年轻一辈。启蒙教育最好是由对男孩意义非凡、深爱和尊重他的长辈来进行。这里有一个敬告：父亲只能将自己的亲身经验教给儿子。比如，如果父亲缺乏在困难和逆境中奋斗、挣扎的经验，那么他就无法使儿子的启蒙仪式具有这方面的意义。

- 启蒙应该是神秘的。虽然男孩应该对其抱有期待，但他不需要知道将发生什么。理查·罗尔建议："除了告诉他们需要准备什么以及谁会在那里之外，不要提前告诉他们太多。"同样，启蒙仪式之后也不用谈论太多或解释其象征意义。

- 启蒙仪式不可以过于仓促，必须在适当的时间进行。男孩需要有一定的年龄和阅历来掌握和理解当下发生的事情。这意味着他至少要到了独立者阶段再进行，但更有可能是在徘徊者阶段。

- 启蒙教育不是简单、松懈或者空洞的，它必须附带一些痛苦的元素。换言之，男孩必须经过努力挣扎才能完成启蒙经历。从历史上看，这样的生命过渡礼仪需要具备力量、耐力和勇气，比如，游泳过河、独自在丛林中过夜或长跑。这些事情向男孩揭示了如何考验自己的能力，并且给予他更深刻的自我认识，这些事情也加强了他和精神核心的联系。

来吧，尽情欢庆：男孩的成人礼

我们需要承认，启蒙仪式具有重要的庆祝力量。这方面的一个很好的例子是犹太人的成人礼传统——受诫礼。这个仪式是庆祝男孩生命中一个阶段的结束并宣告另一个阶段的开始。它不仅标志着男孩进入男人阶段，还赋予其庆祝意义。

在为男孩考虑这样的成人礼时，有一件事需要牢记：一定要确保将儿子的兴趣作为庆祝活动的中心。相信你也不希望忽略男孩的个人特点或者他的兴趣，而过于强调主题或活动本身。你需要确保的是，成人礼庆祝的方式和那个男孩的天性相呼应、相契合。

例如，我（戴维）曾有机会参加一个名叫杰夫的男孩的成人礼。他是童子军中最高级别的鹰级童子军，热爱户外活动，他还有长期的露营和背包客的经历。考虑到儿子的兴趣，他的父亲在杰夫13岁生日那天为他准备了成人礼。但父亲只是简单地告诉他，想邀请他在星期六上午一同去徒步旅行并且共进午餐。在儿子不知情的情况下，父亲给在杰夫生命中扮演着重要角色的六个人写了信，在信中邀请他们在这个特殊的早晨出席活动，为杰夫讲述成为男人旅途中经历的一些具体事例，并为他送上祝福。

那天清晨，我们早早就到了，杰夫的父亲早已画好一条特别的路线图，并将我们分别安排在树林里沿途会经过的地点。杰夫很快就到了，然后和父亲一起开始了徒步旅行。

当他们在树林里走了一段路后，遇到了杰夫的祖父，他正在路旁休息。杰夫的父亲向杰夫解释了自己的计划，然后将杰夫交给了祖父。他们俩同行了一段路，祖父向他讲述了自己的生活，自己成为男人的旅程，以及他对杰夫的爱。然后，杰夫被交托给了另一位家庭朋友，他在杰夫年幼时就认识他并一直关爱着他。这位家庭朋友陪着杰夫走了一会儿，讨论了成为男人的意义。

对杰夫而言，这几小时里惊喜接连而来。在他徒步穿过树林的过程中，他和一个又一个爱着他的人相遇。在这一天里，有更多的故事被讲述、更多的信息被分享，还有更多的回忆被勾起。徒步完成时，杰夫和叔叔来到一个小屋。他的妈妈、阿姨、小学老师和另一个关心他的女性都在其中。大家相聚一堂，共进午餐，来庆祝他成为一个男人。我们围坐在一起，讲了更多的故事，给了他一些礼物，并分享了一些他生命中的里程碑。这个成人礼为我们展现了一幅充满祝福的美丽画面。这一切源于我们对所爱的男孩长大成人的祝贺，以此标志着他的进化和成长，也表明我们关注着他将成为的男人的模样。

我关心的另一个少年则是在很小的时候就经历了父母离婚。他的母亲富有智慧又坚毅，她明白自己能为儿子提供的是有限的，因此她认为让儿子身处强大的男性社群是十分重要的。在他的整个成长过程中，她将儿子置于体验风险、目标和归属感的机会之中。在他13岁生日的时候，她召集了一群爱儿子并且在儿子生命中扮演过重要角色的男人们（包括我），到家里共享牛排晚餐。这位母亲准备了一桌美味佳肴，包括儿子最喜欢的一些食物，然后偷偷离开了家，让我们这些男人和他讨论生活，并带领他进入男人的团体中。

这个少年的祖父也到场了。当祖父为孙子祝福并回忆起他出生那天的事情时，在座的每个人都感动落泪。其他男人也谈到了这个少年身上体现的力量、勇气和担当，以及他所具有的同情心、谦逊和温和的品质。这是一个充满了庆祝和祝福的时刻。

你可能会好奇……

女性可以参与这些启蒙仪式吗

答案是肯定的，也是否定的。否定的原因是，这个仪式的一部分只需要在男人的陪伴下进行。欢迎男孩加入男人社群的仪式只能由男人来完成。当他们一起公开和自由地谈论成为男人的意义时，男孩将随着仪式的进行而感受到周围男性力量的存在。

之所以说女性能参与，是因为她们可以在有需要的情况下参与仪式的某些部分，并创造性地考虑如何参与。例如，在杰夫的徒步旅行成人礼中，他在男性的陪伴下远足，但也在爱他的女性的陪伴下共享午餐。女性没有参加远足的过程，说明有部分旅途只能在男人的陪伴下进行；但她们在场分享午饭这件事则说明女性在男孩的成人旅途中发挥着重要作用，并将继续陪伴他成长。

男孩开始成人礼的理想年纪是几岁

这里并没有一个固定数字。一些率先提倡成人礼的人建议在13~16岁之间，我们同意这一点，因为这个年龄段会发生许多重大的转变，需要成人加以关注和照顾。在徘徊者阶段，男孩会出现身体、智力、性和精神上的觉醒。这为男孩创造了获得特别关注和滋养的大量机会。

然而，根据每个男孩生活中可能发生的不同转折，他的启蒙教育可能发生在13岁之前，或者是16岁之后。在经历了像亲人去世或者父母离婚这样的痛苦后，我们鼓励父母可以考虑举行某种仪式或典礼，来标志着痛苦时段的结束。去承认所失去的东西，肯定已承受的痛苦，并开启一个新阶段。

同样重要的是，在儿子毕业进入成人阶段后，父母也不要停止庆祝。我们认识一位父亲，在他的两个儿子为人夫、为人父之前，他和儿子们一起举行了一个具有仪式感的庆典。这个庆典涉及儿子们将进入的神圣的生命阶段，并帮他们确定了该如何在婚姻和养育子女的过程中利用自己的力量。

如果你有多胞胎儿子，要如何进行仪式

作为双胞胎男孩的父亲，这是我们一直在纠结的问题。纠结的原因很简单，因为这个问题没有简单的答案。理想情况下，每个男孩都要经历属于自己的成人礼，以此庆祝他独特的激情和天赋。多胞胎有不同的兴趣、秉性和优势，这点并不罕见。为每个男孩设计成人礼，不仅可以让你为他们做出独特的安排，还能解决拥有多胞胎一直存在的挑战：找到个人时间来照顾他们的独立的个人需要。话虽如此，但通常的情况是一群相同的人一起参与两个或多个仪式。在短时间内邀请他们参加多个不同的成人礼，在逻辑上是不可能的。还有就是谁先进行成人礼，以及如何确保另一个成人礼还有惊喜感。

不过，如果后勤和创意部分考虑周全，并且两个或多个男孩都得到适当的关注，那么多胞胎仍然能在同一个成人礼中收获独特的安排和庆祝。

是终点，是起点，也是过程

对男孩而言，启蒙仪式是一个令人感到棘手或困惑的时刻。因为大部分过渡礼仪都标志着某些熟悉事物的终结和全新事物的开始。这些仪式意味着男人生命中童年阶段这一重要部分来到了尾声，同时他也被带领着来到了成年阶段的起点。人类学家阿诺尔

德·范热内普（Arnold Van Gennep）在 20 世纪初创造了"过渡礼仪"（rites of passage）这个词。他将从童年到成年的旅程描述为以下三个部分：

- 分隔仪式；
- 边缘仪式；
- 聚合（或重新进入）仪式。

范热内普提出了一个神圣庄严的"中立区"概念，用于描述过渡期的人"在两个世界之间徘徊"的现象。在本书的语境中，这是指在男孩和男人世界之间的徘徊。"这种具有象征意义和空间意义的过渡区域或多或少地会在所有仪式中有明显的表现，这些仪式是为了标志从一种社会地位向另一种社会地位的转变。"

在范热内普观察的基础上，福乐神学院青年和家庭事工中心助理主任布拉德·格里芬（Brad Griffin）补充道："对这种转折的处理，如同在熟悉的土地到陌生的土地的中间地带进行谈判。一个人一旦跨过这个过渡地带的界线进入一个全新的空间中，他就会以一种非常真实的方式作为一个'新人'出现。"因此，当一个男孩在启蒙阶段或其他成人仪式中进入这个神圣庄严的"中立区"时，他就会具有一个新的、不同以往的形象，那就是男人。

这个阶段通常也被称作"边缘阶段"（liminal stage），"liminal"来自拉丁语的词根，意思是"门槛"或"门口"。这样的中间地带或"中立区"是启蒙和成人过程中的重要部分。如果我们希望男孩在进入男人阶段时得到良好的启蒙和引领，就必须创造一个安全的中间地带让他们通过。在当下的文化中，我们面临的挑战是必须要关注文化上设计好的初中和高中这道门槛，并围绕这道门槛与之配合，帮助男孩顺利通过这一关。对许多男孩而言，初中和高中的这几年如同被困在一个无处落脚的模式里。他们生活、徘徊在男孩和男人这两个不同的领地之间，却找不到方法完全融入其中任何一个。

在这样的环境下，为男孩创造一个安全的空间完成过渡，意味着我们必须帮助他们看到自己、了解自己和爱自己。我们需要反复地强化他的身份认同。处于已然和未然之间的"边缘阶段"时，男孩的个人身份认同会受到最多的影响。

我们可以通过启发性地阐述他的故事来帮助男孩看到、了解并爱上自己。我们可以向他细数他生活中的故事，替他记住这些故事，并带着饱满的热情复述出来，以此来帮助他保持对自己的关注。这其实一点也不难。可以同他讲讲他是如何学会走路的，或者回忆他在少年棒球联盟中第一次击球的情形，或是谈谈他在祖父去世前是多么喜欢和祖父共度时光。

讲故事应该是稀松平常的，但也可以是具有仪式感的。例如，我（斯蒂芬）的妻子家里有一个传统，就是在每个孩子每年生日时讲述他出生的故事。希瑟把这习俗带到了我们家，她还把这个仪式扩大为每年为孩子们创造一棵生日树。生日树是一棵小的金属树，上面装饰着孩子前一年的照片。在每个孩子生日前后的几个星期里，它就被放在我们的餐桌上。

当讲故事的过程带有仪式感，并使男孩的故事被自己铭记于心时，他就能带着对自己故事的认识和欣赏进入男人阶段，并走向更远的地方。

给养育者的提示

你所能给儿子的最持久和最有影响力的礼物之一就是庆祝并引领他进入男人阶段。在儿子的整个发展过程中，你需要观察和了解他，以此确定他在何时需要一个成人礼。他需要由一群爱着他的成年人为他祝福，并称赞他的进步和成长。以下是一些提示，供你在安排这些关键时刻时参考。

↘提示 1：激发他内心的野性

记住，男孩是注定要被培养成战斗者的。正如约翰·艾杰奇在《我心狂野》（*Wild at Heart*）中所说的，你需要放弃让年轻男人成为"好孩子"的观念，并认识到男孩天生就有着"对战斗中的抗争、对生活中的冒险、对拯救中的美好的迫切渴望"。不论是对他们的启蒙、成人礼，还是庆祝仪式，都需要反映出这样的野性。

↘提示 2：让他的故事鲜活起来

不妨将你儿子生活中的关键故事和场景列成一份清单。他是什么时候出生的？在哪里出生的？他在哪里生活过？他的第一次理发经历是什么样的？他上学的第一天是什么样的？他在生活中有哪些开心或悲伤的关键事件？他的信仰和精神世界发展得如何？谁是他敬佩和视之为标杆的男人？他取得过哪些胜利？他遭受过哪些失败？

↘ 提示3：不要使用万能模板

在为男孩创造仪式或成人礼时，记得必须要考虑到他独特的天性。没有哪个庆祝仪式是放之四海而皆准的。每个活动都应该针对你儿子的内心进行量身定制。如果他不喜欢户外活动，那么以远足和露营为主的周末活动就不是一个好选择。如果他喜欢艺术，那么带他去博物馆并在家中的地下室建造一个艺术工作室可能更符合他的需求。

↘ 提示4：不要围着他转

对一个男孩而言，全世界都围着他转会让他感到害怕和紧张。你必须帮助所爱的男孩明白：不要将自己当作故事的中心。他们需要明白世界是更广大的。作为照顾者，你必须建立和更广大世界的联系，这样才能教男孩该怎么做。

↘ 提示5：邀请年长的男性参与他的启蒙

只有年长的男人才能有效地引导年轻男孩成为男人。此外，由于父亲在感情上和儿子的关系过于密切，有时无法单独完成这一任务，所以他们需要其他男人的帮助。

↘ 提示6：阅读一些帮助你思考启蒙仪式的书籍

我们推荐罗伯特·路易斯（Robert Lewis）1997年出版的

Raising a Modern-Day Knight: A Father's Role in Guiding His Son to Authentic Manhood[1]，以及理查·罗尔所著的 *Adam's Return: The Five Promises of Male Initiation*[2]。这些书阐明了启蒙的重要性，并提供了对庆祝仪式的建议和概述。你可以从中学习、调整，为自己所用。

↘ 提示 7：为他打开窗户

男孩生活中的过渡转折期是举行启蒙仪式和过渡礼仪的大好时机。正是在这些明显的时期，我们可以通过仪式或庆祝活动来强调过渡这件事，并帮助他顺利完成。下面是一些关键过渡转折期的清单：

- 小学升初中的时候；
- 初中升高中的时候；
- 他开始刮胡子的时候；
- 他拿到驾照的时候；
- 他开始约会的时候；
- 高中毕业即将进入大学的时候；
- 大学毕业开始工作的时候。

---

① 书名大意为：像骑士一样学习爱，学习战斗：从男孩到男子汉的简明指南。——译者注
② 书名大意为：亚当的回归：男性启蒙的五个承诺。——译者注

↳ 提示 8：给他一份礼物

用一个标志物、信物或礼物来纪念男孩的成人礼。有意义的、针对男孩量身定制的礼物（如瑞士军刀、手表、指南针、日记本、纪念牌）会对他产生巨大的影响。

↳ 提示 9：言语肯定

男孩从父亲那里得到的言语肯定是永远也不嫌多的。当你安排成人礼时，可以请每个参与者说一些肯定他的话，给予男孩祝福并送上美好祈愿。你可以考虑请每个到场的成年人告诉男孩他的特别之处及其原因，并鼓励他踏上漫漫前路。

↳ 提示 10：保持神秘感

谈起成人礼，一个常见的错误就是在结束后还继续谈论它。给你的建议只有一个字：别。过渡礼仪承载的力量和含义需要由男孩自己想明白。如果他需要跟你谈谈，他就会自己来问你；如果他不愿意，也请尊重他的决定。

第 14 章

助他成功渡过男孩阶段逆境的力量

（但是）迈克斯还是上了他的小船，挥手向野兽们说再见。小船走了近一年，过了一周又一周，过了一整天，回到那天晚上，回到自己的房间，发现晚饭等着他，还是热的呢。

——莫里斯·桑达克《野兽国》

在《野兽国》的结尾，小男孩迈克斯登上了他的船，带着悲伤启程返家。经过漫长的返程航行，他回到了自己的房间，那里有晚餐在等着他。他回到了安全、舒适和幸福的母爱之中。他的情绪热情饱满，又丰富多变，无时无刻不处在变化之中。在家中和母亲的关系里，迈克斯似乎更多地被自己的情绪控制，而不是掌控自己的情绪。但当他进入自己想象的野兽国时，他的情绪和感受激发了他强大而生动的创造力。桑达克笔下对迈克斯的描绘极佳地展现出男孩的成长、智慧和心灵。和迈克斯一样，大多数男孩在走向男人的过程中充满着矛盾、冲突、失落和仪式。

当一个男孩从童年过渡到男人阶段时，他无法确定自己是想勇往直前，还是退后几步回到安全的舒适区。他成为男人的动力受到自己"想成为一个男人"和"喜欢做一个男孩"的双重心态的指引。这种不确定性使男孩在许多方面产生自我怀疑，猜测自己的身份，并且不信任自己的力量。这并不难理解，因为这个世界充满了复杂的关系，没有哪个孩子能为此做好万全的应对准备。男孩对于自己是男孩还是男人的疑惑，以及自己是否达标的矛盾心理会成为力量冲突产生的沃土。

男孩会在与内部和外部力量的斗争中冲锋陷阵。外部力量指的是约束和批评他们的活动和冲动的力量。因为这些活动和冲动是他们思想和身心灵的重要组成部分，所以他们和外部力量进行着角力。第一个力量冲突点是人际关系，特别是男孩与他在成长旅途中必定会遇见的成年人之间的冲突。男孩随处都能听到一个成年人对他说"做这个"或"不许做那个"或"再加把劲"，那个成年人可能是教练、青少年服务工作者、导师、教师或父母。虽然男孩常常需要成年人的干预，但这句话的意思也只是说他们缺乏所渴望的力量和权威，只不过他们可能还没准备好如何处理这些力量。

同样，男孩也会和以规则、秩序和限制的形式出现的外部力量作斗争。在西方社会，大多数男孩成长的文化都在阻碍他们发挥天性、做自己。在学校里，他们被要求好好坐着不动；在教堂里，他们被要求不许大声喧哗；在家里，他们被要求保持整洁。但在他们的内核里并没有平静、安静和整洁。在男孩面对世界时，他们常常被告知，他们现在的样子不是他们应该有的。

也许少数男孩能通过顽强、坚韧、勇敢、机灵、天赋或运气在和外部力量的斗争中胜出，并最终实践自己的力量和权威。但大多数男孩都会在这一过程中失去自己的野性、热情的优点，长大后就变成了善良却麻木的人。

男孩也在和内部的力量作斗争。很多时候，当男孩和外部世界产生冲突时，他们的内在世界也暗流涌动。在生理上，男孩无法控制体内勃发的荷尔蒙，这些激素使他们出现痤疮、体味和情绪波动等问题。在心理上，男孩产生了强烈的内在驱动力，想要从权威中获得自主权，并迫切地渴望和同龄人建立友谊。在情感上，男孩们的发展比女孩慢得多，并且和同龄的女孩相比，他们在某些重要领域往往发展不足。在精神上，男孩们很难处理好敏感和激情的关系，而这两者复杂的组合能使精神生活充满活力。

尽管我们可能无法化解男孩生活中的这些力量斗争，但我们可以通过一些养育方法帮助他们成功地渡过男孩阶段的逆境，并全身心地开始在男人世界那波涛汹涌的大海中航行。

犹太先知西番雅（Zephaniah）的一节希伯来语诗歌为我们描绘了作为父母、教师、教练和领导者在引导、保护和祝福男孩方面的责任：

> 耶和华你的神与你同在，
> 他有能力拯救。
> 他必以你为大乐，
> 他必以他的爱使你安静。
> 他要用歌声为你欢喜。

虽然这节诗歌写的是上帝，但诗的意象也提供了一幅图景来说明我们在男孩生活中的积极作用：我们为他提供同在、力量和智慧、安慰以及希冀和爱意。

同在

这节诗歌的第一句就明确指出了一切美好的事物都源于"同在"。如同诗中所写的，我们必须和男孩同在，并为他们提供服务。尽管他们需要自己踏上成为男人的旅途，但在这条路上不必孤身一人。男孩需要有关心他们的成年人来引领和指导他们。如果我们始终如一地用爱和真诚对待他们，就能获得他们的信任，并且能够一路上在他们耳畔低语，为他们提供指引。作为有爱心的男人和女人，我们在他们生活中的陪伴和同在能为他们在旅途中提供参考。通过我们和他们的关系、我们对他们的爱、我们对他们成功的渴望，我们就能在他们寻找道路时成为指导力量。我们发挥的作用不仅在他们的男孩时代很重要，在他们其余的人生阶段也非常重要。

力量和智慧

在这节诗歌中，我们还能看见另一件事，那就是"能力"。当男孩们朝着成为男人的方向前进时，他们必须有一个安全的避风港来抵御生活的狂风暴雨。提供力量是陪伴他们的一部分，这样我们就能在他们学习独立时替他们遮风挡雨、承担生活的重量。有了力量还必须有智慧，只有借由我们作为成人的力量和智慧，我们才能守护男孩的心灵。在引导男孩经历人生的艰难险阻时，成年人有责任为他们提供庇护。

安慰

男孩也需要我们的安慰。虽然事实可能会让我们心碎，但我们的力量确实是有限的，智慧也是不完整的。我们不可能总是替他们排忧解难。但从他们自身成长和成熟的角度来看，让他们受些苦往往会更好。当遭受生活残酷的打击时，男孩需要怜恤和同情，而这样的怜悯只有同样经历过悲伤的人才能提供。我们可以通过安慰来帮助他们。我们可以像西番雅在诗歌中所写的，用我们的爱使他们平静，用歌声使他们开心，如同给婴儿唱催眠曲一样。当我们不知该说什么时，也可以拥抱他们，和他们一起待着。

希冀和爱意

有了同在、力量和智慧、安慰，我们就能向男孩们表明我们对他们饱含希冀和爱意。和其他事情相比，男孩们也许更需要明白并相信我们对他们有信心，并且为他们的男子气概感到开心。他们还需要明白我们相信他们有能力。男孩们需要感受到我们因他们而产生的开心和愉悦。他们需要知道，无论他们做什么，我们都会为他们本身的存在而欢欣。

在读这节诗歌时，你眼前是否浮现出一个身穿铠甲的士兵抱着婴儿唱摇篮曲的画面？你不觉得这是一个奇怪的矛盾画面吗？但正是在力量和怜悯的对立下，我们被召唤着去爱护我们的男孩。

无论你是一位母亲、父亲、祖父母、教师、青少年服务工作者、导师、志愿者、叔叔、朋友或邻居，你对于男孩需要你这件事都要心知肚明。感谢你对他抱有足够的希望，并愿意投入时间来阅读这本书。你一定非常关心他，这对你来说是好事，对他而言有你的关心也是件好事！

我们希望你从这本书出发，对培养生命中的男孩更有信心，以更大的热情陪他一同踏上成为真正男子汉的旅途，一路上用更大的智慧好好地指引他。当他迈出离开童年的最后一步、迈入男人的国度时，愿你有勇气放开手。这样他就能充满自信和善意，带着自己的性格去生活。

WILD THINGS

THE ART OF
NURTURING
BOYS

附录
热点话题

体罚和管教

很少有话题能像体罚那样让人情绪激动、观点两极化并带有争议。出于这点考虑，我们在此只是简单地提出一些看法为你在选择管教方式时提供参考，你可以自己决定站在哪一边。

1. 男孩天生就带有攻击性，他们在这件事上不需要再火上浇油。

2. 管教是为了塑造性格，而不仅是为了惩罚某种行为。

3. 避免带着愤怒进行管教，不管是身体上的管教还是言语上的管教。愤怒会带来身心的伤害。愤怒还会成为无用反应的坏榜样。从本质上来讲，愤怒会引发自我控制的缺失。在你思考如何不带怒气地处理问题时，不妨让男孩先回到他的房间等待，这是有益的。

4. 试着让惩罚措施和错误行为相匹配。我们也明白这不可能总是做得到，但是在大多数情况下是可以做到的。在孩子们经历了自然后果后，他们会有更多的学习机会。

5. 为了使影响最大化，管教应该一以贯之、保持一致，并且在执行时尽可能地不受情绪干扰。尖叫或咆哮并不能为孩子创造更好的学习机会，只会使成年人看起来更失控。

6. 由吉姆·费和福斯特·克林纳所著的《爱与理智》系列书籍是不错的管教指南。他们的书和资源涵盖了从 6 个月大的婴儿到青春期的少年。他们的理念是高度尊重孩子，而且他们推荐的办法可以长期一贯地使用，且非常有效。

屏幕时间

　　媒体中的视觉刺激对大脑的边缘系统和新皮质区的发展毫无帮助。边缘系统是大脑的情感中心，而新皮质区（或大脑皮质）则负责智力功能和创造力。过多地接触媒体实际上会阻碍大脑这两个区域的发展，并暴露它们的弱点。不论是从情感还是身体角度而言，媒体中的视觉刺激对男孩都没有好处。以下是一些你可以做的事情。

1. **监控孩子接触媒体的时间**。限制他每天看电视、使用电脑和玩电子游戏的时间。男孩不应该过多地沉溺于虚拟现实而忽视了现实中的活动。他应该参与体育比赛，而不是花时间盯着电视看比赛；他应该和朋友一起玩耍，而不是在电子游戏上花更多时间。

2. **监控孩子的社交媒体和其他线上活动，直到他能意识到其中潜在的风险**。你可以要求知道他的账号密码，并让他知道你可以也可能随时检查他的历史记录。

3. **示范健康的屏幕使用限制**。如果你身体力行地遵守自己定下的电视和电脑的使用时间限制，那么你的话语和定下的标准将更有分量。此外，你的孩子也会注意到你所观看的电影或电视节目类型，所以你在这个方面也需要树立责任感。

4. **让媒体为你所用**。根据你想和儿子讨论的话题来选择相关的电影和节目，并利用这些媒体开启和儿子的对话，可以包括金钱、性、毒品、家庭或朋友等话题，可以参考迈克尔·古里安的 *What Stories Does My Son Need?* 这本书。

敏感型男孩或直觉型男孩

有些男孩情感丰富，并不像典型男孩那样在情感上像个文盲，那些情感上有盲区的男孩让人捉摸不透，也很难与之互动。

有一定比例的男孩拥有独特的表达情感的词汇，而且具有很强的直觉和丰富的情感世界。我们往往将他们描述为"敏感型男孩"或"直觉型男孩"。

敏感型男孩在发展过程中很有可能在大部分时间里都感觉到自己与众不同，有时还会感觉被孤立。他们会产生"我有问题"的感觉。早在男孩发展的第一阶段（探索者），女孩们往往更倾向于和直觉型男孩交朋友，因为她们觉得直觉型男孩更好相处，更能符合她们的情感和关系技能。直觉型男孩往往攻击性更弱，也不那么冲动、喜欢大声喧哗和闹腾。

直觉型男孩有时可能会感到和同龄男性之间有隔阂，并可能逐渐意识到他的天性和其他男孩有些不一样。这样的男孩需要周围成年人特别的关注。他需要听到有人告诉他，他的独特性是一种天赋，而不是弱点。我们可以这样告诉他："你有一个许多男孩都没有的优点。"对于非常年幼的男孩，我们可以用"特殊能力"（例如"X光般的视力"）来形容；对于年长些的男孩，我们可以用"天赋"或者"长处"来描述，我们可以说："目前你的天赋可能对你来说意义不大，但是当你长大成人后，你的天赋将保护你的妻子和孩子。"

这些男孩还需要在生活中的其他男人身上看到活生生的确证。

他们需要被介绍给那些有类似性格的男人，并从其身上看到这种天赋是如何在成年男子的生活中发挥作用的。我们可以让这些男孩接触周边具有影响力的男人，以及文学和电影中的类似人物。

许多敏感型男孩的父母开始会质疑儿子的性取向，并怀疑他是同性恋。这样的怀疑对男孩并没有好处。"敏感"和"同性恋"是两个不同的概念，这只能说明他的情绪比较丰富且对情绪更敏感。

作为直觉型男孩的照顾者，我们需要做的是体会他字里行间的内容，读取言外之意，用心倾听，并且抱有更大的好奇心和毅力去观察他。我们可能永远不会遇到那种发生在情绪激动的男孩身上的抵抗，但敏感型男孩可能需要我们花更多的时间去倾听和陪伴。我们还应该注意到，许多这样的男孩可能更容易出现焦虑和抑郁的症状，只是因为他们对所有事情都会有更深的感受。生活中的磕磕碰碰可能会对这些男孩造成更深的伤痕。直觉型男孩身边应该有愿意听他们倾诉的成年人陪伴着，并且他们迫切需要找到有类似性格的同龄男性。相似的同龄人可以帮助他们使自己的经历正常化，并与同伴发展友谊。直觉型年轻男孩通常会在第五阶段（战斗者）和跨入男人阶段找到属于自己的交友方式，但在他们早期的发展中，他们需要有人帮他们找到性情相似的朋友。

竞争与关系

我们已经讨论过了竞争意识的出现及其在男孩独立者阶段及以后生活中所扮演的角色。当男孩开始高度关注自己在等级秩序中的排名时，他们会对男性间对话中胜人一筹的感觉和所处的支配地位产生严重的依赖，这会导致他们难以将自己的恐惧、悲伤或困惑的情感表达出来。他们在和同龄男性交往的过程中，更常体验到的是由缺乏安全感而产生的脆弱无助感。当文化传统将表达这些情感视为弱者的表现时，男孩很容易感到自己别无选择，只能将情绪深埋心底，以努力"保住面子"或显得自己有控制力。

鉴于这种现象，男孩会开始放弃合作或鼓励的关系模式。有这种缺陷的男孩在球场上看起来就像个单打独斗的球霸，在教室里看起来就像个万事通，在和同伴的关系里就像个骄傲自大又难以接触的混球。如果不加以控制，这些冲动就会演变为婚姻中的自恋和工作中不近人情、古板僵化的行为。那些颠覆自己的情感、一切只为了争输赢的男孩往往无法建立深度的男性关系，也没有责任感。他们参与活动不为其他原因，只为了赢；他们不计后果，只为了使自己获得认可，并愿意以牺牲他人利益为代价来达到目的。

具有这种关系模式的男人在与女性的关系中进进出出。一旦他们"赢得了她"或"完成了追求"，就会失去兴趣。一旦竞争不再是一个因素，他们就没有了维持关系的想法。

而在与其他男人的关系中，他们不懂如何谈判、妥协或合作。他们往往只有在处于主导地位时才会觉得舒心。这样的人是糟糕的团队成员和同事。

对于表现出这些特征的男孩，我们的责任是指出他们的不足之处，并为他们创造机会来发展不同的关系模式，如果有必要，甚至还需要使用更强硬的手段。他们可能需要在一个赛季或一个学期内放弃竞争机会，只参与那些涉及服务他人以及培养谦逊、发展服务式领导方式和与人协作的活动。

我（戴维）曾经辅导过一个完全符合这一特征的男孩。我鼓励他的父母和教练合作，连续四场比赛让他当"板凳球员"，担任球队经理的角色为水壶装水、给队友递毛巾，并在训练后清理设备。他的父母同意了，但是他对这样的安排感到怒不可遏。在前两场比赛中，他抱怨、争吵，并在执行任务时语带讽刺，缺乏对这一角色的使命感。他的教练在第二场比赛后找到他，告诉他这样的角色转换是为了磨炼他的性格。由于教练尚未看到任何成效，因此原定的四场比赛又延长两场以继续进行性格磨炼。教练传递的信息简单又明确："你生活中的所有成年人都更关心你能否成为团队中的一员，而不是为了将你培养成单打独斗的球霸。在你明白并加入我们的阵营之前，这个实验的过程将不断拉长，直到你发展出必要的技能。"

性和关系

这里是一些关于如何与男孩谈论性和关系的要点，供父母们参考。

1. **掌握主动权**。对男孩进行性教育意味着要有爱以及持续和稳定的信息流，并且尽可能地早点开始。例如，在教探索者认识自己的身体时，你应该使用正确的名称来称呼他的身体部位。随着男孩的成熟，你应该通过逐步传授越来越多的信息来持续进行性教育，直到男孩能很好地掌握这个问题。

2. **明白你自己的态度**。如果你觉得难以与儿子谈论性问题，那么他可能也很难与你谈论。如果你对这个话题感到不适，那么你可以阅读一些书籍，并和值得信赖的朋友、亲人、医生或咨询师讨论你的感受。你对这个问题研究得越多，对讨论就越有信心。与那些不认为自己可以和父母谈论性话题的男孩相比，那些感觉自己可以和父母谈论这一话题的男孩更不可能在青少年时期发生高危行为。

3. **提供准确的、适龄的信息**。你和男孩谈论性的方式需要与其年龄和发展阶段相适应。这意味着，你还需要预见他在下一阶段的发展。当男孩进入青春期后，他可能会对身体上突然发生的变化感到恐惧和困惑。为了减轻儿子的焦虑，你不仅需要和他谈论当下的发展阶段，还需要探讨即将到来的下一阶段，包括与他谈论和女孩的关系。

4. **涵盖比性知识更多的内容**。除了告诉男孩他在青春期的生理变化等细节外，你还需要和他谈论约会的话题。男孩需要明白，和女孩的关系可能具有强大的情感力量。通过和儿子谈论两性关系，他将在日后的决策中更清醒，并更能扛住来自同伴的压力。

5. **专门和男孩讨论关于女孩的话题**。就像了解自己的性发展一样，男孩也需要了解女性的性发展。如果他们只听到关于自己的情况，那么他们只掌握了性知识和性关系中的一半。

约会

当男孩到了独立者阶段末期或是徘徊者阶段前期时，他可能会开始对约会表现出兴趣。以下是父母们在这方面需要了解并记住的事。

1. 没有什么固定的年龄。女孩比男孩成熟得早，而当一个男孩能够清晰地整理出一个计划来应对父母所担心的情况时，他就算是准备好了。

2. 了解你儿子的朋友及其父母，同时还要了解他感兴趣的女孩及其父母，这两者一样重要。坚持让你的儿子在约会前带那个女孩到家里来吃顿饭，并确保他也将自己介绍给了女方的家人。不要在这个问题上作出让步。你需要对他正在约会的人表现出兴趣，哪怕你完全不认同她或不赞成他们在一起。表现出兴趣并不一定等同于给予许可。

3. 通过电话交流或亲自拜访鼓励女孩的父亲了解你的儿子。了解清楚他对你儿子和他女儿一起约会时有什么期待或要求。

4. 你不会让一个刚开始学走路的孩子去做乘除法运算，所以别指望你那处在独立者或徘徊者阶段的儿子明白在和女孩约会时该怎么做。时刻记得他正在不断发展，利用这点来设定限制和提供机会。不要让同龄人成为他的主要影响来源，也不要为他排除失败的机会。

5. 他需要接受教育，以了解女孩的思维方式、女孩看待事情的不同方式，以及有些女孩倾向于利用操纵作为关系模式的行为。你可以利用角色扮演作为工具，并让一些他更愿意倾听的人（如值得信任的青年小组的组长、阿姨、家有正上大学的女儿的家庭朋友等）参与这个话题的讨论。

6. 他需要关于身体界限和性经验方面的强有力信息，以及学习如何尊重自己和女孩的身体。他还需要明白，不管他如何解读，当一个女孩说"不"的时候就意味着"不"。

7. 请记住，尽管他对约会表现出兴趣或有约会经验是很正常的，但这绝对不应该妨碍他与同龄男性之间建立和保持关系。如果他只沉迷于单一的与女性的关系，并且以忽略同龄男性关系为代价，那么你就需要注意了。可以与他讨论如何做到两者之间健康的平衡，也可以限制他在一个月内和女孩的约会次数，限制他在电话或社交媒体上与女孩的交谈次数或者限制他每周给女孩发短信、即时消息和电子邮件的次数。

自慰

我（戴维）曾经见过一个在单身母亲身边长大的男人。他的母亲在他 14 岁时教他生理发育知识，然后给他看了一张勃起的阴茎图片，并告诉他两件事。第一件事是"别碰它"，第二件事是"如果你碰它了，就会得生殖器疣"。这是这位母亲选择处理自慰这一话题的方式。

我们的建议是采取与之稍微不同的方法。在处理男孩和自慰的问题时，我们首先强调的是，要以平常心看待这一行为。男孩需要知道，想要取悦自己是正常的，自慰也是正常的。不过，我们也会告诉他们，虽然它是正常的、刺激的、令人兴奋的，但是并不代表它是有益的。

当和男孩谈论这个话题时，我们喜欢介绍俄国生理学家伊万·巴甫洛夫（Ivan Pavlov）在对狗进行实验时发现的心理学原理。你可能对这个条件反射实验和结果耳熟能详：狗被训练到不需见到食物，仅仅通过听到铃铛声就会不由自主地分泌唾液。男孩需要明白，如果他们将自己训练成需要用色情制品或其他类型的视觉刺激来体验兴奋，然后用自慰来取悦自己，那么就会陷入一种神经系统的反应，就像巴甫洛夫通过摇铃和给狗喂食所创造的可预测的、强大的条件反射一样。他们还会锁定勃起和立即自慰之间的联系，以及使快速射精成为身体接触的反应。

我们需要告诉男孩，当身体积聚起使他们想要自慰的欲望时，有一种自然的解决方案，就是遗精或梦遗。母亲们，考虑到你们从没有当过男人，但是你们也需要知道这是一个合理的生理现象。我们现在不会讨论它的生理学问题，但是你们可以相信我们所说的。男性的身体构造被设计为欲望在积聚时会自然释放出来，但当男性将自慰引入这一自然过程时，就会打乱身体自然的积聚和释放节奏。这就像我们在欺骗身体，让身体以为自己需要更加频繁地解放自己。

与使用色情制品一样，长期自慰会使男人更难体验到与女性之间健康的性关系。他基本上已经训练了自己的身体和头脑，使其对性爱的需求只是出于身体欲望的释放，并以此作为自我中心的主要取悦手段。然而，性爱是为两个彼此同意的成年人在婚姻背景下的共同愉悦而存在的，从来不是为了单纯地满足一方。

由于（美国）社会文化中的某些部分污名化了自慰，因此这样的经历往往使男人内心产生内疚和羞耻的感觉。

作为咨询师，我们多年来的经验表明，与承受大量的内疚、羞愧和谴责相比，在看到眼前呈现出直接、有记录、科学的数据时，男人更有可能改变他们的行为。

金钱

以下是一些惊人的统计数据。

据《今日美国》（*USA Today*）发表的一篇被广泛引用的文章，2001 年，18~24 岁的美国人中有 19% 宣布破产。

据美国参议院银行、住房和城市事务委员会（the Senate Committee on Banking, Housing, and Urban Affairs）2002 年的一项研究，增长最快的破产申请者群体是 25 岁或以下的人。

据个人理财入门知识联盟（JumpStart Coalition for Personal Financial Literacy）的调查，大学生在刚入学第一周平均得到 8 张信用卡；超过 80% 的本科生至少有一张信用卡，几乎半数的大学毕业生持有 4 张或更多信用卡。美国教育部的数据表明，这些学生平均刷卡额超过 3000 美元。

在 2007 年的金融素养挑战赛中，受调查的高中生中有 62% 没有通过基础金融知识测试，但较 2004 年的 65.5% 有所下降。

据 2003 年美国威士国际组织（Visa USA）的调查，将近一半的大学生（49%）认为参加电视真人秀节目更可能成为百万富翁。只有 36% 的大学生认为应该认真学习如何做预算和明智地储蓄。在这一调查中还发现，83% 的成年人不知道有什么资源可以帮助他们教孩子实用的金钱技能。

我们有责任在金钱、经济现实和持家方面教育我们的男孩。许多父母并不了解有多少可利用的资源来帮助男孩了解和学习这些观念。

例如，畅销书作家和理财专家戴夫·拉姆齐（Dave Ramsey）所著的一系列教授孩子和青少年金融知识的工具书就是不错的资源，包括：

- *Financial Peace Jr.: Teaching Kids about Money!*[①]；
- *Financial Peace for the Next Generation*[②]；
- *Foundations in Personal Finance*[③]。

这是一个我们作为照顾者能为男孩的成人旅途做好准备的领域。从孩子大约五六岁时起，我们就可以教导他们如何明智地管理金钱，不论是学习给予、储蓄还是支出。这样可以帮助他们在成年后避免因钱财产生的痛苦和窘迫。

---

① 书名大意为：财务和平（少年版）：教孩子认识钱。——译者注
② 书名大意为：给下一代的财务和平。——译者注
③ 书名大意为：个人理财基础。——译者注

药物滥用

当今的男孩比以往任何时候都更容易陷入药物滥用和酒精上瘾的风险。在青少年群体中，成瘾物质比以往任何时候都更容易获得，社会接受度和普遍性也更高。对此，成年人和父母的典型反应是试图限制青少年接触或获得这类物品，但我们想请你考虑一下不同的回应方式。你可以转变思考的视角，从限制他接触成瘾物质，转变为减少他对这类试验的渴望。

我们相信男孩做这样的试验是出于以下四个原因之一或兼而有之：

- 对权力或风险的渴望；
- 渴望目的感或归属感；
- 作为一种体验自己长大的方式；
- 作为一种逃避当前情感现实的手段。

除了去了解与药物成瘾相关的坦率、直白和准确的信息外，我们认为针对上述四个原因的解决方式还包括以下几点：

- 为男孩创造机会和宣泄渠道来体验可接受的风险；
- 为男孩提供体验目标的渠道；
- 为发展利于培养归属感的健康人际关系提供渠道；
- 为男孩启蒙（如第 13 章所述）；

- 培养情感健康和有情绪耐挫力的男孩。

作为父母和照顾者，我们的目标不是让男孩受到更多的约束（尽管他们的确需要知道健康有益和始终如一的界限，以及我们对他们的期望和明确的后果），而是让他们获得更多的机会和更健康的选择。

我们在辅导过的一些完全不碰成瘾物质或浅尝辄止的年轻人中发现了三个共同点，他们都拥有：

- 一个强大的家庭；
- 一个由关心他的同龄人和成年人组成的强大社区；
- 一个坚定的信仰。

虽然没有确切的方式可以防止男孩尝试烟草、酒精、毒品和其他使人上瘾的物质，但我们可以尽最大的可能来保护他们免受这些危险行为的危害。

色情制品

一些家长可能对此难以置信，但色情制品对男孩而言是个真正的问题。对许多男孩来说，看到、拥有或传播色情制品是一种成年仪式。露骨的色情图像满足了他们的好奇心，给他们一种尝到禁果的感受，并且为他们解答了一些问题。然而，可悲的是，恰恰是同辈压力使男孩们认为，如果他们不了解性或没有足够的性活跃，他们就会错过一些东西。

与男孩谈论色情制品，和谈论酒精、吸烟和毒品一样重要。因为色情制品可能会造成关系上的损害，所以与男孩谈论色情制品实属燃眉之急。色情制品对男孩具有很大的伤害。研究表明，那些在色情制品中寻求性教育和性兴奋的男孩往往在性方面不成熟，有着糟糕的性经历，而且常常被与性相关的问题困扰。色情制品阻碍了正常的性发育，并且传递给男孩错误的性观念。如果我们允许色情制品教男孩认识性，那么他们会变得非常迷茫和自私。这也会成为日后令人失望的性关系的伏笔。在考虑如何保护男孩免受色情制品的影响时，我们需要解决两个核心问题——教育和保护。

当谈及色情制品时，对父母而言，不论鼓起勇气有多么不容易，他们的指导都是不可替代的。男孩对色情制品的应对和态度受到父母教育方式的强烈影响。当父母们教育男孩并监督和约束他们对电脑的使用，而不是选择忽视或放任时，男孩会更有可能内化父母的价值观。父母也需要保持沟通渠道的畅通。当男孩发现色情制品时，父母也要控制自己的反应。

由于色情制品在互联网上非常流行也容易获得，因此父母需要设置障碍来保护男孩免受其害。以下是一些建议。

- 把电脑放在家庭活动室或家人常去的房间。
- 安装互联网家长控制和过滤器，封锁此类网站或孩子可能浏览的其他不良网站。
- 使用监控软件记录或报告计算机的活动情况。除非怀疑儿子在参与危险行为，否则父母应该告知儿子电脑中安装了监控软件。
- 限制孩子使用网络的时间。
- 定期检查电脑的访问记录，看看儿子访问了什么网站。

资料来源：

《心理学瞭望》(*Monitor on Psychology*)，2007 年 11 月。

注意障碍与多动症

如果一个男孩在家中或学校遇到了困难，他的父母可能会担心他有注意障碍（ADD）或注意缺陷多动障碍（ADHD，俗称多动症）。然而，还有一种更有可能的情况是，他正在与学习障碍作斗争，或可能挣扎于抑郁症、焦虑症或其他心理问题中，还可能是和家人或学校的关系紧张。不论我们多么频繁地听到注意障碍或多动症，但其实只有很少的人会受到这种极不常见疾病的影响，估计只占总人口的3%~11%。然而，由于过度诊断或过度用药的现象日益普遍，许多家庭在发现孩子注意力不集中时会尤为担忧。

你是如何发现一个男孩有注意障碍或多动症的？如果他具备以下大部分症状，他就有可能患有注意障碍或多动症。

- 他难以集中注意力，且容易分心；
- 他会犯粗心的错误；
- 当别人直接和他交谈时，他看起来没有在听；
- 他难以遵从指令做事；
- 他显然难以计划、组织和跟进任务或活动；
- 他在回避特定任务或家务，或者做起来很勉强，尤其是那些需要持续精神集中的任务；
- 他会丢三落四，并常常将任务或活动所需要的家庭作业、书本等物品放错地方；
- 当他身处一个必须坐好不乱动的地方（如餐厅或学校）时，他会在椅子上扭来扭去，如坐针毡，时不时地站起，到处奔跑或攀爬；

- 他"动如脱兔"，一刻也停不下来；

- 他似乎滔滔不绝，在问题被说完前就会将答案脱口而出，或是迫不及待地打断他人的谈话，还没轮到自己就插嘴。

一个有上述大多数症状的男孩可能有注意障碍或多动症，但这些也可能只是一个男孩的特征。有不计其数的男孩被诊断为注意障碍，但实际上他们并不是。注意障碍和多动症是真实存在的。可悲的是，并不是每个患有这种重大脑部疾病的男孩都接受了相关的治疗，而恰当的治疗有助于发展他们的日常生活管理能力。然而，并不是每个活跃的、易犯错的、吵闹的、像松鼠那样上蹿下跳的男孩都患有多动症。

做出准确的诊断，选择适当的治疗方案并决定何时开始治疗，是孩子在接受治疗时面临的一些非常大的挑战。在确定一个男孩是否患有注意障碍或多动症时，他的父母和医生必须考虑下列因素。

- 他是否表现出正常的、符合年龄的发展？例如，一个 5 岁的男孩在餐厅、学校等地方坐不住是正常的。

- 对于男孩的注意力、控制自己的坐立不安和管理冲动这些方面，哪些期望才是符合现实的？

- 这些症状是否严重到影响了男孩的正常生活，而不仅是使父母的生活或教师的工作变得困难？

- 这些症状是否出现得过于频繁，并在家庭、学校、童子军、体育运动等领域都有明显的表现？一个男孩不可能只在学校表现出注意障碍，而在足球训练或与祖父一起钓鱼时却没有任何表现。

那么，什么是注意障碍或多动症呢？

我们必须在两个层面上回答这个问题。第一个层面是诊断上的。对注意障碍和多动症的诊断结果需要基于一组特定的不良行为症状，并且这些症状需要具有一定的出现频率和强度才足以被视为具有临床意义。由此看来，注意障碍和多动症的诊断在很大程度上是主观的，只能由受过训练的持证心理健康医生来诊断，最好是小儿精神科医生或儿童心理学家。任何想将尚未上学前班的男孩诊断为注意障碍或多动症的人都需要谨慎。在学龄前儿童中，能支持这种诊断有效性的信息是有限的。

理解注意障碍和多动症的第二个层面是将其视为医学上的一种大脑功能障碍。随着科学揭示了越来越多关于大脑的知识，我们开始了解到注意障碍和多动症在医学上实际是一种脑部疾病，和大脑的神经递质有关，该物质在神经系统中负责将大脑的信号沿着神经通路传递给身体，告诉身体该做什么。现在的研究表明，注意障碍和多动症的根源可能与大脑对信息的处理和保持方式有关。好消息是，我们很快就能用脑成像技术从源头上诊断这两种病症，而不是通过分析症状来诊断。事实上，有许多医生都不会在没有进行脑部扫描的情况下作出注意障碍和多动症的诊断。

切记：如果你的孩子在大部分时间都有上面列出的症状，那么你应该安排时间带他去看精神科医生或心理医生。

如何帮助患有注意障碍的男孩

1. **在正确的水平上定下合理的期望**。接受"没有男孩是完美的"这个事实，还要明白患上注意障碍和多动症并不意味着世界末日即将到来。患有这种疾病的男孩需要父母看到他们真实的样子，即某些方面存在缺陷，但在其他方面极具天赋。父母无须盲目乐观，也无须一直背负着怨恨和悲哀。每个男孩都需要感觉到真实的自己是受到接纳和支持的，这对于有注意障碍的男孩来说特别重要。他需要感受到父母、教师、教练和导师对他这个人是有信心的。

2. **提供药物以外的东西**。许多被诊断为注意障碍或多动症的男孩需要药物来帮助恢复，但是药物并不是唯一能产生巨大影响的东西，他还有以下几个方面的需要。

   ● 关爱他的成年人。男孩的行为更多的是受到我们如何培养他的天性的影响。患有注意障碍的男孩需要那些在他们生活中拥有权威的成年人支持他们，并提供持续一贯的爱和教育。

   ● 良好的饮食习惯。患有注意障碍的男孩需要远离那些会诱发不良行为的事物（如咖啡因、糖和过量的碳水化合物）。

   ● 充足的休息。导致类似注意障碍的症状的一个主要诱因是睡眠不足。良好的睡眠能为大脑充电，而如果睡眠不足，患有注意障碍的男孩就会非常痛苦。

   ● 日常锻炼。总体而言，锻炼对于男孩有很多好处，尤其是患有注意障碍的男孩。对他们而言，有大量的机会来活动筋骨和发挥自己的能力是至关重要的。

3. **管教要以培育性格为目的**。对于患有注意障碍的男孩来说，我们很容易只专注于纠正他们的行为，而忽视了他们的内心。承认吧，有时你只是想让男孩"坐下，然后闭嘴"。尽管只靠有爱的管教并无法治愈他们的注意障碍，但如果缺乏以爱为核心的管教，男孩在童年就几乎难以成功。很多人将管教和惩罚混为一谈，但这两个概念是截然不同的。惩罚主要靠的是恐惧和羞耻来迫使孩子改变意志做出你所期望的行为，管教则是侧重于教育，并有如下多种特点：

- **好奇**男孩的行为，并向他们提出来。"约翰，我发现你在晚饭后没有把餐盘放进洗碗机。"

- 向男孩**解释**为什么该行为是错误的。"当我们每个人都能负责收拾好自己造成的混乱时，整个家庭都会受益的。"

- **建议**男孩下次该如何以不同的方式行事。"下次你起身离开餐桌时，要不要把盘子也带走？"

- 使用**逻辑后果**，让男孩明白不当行为会给生活带来什么损失。"由于你刚才没有把餐盘带回厨房，今晚就不能吃甜点了。"

- **重新引导**男孩至可接受的、有益的活动上。"与其现在看电视，不如一起去散步怎么样？"

- 当男孩做得好时，给予**积极的反馈**。尤其是对于患有注意障碍的男孩，对他们的正向行为予以鼓励有助于其形成成就感，也能激励他们继续做出正确的行为。"我注意到你放学回家时把鞋放得很好，真棒！"

惩罚有其存在的意义，但只有当男孩在接受管教时没有表现出努力或改变的想法时才可以使用。例如，当一个孩子被引导着参与其他活动后仍三番五次地戏弄或挑衅另一个孩子，那么此时才应该进行惩罚。当一个男孩公然挑衅时，惩罚是必要的。但我们需要注意，不要因为孩子无法控制的行为而惩罚他。当一个患有注意障碍的孩子因为分心而无法遵从指令时，他需要的是提醒，而不是惩罚。即使是在最坏的情况下，他需要的也是逻辑后果的提醒，而不是训斥。

4. **预估即将发生的情况**。患有注意障碍的男孩需要生活中的成年人来预估可能出现的困境。例如，如果你要带一个患有注意障碍的男孩去教堂，那么带上一些漫画书和绘画板并坐在后排就是个不错的主意。在进入可能出现困难的环境前制订好计划可以让每个人都少一点烦恼。此外，在进入这样的环境前，和男孩交谈也会有所帮助。可以让他先知道可能面临的挑战和一些战胜挑战的方法，或者让他事先了解如果做出不当行为会带来什么后果。

5. **要有一致性**。患有注意障碍的儿童在生活中需要有一致性。常规活动的突然改变或事情节奏的中断都会使他们陷入混乱。对于这类男孩来说，成年人最好能帮助他们设定规则和相应的后果，并始终如一地执行。这意味着患有注意障碍的男孩的父母必须在培养方式上达成一致。当父母站在同一阵线时，男孩就能明确地知道该怎么做了。

虚张声势与抑郁情绪

我们向男孩灌输了各种各样关于男性情感生活的文化信息。数十年来，我们已经从电影中看到了这些信息。曾几何时，以扮演西部牛仔闻名的约翰·韦恩（John Wayne）就是一个标杆，后来的男性榜样则是演员基努·里维斯（Keanu Reeves）。他们在电影中演绎的男性角色都是坚忍不拔的，他们的情绪范围在愤怒和攻击之间没有过渡和变化。这些人其实是在虚张声势，就像是一种"非要和对手争个你死我活"的生活状态。这些标志性的人物塑造了我们的男孩对于男子气概的看法，以及告诉他们男子气概应该是什么样的。每当男孩看电视或是看电影时，这些"男子汉"的形象就会得到强化。

男孩也总是虚张声势。这是他们隐藏恐惧和不安感的方式之一。当男孩问自己"我够优秀吗"或"我具备能力吗"，并得到否定的答案时，他们有时会不遗余力地试着掩饰这点。这样的掩饰是我们常常忽略男孩的抑郁症状的原因之一。

我们对于抑郁症状的文化定义更多的是基于出现在成年女性身上的症状，比如极度悲伤，感到昏昏欲睡和缺乏动力，常流泪并感到无助，同时会在一段时间内感到绝望。虽然青春期男孩的抑郁情绪可能也有这样的表现，但是男孩更可能通过愤怒、情绪波动和爆发的方式来表现抑郁情绪。抑郁的男孩在行为上可能会更加冒险、危险和具有破坏性。

由于愤怒这种强烈的情感是导致男孩做出许多行为的核心因

素，因此我们很容易错误地理解和看待男孩身上的抑郁情绪。在他们实际上非常难过或痛苦的时候，我们会看到他们表现出愤怒和破坏性。愤怒是一种衍生的情绪，它有别的根源。在虚张声势、夸夸其谈和暴怒之下，要么是恐惧、悲伤或失望，要么是这三者的组合。

如果你看到了你的儿子身上一贯的、持续出现的愤怒和攻击性，并且这样的特征已经稍微超出了本书第一部分描述的发展常态，那么请咨询辅导男孩和青春期少年的专业治疗师。在帮助你的儿子发展情绪时，可能需要你多花一些时间进行教导。虽然他可能出现了一些抑郁症的早期迹象，但尽早进行干预而不是等症状发展会对男孩更有好处。抑郁症往往会随着时间的推移而逐渐严重。如果抑郁症状和青春期时的生理、情绪转折相叠加，可能就会造成一场情绪海啸，最终让男孩陷于自我伤害的危险之中。

情感素养

许多男孩是情感上的文盲。他们没有发现或理解自己和他人情绪的能力。在我们合著的 *"Yup." "Nope." "Maybe.": A Woman's Guide to Getting More out of the Language of Men*[①] 一书中，我们用了一整章来讲述这个话题。在我们开始写那本书之前，我们给所认识的每个女性发了大量的电子邮件，并请她们转发给她们认识的每个女性。最后，我们收到了大量女性对男性的疑问。问题数不胜数，但是出现频率最高的是："为什么男人不能谈谈他们的感受？"我们相信对这个问题的首要回应与情感素养有关。重要的是，我们要认识到识别情绪的素养是一种技能。男孩们在最初就没有这种能力，许多男孩也不具备发展这一能力所需要的强有力的要素，但情感素养可以通过学习来掌握。除非有像孤独症、阿斯伯格综合征等广泛性发展障碍，或是其他无法言明的学习障碍，否则男孩是可以学会这一技能的。即便存在男孩中很常见的障碍，这个技能中的某些部分也是可以习得的。

我们常常鼓励父母将教导男孩情感素养技巧的过程想象为在教授有读写障碍的孩子阅读。我们要明白的是，男孩的接受过程会比较长，其中还需要成年人的参与，这也是你正在做的事情。你还需要以不同的速度向他介绍、帮他复习和强化这些技能，而不是将他作为阅读能力位于平均水平或以上的读者。不仅如此，你还可以像

---

① 书名大意为："没错""才不是""可能吧"：打开男人话匣子指南。——译者注

对待读写障碍的阅读者那样做出预测，明白他可能会对你的指导感到沮丧甚至抵触。究其根本，这对他来说可能太难了。这些技能并不是他天生就有的，而你的指导有时可能让他想用头去撞桌子，他宁可玩电子游戏或在外面疯跑也不想学了。他的抵触会不止一次地让你想要认输，但你要记住，拥有这些技能对他打好未来生活的基础是非常重要的。你可以看看经典剧集《办公室》(*The Office*)，并特别关注其中的两个角色德怀特和斯坦利，你很容易就能从他们身上得到激励。

正如我们在这本书中所讨论的那样，你需要通过书籍和电影让男孩接触到情感范围丰富的人物，以及那些有情感生活的男人们。他还需要接触他的世界里有能力谈论自己感受的男人们，比如父亲、叔叔、祖父、教练、教师和朋友的父亲等。

他还需要一些在情感和关系上大展拳脚的经历，借此来发展情感素养技能。不妨在社区内寻找与情感有关的活动或资源来让男孩参与，为他们的情感发展创造机会。

性虐待

（美国）有多少男孩遭受过性虐待，并没有一个准确的统计数字，但相当保守的估计是，（美国）每六个男孩中就有一个在 16 岁之前遭受过性虐待。这个统计数字说明了什么？这意味着男孩遭受性虐待的可能性是患注意障碍的四倍。

可悲的是，大多数遭受过性虐待的男孩永远都不会告诉别人他们的经历。许多专家认为，性虐待是儿童虐待形式中最少得到汇报的一种，因为这种虐待往往伴随着保密和沉默。作为男孩生命中可靠的成年人，我们可以通过做到以下几点来保护男孩不受虐待。如果他们已经遭受了虐待，那么我们也可以借助下面几点来进行关怀和帮助。

1. **明白什么是性虐待**。尽管儿童性虐待并没有统一的定义，但美国医学协会（American Medical Association）是这样描述的："任何虐待行为的核心特征是一个成年人处于主导地位，并借此迫使或强制一个孩子与之发生性行为。儿童性虐待可能包括抚摸儿童的生殖器、自慰、口交、指交，以及阴道和肛门插入性交。儿童性虐待并不仅限于身体接触，这种虐待可能包括非接触性虐待，如暴露、偷窥和儿童色情制品。"

2. **了解哪些男孩可能会受到性虐待**。不同种族、文化和社会经济背景下，男孩遭受性侵害的风险"大致相同"。

3. **了解谁是施虐者**。性虐待由孩子认识的人实施的可能性远大于陌生人，可能是父母、兄弟姐妹、亲戚、保姆、导师、教练或家人的朋友等。有时年长的孩子会虐待年幼的孩子。施虐者为女性和男性的可能都会存在，可能是同性恋或异性恋，可能是年轻人，也可能是长者。如果你认为你能一眼看出施虐者，那你就错了。因为施虐者并不想被抓住，所以他们往往会告诉受到虐待的男孩要对此保密。他们甚至会用威胁的方式让他保守秘密。当发生这种情况时，男孩会感到无助并困于其中。施虐者可能会向男孩提供礼物、优待或其他好处，以此试图让他同意接受虐待。这样一来，施虐者就可以保持对男孩的控制，并使受害者认为被虐待是自己的错。

4. **知道如何防止被性虐待**。父母那句经典建议"不要和陌生人说话"在大多数虐待事件中并不奏效，因此我们需要教导男孩明白合适的界限在哪里。例如，他们可以按自己的想法自在地表达爱意和亲密，如果他们不愿意，那么别要求他们去拥抱和亲吻亲属。男孩也需要自信地意识到自己对身体拥有隐私权。他们需要明确地知道没有人可以触碰他们身体的隐私部位，他们还需要知道来自成年人的性挑逗是错误的、违法的。赋予你的男孩自信和内在力量，使他们能坚定地反对任何试图虐待他们的成年人。教他们说"不"，并告诉他们及时报告自己受到虐待的重要性。让他们知道可以向你或其他值得信赖的成年人汇报。父母需要与儿子进行认真有效的沟通，男孩也需要受到鼓励，来提出问题并谈论他们的经历。这个过程也包括父母需要花心思了解儿子的朋友及其家庭。

5. **了解遭受性虐待的迹象**。虽然没有确切的方法来判断一个男孩是否遭受了性虐待，但有一些事我们需要引起注意。比如，有些男孩的行为和情绪出现了急剧的改变。"曾经或正在遭受虐待的孩子往往会非常迷茫，不确定该怎么做以及跟谁倾诉。有些孩子甚至可能没有意识到自己经历的事是虐待。"以下任何一项都可能是性虐待的迹象：

- 谈及性虐待的话题或给出有关暗示，这可能是在测试你的反应；
- 提到某个成年人要求他保守秘密；
- 对自己与某个年长孩子或成年人的关系闭口不谈；
- 做出性意味明显的行为，或使用与年龄不符的性语言；
- 显得非常孤僻或沮丧，但没有明显的原因；
- 出现如生殖器部位酸痛或发红等不适，却没有确切原因来解释；
- 开始尿床或睡眠不稳定；
- 拒绝上学；
- 表现出非常强的攻击性；
- 自我伤害；
- 变得不愿意和特定的某个成年人共处，或者不愿意参与自己以前喜欢的活动；
- 显得非常黏人；
- 试图避免和家庭中的某个成年人单独相处；
- 对某个成年人或年长的孩子表现出（未曾有过的）恐惧。

6. **如果你认识的一个男孩告诉你他受到了性虐待，那么你应该知道要怎么做**。

- 你要相信他，因为很少有孩子会对虐待行为撒谎。
- 不要惊慌失措。如果你在他面前表现得歇斯底里或变得过于情绪化，那么他很有可能不会和你继续谈话。

- 让他诉说。你需要仔细聆听，并鼓励他和你谈论此事。不过，如果他不愿意，也不要强迫他描述细节。不要用提问给他压力或提示他，而应该允许他按自己的节奏说话。

- 如果一个男孩报告了遭受虐待的经历，请做书面记录，除非你认为做书面记录会妨碍他继续谈话。在这种情况下，可以在谈话后立即写下他说的内容。此外，你还需要明确地告诉他，施虐者才是罪魁祸首，而受虐待不是男孩的错。

- 保护他并称赞他。向他强调，他对你倾诉的做法是正确的，让他放心，因为告诉你是最正确的事情。同时也要告诉他，他现在是安全的。

- 获取专业的帮助来处理这样的情况。你可以报警、和儿科医生交谈，或打电话给当地的儿童保护服务部门。

- 为自己争取支持。你可以和值得信赖的亲朋好友谈谈你的感受，如果有必要，也可以寻求专业支持来帮你处理自己的感受。

7. **如果你认为一个男孩正在受到性虐待，那么你应该知道要怎么做。**
   如果你对一个男孩的安全有任何的担忧，那么你最好相信自己的直觉并采取行动，为孩子创造与你私下交流的机会。你可以使用一种平静的、实事求是的方式对他说：

- 你是不是有什么事想跟我说？

- 你是不是遇到什么问题需要帮助？

- 你心里觉得不舒服的时候，我们可以谈一谈。

别对男孩承诺你会为他保守秘密，只需承诺你会帮助他，因为报警比保密、不去报警更好。如果一个男孩正处于危险中，请立即联系警方。美国一些州的法律规定，包括学校职员、咨询师、医生、牙医、警察、幼师等专业人员都必须汇报可疑的虐待儿童事件。如果你有任何疑问，那么你可以和这些人进行交流。

资料来源：

http://www.apa.org/releases/sexabuse［美国心理协会，《理解儿童性虐待》（*Understanding Child Sexual Abuse*）］

http://www.bbc.co.uk/parenting/your_kids/safety_sexual.shtml［英国广播公司，《保护你的孩子：性虐待》（*Your Kids—Keeping Them Safe*）］

单身母亲

作为育有儿子的单身母亲，或是经历"丧偶式育儿"的已婚母亲，养育孩子可能是一件充满挑战却回报不多的事。不过，这也并不绝对，重要的是，你需要好好关注你们母子关系中存在的独特情况和挑战。

1. **让其他男人参与进来**。男孩的生活中需要有男性的话语并与其同在，才能完全地进入男人的行列。你可以邀请任何愿意帮忙的、合适的家庭成员作为榜样，投身于儿子的生活中。这些人可以是祖父、舅舅、叔叔或上大学的表兄弟。此外，你还可以向童子军领袖、教练、男性教师、朋友的父亲寻求帮助。你可以请他们向你的儿子许下特别的诺言，比如与他建立关系、向他展示如何完成男性需要负责的任务。可以参考我们的书 *How to Hit a Curveball, Grill the Perfect Steak, and Become a Real Man: Learning What Our Fathers Never Taught us*，并和儿子讨论他的身体、情感、关系和精神发展。

2. **对他和你分离时产生的困惑有心理准备**。当你允许儿子和你分离并走向独立时，你可能会产生不安或者不现实的感觉。在父亲没有缺位的理想情况下，他将逐渐离开你，并向着他父亲的方向移动。然而，如果他的父亲不在这段关系中，或者没有投入养育他的工作中，那么你的儿子也一样会有从你身边离开的冲动。他会产生一种漂浮在中间、无处落脚的感觉，他什么都没有，也没有人向他靠拢。对你而言，重要的是要认识到这种情况的出现，并让其他男人参与进来，满足他的成长需求。

3. **允许他向男人靠拢**。男孩需要并渴望得到男性的关注，这是再正常不过的了。如果他的父亲不是一个值得你尊敬的人，或是他的父亲曾在过去伤害了你，那么你可能难以说服自己让儿子向他靠拢是安全的。但是你需要控制好自己的情绪，因为那些扮演糟糕丈夫角色的男人可能也有能力成为好父亲。你应该允许你的儿子和他的父亲有属于他们的相处模式。你越是想要对这种关系加以阻挠，你的儿子在当下和未来就越有可能会怨恨你。

4. **不要溺爱他**。溺爱并不能帮助他成为真正的男子汉。当儿子缺乏他迫切需要的东西时，母亲为他感到痛苦和难过是人之常情。通常情况下，母亲会因为觉得对不起儿子而过度补偿他，但这最终会对他造成伤害。你可以承认对这种缺乏或得不到的失望，并说明你对他的期望，这是好事。不过，你不要因溺爱而安慰他，或给他"会有人帮你摆脱困境"的期望。他需要的是教育和培养。

5. **拓宽你自己的视野**。我们强烈推荐你阅读唐纳德·米勒（Donald Miller）和约翰·麦克默里（John MacMurray）的 *To Own a Dragon: Reflections on Growing Up without a Father*[①]，书中描述了一个被单亲妈妈抚养的男孩的成长旅程，在幽默的故事中发表了精妙的见解。

---

① 书名大意为：望子成龙：关于父亲缺位的成长反思。——译者注

译者后记

　　行笔至此，浮现在我眼前的不仅是本书中那些鲜活的事例，还有平时工作中遇到的那一个个小男孩野性十足又机灵可爱的身影。作为一名幼教工作者，我在翻译此书的过程中数次感到心潮澎湃，一是因为作者提出的观念、想法帮助我更新了对男孩的认知，使我得以反思自己的实践；二是因为我在实际工作中对那些小贴士和建议加以运用并收到了良好的反馈。澳大利亚幼教实践中倡导的尊重天性和"温和但坚定"的管教方式也在书中多处体现。这一切让我更加确信翻译这本书是有意义的。

　　在幼儿教育的学习实践中，我了解到要尊重每个孩子独特的个性和天赋，为他们的兴趣安排合适的活动和项目，并且在早期阶段更注重性格和情绪能力的培养。在本书中，我得以更多地了解关于男孩成长的特点。虽说年龄段的划分只是一个宽泛的参数，但借由了解不同阶段男孩的特征和需求，读者可以学会适当地调整和男孩的相处模式以及教养方式。更重要的是，要给予男孩以理解和尊重为基础的爱护，而不是自以为是地用成年人观念里的"为他好"来将男孩置于可能与年龄不符的框架之中。书中介绍的理论和观念也为我理解男孩的行为打开了一扇窗户，使我在日常和男孩的接触中以不同的全新视角来看待、解读他们的行为，渐渐褪去作为新手教师的慌乱和不确定感。相信本书对于家有男孩的父母和其他关心男孩的人而言也会是一个宝贵的学习资源。

对男孩而言，我是教师，但是对我以及父母而言，我们应该是男孩的学生。我们需要抱有好奇心，不带任何预设地去观察、了解男孩，并认识每个男孩身上的情绪发展进程、他们的身心健康、他们的学习方式，以及他们的人际交流特点等。虽然很难找到一个适合所有人的养育法则，对男子气概的解释也是各式各样，但本书尽可能地为读者提供了解男孩成长及各方面发展的图景，就像一幅地图，读者可以在困惑迷茫时可以拿出来看看，寻找到合适的方向。在关于男孩和父母关系的部分，作者也给出了不同阶段亲子关系的建议，对父母而言是十分实用的参考。

书中关于仪式感和成人礼、过渡礼仪的观点也让人受益匪浅。这更加彰显了男子气概不是只体现在身体上的成熟，而更应该重视的是男孩在走向男人阶段时心灵和精神世界的充实与丰满、对自我价值的正确认知以及在情绪和关系上游刃有余的处理能力。这些在男孩的成长过程中都是环环相扣、点滴积累而成的，因此走好每一步都非常重要。在书本末尾对一些热点话题的直接讨论，为读者做好了准备。

作为男孩生命中负责任、有影响的成年人，不论是父母、家人、教师还是其他社会角色，我们都需要踏实地从了解男孩这第一步开始，装备好自己的身心，然后带着所爱的男孩冲锋陷阵。我们需要将世界的美好展现给他，同时让他在面对残酷的现实时，能凭借完整成熟的身心去战胜挑战，突破逆境，成为自己的主宰，也成为身边人和社会的亮光。毕竟每个孩子都是美好的存在，每个人也都值得被认真对待。我们没有必要去驯化野性，就用爱、理智、理解、温柔和真诚去浇灌一颗颗种子吧！静待他们带着野性的力量蓬勃生长，成为真正的男人。